Gerd Schunack   Die Briefe des Johannes

Zürcher Bibelkommentare

herausgegeben von
Georg Fohrer, Hans Heinrich Schmid und Siegfried Schulz

Gerd Schunack

Die Briefe des Johannes

TVZ Theologischer Verlag Zürich

Ernst Fuchs in Dankbarkeit

CIP-Kurztitelaufnahme der Deutschen Bibliothek
Gerd Schunack
Die Briefe des Johannes / Gerd Schunack. – Zürich: Theologischer Verlag 1982.
(Zürcher Bibelkommentare: NT; 17)
ISBN 3-290-14730-4
NE: Zürcher Bibelkommentare / NT

© 1982 by Theologischer Verlag Zürich
Typographische Anordnung von Max Caflisch
Printed in Germany by Buch- und Offsetdruckerei Sommer, Feuchtwangen

Inhaltsverzeichnis

Der erste Johannesbrief

Einführung

1. Verfasserschaft

Reden wir von «Johannesbriefen», so folgen wir einem Urteil, das sich die Alte Kirche im 2. und 3. Jahrhundert gebildet hat. Danach gelten diese Texte als Briefe des Apostels Johannes, den wir aus den Evangelien als einen der ersten Jünger Jesu kennen, den Bruder des Jakobus, Sohn des Zebedäus, den Paulus im Galaterbrief neben Jakobus und Kephas (Petrus) als eine der drei «Säulen» der Jerusalemer Urgemeinde anführt. Die Legende erzählt von ihm, er habe in Ephesus, nahe dem heutigen türkischen Izmir, bis ins hohe Alter als «Apostel in nachapostolischer Zeit» gewirkt; altkirchlicher Überlieferung nach ist er auch Verfasser des Johannesevangeliums und der Offenbarung; in späterer Zeit ehrte man ihn mit dem Beinamen «der Theologe».

Wo gegen Ende des 2. und im Verlauf des 3. Jahrhunderts die Schriften des Neuen Testaments ausdrücklich oder zusammenfassend aufgeführt werden, erscheint der 1. Joh. unumstritten als einer der «katholischen» Briefe, die neben den dem Apostel Paulus zugeschriebenen Briefen den apostolischen Teil des Neuen Testaments bilden. Sie sind «katholisch», weil sie nicht an eine einzelne Gemeinde gerichtet sind, sondern auf allgemeinverbindliche Weise eine umfassendere Öffentlichkeit der Kirche angehen. Seltener und nicht so einhellig werden Verbreitung und kanonische Anerkennung des 2. und 3. Joh. bezeugt.

Daß der altkirchlichen Überlieferung die Johannesbriefe – wie auch die andern «katholischen» Briefe Jak. sowie 1. und 2. Petr. – als maßgebliche Hinterlassenschaft eines der drei «Urapostel» bzw. einer der Jerusalemer «Säulen» galten, ist eine Frage, die hier auf sich beruhen kann. War im übrigen der Apostel und Lieblingsjünger Johannes einmal als Verfasser des Johannesevangeliums anerkannt, so konnte eine Verfasserschaft auch für die Johannesbriefe aus deren offenkundiger Nähe zum Johannesevangelium erschlossen und gestützt werden. Daß insbesondere der 1. Joh. wie selbstverständlich als Brief aufgefaßt wurde, verwundert nicht, sobald die paulinischen Briefe als maßgebliches Vorbild apostolischer Schreiben im Blick sind.

Wenn historisch-kritische Auslegung bei gewissenhafter Prüfung der Texte wie der altkirchlichen Überlieferung in der Verfasserfrage und hinsichtlich der Mitteilungsform und Autorität der Texte zu Ergebnissen kommt, die der traditionellen Auffassung den Boden entziehen, so sind das nicht nur Dinge am Rande, die allenfalls die Experten angehen. Vielmehr wird das, was der altkirchlichen Überlieferung wichtig war, nämlich die (apostolische) Autorität der Texte als einzigartiger und maßgeblicher Zeugnisse christlicher Verkündigung, auf eine neue Ebene gebracht, auf der sich eben die Autorität und theologische Kraft dieser Texte kritisch verantworten läßt, ohne deren geschichtliche Bedingtheit und Beschränktheit außer acht lassen zu müssen. Auf dieser Ebene erscheint vor allem der 1. Joh. erst recht als einzigartig kostbares, theologisches Zeugnis johanneisch verstandenen Christseins, worin auf elementare Weise Glaube und Bruderliebe als Summe tätigen Menschseins, ja in gewisser Weise sogar das Zusammenwirken Gottes des Vaters, des Sohnes und des

Geistes in der Mitteilung ewigen Lebens für jeden, der aufgrund des Glaubens liebt, verständlich werden.

2. Charakter

Wo immer Briefe geschrieben werden, geschieht es in bestimmten Formen, die die briefliche Mitteilung als solche charakterisieren. Angabe des Absenders und des Adressaten, Grüße, Formen persönlicher Anrede und Zuwendung – dies charakterisiert schon äußerlich einen Brief. An diesen Merkmalen gemessen erweisen sich der 2. und 3. Joh. fraglos als Briefe, auch wenn der Absender sich beide Male nicht namentlich, sondern nur als «der Älteste» anführt und der Empfänger des 2. Joh., «die erwählte Herrin und ihre Kinder», seltsam unbestimmt bleibt.
Anders verhält es sich beim 1. Joh. Ein brieflicher Rahmen fehlt völlig; weder sind Absender und Adressat genannt noch finden sich sonst äußere Hinweise auf die Form eines Briefs. Der Verfasser bleibt anonym; konkrete Umstände des Schreibens, lokale, soziale, kirchliche Verhältnisse auf seiten der Empfänger werden nicht sichtbar – mit einer Ausnahme: dem Auftreten von Irrlehrern. Kurzum, der normale «Korrespondenzcharakter» eines Briefs fehlt so sehr, daß von einem Brief im üblichen Sinn nicht die Rede sein kann. Diese Feststellung betrifft nicht nur die literarische Form und den sozusagen technischen Übermittlungsvorgang des Schreibens. Sie berührt vor allem die dem 1. Joh. eigene Verständigungssituation, also die Art und Weise, wie sein Inhalt «kommunikativ» vermittelt wird. Auch hier ist das «Medium» schon ein Stück «Botschaft», die Form nicht inhaltslos.
Man hat den 1. Joh. als eine Art Rundschreiben, als theologische Abhandlung (Traktat) oder als Manifest zu charakterisieren versucht. Zutreffender ist wohl die Feststellung, die Form des Schreibens sei ohne Analogie, d. h. es entspreche keinem bekannten Muster. Diese Feststellung gibt die Frage aber an den 1. Joh. zurück. Erschließt sich im Schreiben selbst, welche Verständigungssituation vorausgesetzt ist, welche Mitteilungsform der Sache des 1. Joh. entspricht, in welchem Verhältnis Verfasser und Empfänger des Schreibens zueinander stehen?
Sprache und Denken des 1. Joh. sind gekennzeichnet durch «Wir»-Aussagen. Dieser «Wir»-Stil dient als Sprachform, um die Gewißheit des Heils oder des ewigen Lebens füreinander und aneinander, d. h. personal, zu vergegenwärtigen. Derartige «Wir»-Aussagen finden sich auch in paulinischen und nachpaulinischen Briefen. Ob am Bekenntnis orientierte Taufauslegung einwirkt, kann man erwägen; bemerkenswert ist auch der innere Zusammenhang dieser «Wir»-Aussagen mit jenen vom «Haben» bzw. «Empfangenhaben» und «Sein aus ...» (vgl. öfter im 1. Joh., weiter etwa 2. Kor. 3,4.12; 4,1.7.13). Innerhalb des 1. Joh. läßt sich unterscheiden zwischen einem «Wir», in dem sich der Verfasser mit den Lesern zusammenschließt, und einem «Wir», in dem er den Lesern gegenübertritt. Bezeichnend für das letztere sind die Wendungen «wir haben gesehen», «wir bezeugen» – von den Glaubenden insgesamt wird nur einmal (1. Joh. 3,2) ein zukünftiges Schauen ausgesagt. Dieses «Zeugen-Wir» begegnet in 1,1–4 und 4,14. Der Verfasser will also als Repräsentant oder im Sinn eines Kreises von Zeugen sprechend verstanden sein – obwohl er das, was er daraufhin zu sagen hat, ab 1,5 in eigener Person («ich») vertritt. Dieser Kreis von Zeugen dürfte, historisch gesehen, jenen «Wir» nahestehen, die, im Johannesevangelium selbst zu Wort kommend, die Überlieferung des Gesagten tragen (vgl. Joh. 1,14.16; Kap. 21) und im Zeugnis Johannes des Täufers sowie der Samaritaner gewissermaßen ein Vorbild haben (vgl. Joh. 1,34; (1,7); 4,42;

1. Joh. 4,14), während in ausgezeichneter Weise Jesus als Offenbarer bezeugt, was er gesehen und gehört hat (Joh. 3,11.32). Der Verfasser ist nicht neutraler Tatsachenzeuge, er ist in Person an der Sache beteiligt. Denn Zeuge zu sein heißt, das Bezeugte verstanden zu haben und weiterzusagen. Allerdings, das Geschaute als solches läßt sich nicht anders vermitteln als eben bezeugend; das Bezeugte dagegen ist zu hören und als gehörtes Zeugnis weiterzusagen. Daran wird der relative Unterschied faßbar zwischen den Zeugen, die geschaut haben, und den Glaubenden, die in der Botschaft das Leben haben.
Der Verfasser des 1. Joh. ist also in dieser Sache nichts als Zeuge; seine Anonymität ist sachgemäß; aus ihr herauszutreten und sich namentlich, biographisch oder durch die soziale und kirchliche Stellung zu identifizieren, wäre fast störend unsachlich, jedenfalls aber nicht angebracht. Man kann fragen, ob der positive Sinn seiner Anonymität darin liegen soll, daß er im Namen jener zu schreiben beansprucht, die als Zeugen das Johannesevangelium verantworten. Ebenso sind die Leser von vornherein so angesprochen, wie sie an der Sache dieser Zeugen beteiligt sind, so daß zumindest einsichtig werden kann, warum sie nicht anders denn nur als Adressaten der bezeugten Botschaft im Blick sind.
Wenn also die Verständigungssituation dieses Schreibens und das Verhältnis zwischen dem Verfasser und den Empfängern des Schreibens so ausschließlich durch dessen Inhalt bestimmt ist, stellt sich erneut die Frage: Ist der 1. Joh. in einem weiteren, wenn man will: übertragenen, johanneischen Sinn nicht doch ein Brief? Einige Überlegungen zur «inneren Form» eines Briefs können weiterführen.
Ein Brief ist nicht mehr unmittelbares Gespräch und noch nicht Literatur. Mit einem Gespräch verbindet ihn die Form der Anrede, die Zuwendung des Briefschreibers an einen bestimmten Adressaten oder Empfängerkreis; mit Literatur teilt ein Brief die Schriftlichkeit und die räumliche, sinnliche Getrenntheit von Autor und Leser. Man sagt, ein Brief sei Ersatz für mündliche Aussprache, bedingt durch die räumliche Trennung der Korrespondenten. Das ist zutreffend und einleuchtend, wenn es Zweck eines Briefs ist, Nachrichten zu übermitteln, Geschehenes zu berichten oder zu erzählen, Anfragen an den Adressaten zu richten, Aufträge zu erteilen, Anordnungen, Verabredungen und Übereinkünfte zu treffen, strittige Angelegenheiten zu klären und was dergleichen mehr ist. Derartiges läßt sich in der Tat ebensogut oder besser mündlich erreichen – von der in manchen Fällen angebrachten verbindlichen und bestätigenden schriftlichen Form einmal abgesehen.
Doch ist ein Brief nur schriftlicher Notbehelf, um räumliche Trennung zu überbrücken? Hat die Distanz, die die Nähe des Gesprächs ausschließt, nicht auch eine produktive Bedeutung, sofern ein Brief eine andere Art von Nähe schafft und ihr entspricht?
Ein Gesprächspartner spricht für sich selbst, sofern er nicht auf einen Anwalt, einen Fürsprecher oder einen Therapeuten angewiesen ist. Auch ein Briefschreiber meint den Adressaten selbst und will ihn in der Regel nicht mundtot machen, entmündigen oder überfahren. Ein Brief ist seinem Wesen nach auf Antwort ausgerichtet; er soll ankommen, gelesen und verstanden, d. h. beantwortet und nicht lediglich befolgt, quittiert oder abgelegt werden.
Indessen, gerade weil der Adressat nicht unmittelbar zu Wort kommen kann, wird er im Brief in einer Weise mitbedacht und berücksichtigt, wie das im normalen Gespräch nicht häufig der Fall ist. Erwogen und eingeräumt wird seine Möglichkeit, zu antworten, oder die Voraussetzung, sich überhaupt an ihn zu wenden. Das kann – muß freilich nicht! – bedeuten, daß im Brief ausdrücklich und eigens die Beziehung

vergegenwärtigt wird, die Absender und Adressat miteinander verbindet. Inhalt des Briefs wird, was beide einander bedeuten, was sie füreinander «sind» und aneinander «haben» – oder vermissen, was sie verbindet – oder entzweit.
Damit kommt ein weiterer Gesichtspunkt in den Blick. Briefe sind, weil sie Personen angehen, situationsgebunden. Sie sind es nicht so sehr, wie Personen in einem Gespräch aufeinander bezogen sind und sich in einer zeitbedingten Situation befinden, jeweiligen Stimmungen und Emotionen ausgesetzt usw. Man kann sich für einen Brief Zeit nehmen, ihn nochmals in Ruhe lesen und sich die Antwort überlegen. Andererseits sind Briefe auch nicht so sehr situationsgelöst, wie es literarische Werke mehr oder weniger sind. Situationsgebunden haben Briefe meist einen konkreten Anlaß. Vor allem aber ist in der brieflichen Mitteilung oder Beziehung so etwas wie eine gemeinsame Geschichte, ein gemeinsames Interesse oder sonstwie Gemeinsames und Verbindendes vorausgesetzt und in Anspruch genommen. Diese gemeinsame Geschichte, dieses gemeinsame Interesse oder gemeinsame Sein kann in einer familiären oder verwandtschaftlichen Beziehung gegeben sein, es kann in einer Freundschafts- oder einer Liebesbeziehung bestehen, in Geschäftsbeziehungen, öffentlichen und politischen Angelegenheiten oder, ganz anders, in gemeinsamer Erfahrung, gemeinsamem Leiden oder gemeinsamer Freude.
Solche gemeinsame Geschichte oder Erfahrung, solches gemeinsame Sein oder Interesse kann in einem Brief, gerade weil dies wegen der Distanz von Absender und Adressat nicht unmittelbar, unausdrücklich und wie selbstverständlich erlebt und wahrgenommen wird, ausdrücklich angesprochen und vergegenwärtigt werden, so daß durch die Entfernung das gemeinsam Verbindende nahe kommt. Das führt zu einem letzten Gesichtspunkt.
Es ist ein Irrtum oder doch eine Verengung, nur den sog. Privatbrief für einen wirklichen Brief zu halten. So groß die Vielfalt wirklicher Briefe ist, so sehr ist ein Brief auf Öffentlichkeit bezogen – nicht auf die relativ unbegrenzte, situationsgelöste und personal unbestimmte literarische oder durch «Medien» hergestellte Öffentlichkeit. Ein Brief bezieht sich auf die bestimmte und begrenzte Öffentlichkeit, die durch die gemeinsame Geschichte, das gemeinsame Sein oder Interesse der Beteiligten eröffnet ist. Das kann sich auf einen sozusagen intimen, privaten, persönlichen Bereich beschränken, aber ebenso, wie die «Korrespondenzblätter» des 18. und 19. Jahrhunderts zeigen, aus denen die Zeitungen hervorgingen, auf eine kulturell und politisch gebildete Öffentlichkeit erstrecken.
Damit sind die Gesichtspunkte angeführt, die für den 1. Joh. aufschlußreich werden. Der Verfasser spricht als Zeuge und geht als Person darin auf. Die Leser sind Adressaten seines Schreibens, weil sie als Glieder der christlichen Gemeinde von der gehörten Botschaft herkommen und deshalb an dem Geschehen beteiligt sind, dessen Zeuge der Verfasser ist und sein will. Der Inhalt des Schreibens ist zunächst die Gemeinschaft der angesprochenen Christen untereinander und mit den Zeugen, die in der Bruderliebe verwirklicht und erfahren wird und in der Verweigerung der Bruderliebe zu zerbrechen droht. Weil diese Gemeinschaft ihren tragenden Grund, ihre Voraussetzung und ihre Wahrheit in der verkündigten und gehörten Botschaft und damit in der Gemeinschaft mit Gott dem Vater und mit dem Sohn hat, vergegenwärtigt der Verfasser das ihm und seinen Lesern Gemeinsame, indem er diese Gemeinschaft in ihrer Voraussetzung und in der sie bedingenden Wirklichkeit auslegt. Die Öffentlichkeit schließlich, auf die er sich in seinem Schreiben bezieht, ist die Öffentlichkeit, die durch das Erschienensein der Liebe Gottes eröffnet ist und darin besteht.

Man kann zu dem Schluß kommen, daß der 1. Joh. die Form eines Briefs sprengt; das gälte dann aber in vergleichbarer Weise auch für die paulinischen Briefe. Läßt man die genannten Gesichtspunkte gelten, ist der 1. Joh. als briefliche Mitteilung und Vergegenwärtigung johanneisch verstandenen Christseins anzusehen.

3. Stil

Wird man auf die besondere, inhaltlich gebotene Verständigungssituation und Mitteilungsform des 1. Joh. aufmerksam, klärt sich auch die immer wieder hervorgehobene Eigentümlichkeit in Stil und sprachlicher Gestalt. Auffällig ist im 1. Joh. der Wechsel zwischen Sätzen, die allgemeingültigen, gleichsam dogmatischen Aussagen und Urteilen oder auch Rechtssätzen gleichen, und einer Sprachform, in der sich der Verfasser zuredend, erläuternd, ermahnend und vergewissernd seinen Lesern unmittelbar zuwendet. Jene «Sentenzen» führen im Vordersatz ein beanspruchtes oder durch das Offenbarungsgeschehen bedingtes Sein und Verhalten an, das im Nachsatz ein Urteil oder eine Zusage zur Folge hat. Die sprachliche Form dieser Sätze ist meist entweder von der Art «wenn (wir sagen, bekennen, unsern Weg gehen, lieben usw.), so ...» oder im Stil von Partizipialsätzen «jeder, der ... bzw. wer ..., ist bzw. tut ...» Öfter sind diese Sätze in ihrer Folge aufeinander sozusagen «überkreuz» antithetisch gehalten, d. h. ein in einem Urteil verneintes Sein oder Verhalten wird im nächsten Satz positiv aufgenommen und mit einer entsprechenden Zusage bedacht. Der theologische Sinn und die Unumgänglichkeit dieser Sprachform werden in der Auslegung des Textes genauer zu erläutern sein.

Man hat nun diesen Stilwechsel zwischen «kurzen, apodiktischen Sentenzen» und «homiletisch-paränetischen», d. h. seelsorgerlich-ermahnenden, erläuternden, vergewissernden Partien – einem anderwärts bewährten wissenschaftlich-exegetischen Modell folgend – literarkritisch zu erklären versucht. Das heißt, man ging von der Annahme aus, jene kurzen, antithetischen Sätze hätten zusammengenommen eine schriftliche Vorlage gebildet, die vom Verfasser des uns vorliegenden 1. Joh. aufgenommen, kommentiert, erläutert, in kirchlich-erbaulicher Weise ausgestaltet und auf die Leser angewendet worden sei. Diese literarkritische Hypothese wurde zuerst in einer Auslegung von 1. Joh. 2,28–3,12 erörtert, wo in der Tat sprachlich-stilistische Anstöße auffallen, und sodann auf den ganzen 1. Joh. ausgedehnt. Als Resultat dieser literarkritischen Analyse ergab sich, daß die Vorlage – mit Einschränkungen – in 1,5–10; 2,4.5.9–11; 3,4–15 sowie in 4,7.8.12 (?).16 (?); 5,1.4.10.12 greifbar werde. Bemerkenswert ist das Schwanken darüber, ob die angenommene Vorlage vorchristlicher oder christlicher Herkunft ist, bemerkenswert vor allem, daß mit dieser Scheidung von Vorlage und redaktioneller Bearbeitung ein abschätziges Urteil über den angenommenen Kommentator und Verfasser des vorliegenden 1. Joh. einherging.

Die Hypothese kann hier nicht diskutiert werden; einzelnes wird in der Auslegung des Textes aufgegriffen werden. Aufs ganze gesehen ist zu sagen, daß die Annahme einer schriftlichen Vorlage nicht überzeugend zu erweisen ist, ja daß die Annahme überflüssig und unsachgemäß ist. Es werden in der Tat geprägte Aussagen zitiert, die stilistisch einen anderen Charakter als die erläuternden Partien einer persönlichen Zuwendung an die Leser haben. Aber was zitiert wird, sind nicht Sätze einer schriftlichen Vorlage, sondern Parolen der Gegner und personal formulierte Heilsaussagen, die im Kontext eines johanneischen Überlieferungszusammenhangs stehen und die der Verfasser durchaus auch selbst zu bilden imstande ist, weil es sich nicht um «poetisch-rhythmische» Stilformen handelt, die man dem Verfasser nicht mehr zutrauen mag, sondern um schlichte argumentierende Prosa. Wichtiger ist freilich die Einsicht, daß hier Personen in ihrem Selbstverständnis, Sein und Verhalten sprachlich zitiert werden, weil die Sache, um die es geht, gar nicht anders als am Sein und Verhalten von Personen zur Sprache gebracht werden kann. Das führt zu einem zweiten Sachverhalt, auf den einführend hinzuweisen ist.

4. Veranlassung

Konkreter Anlaß des Briefs ist das Auftreten von Irrlehrern. Der Brief ist allerdings nicht an sie gerichtet – sie werden nur «zitiert» –, sondern an eine Gemeinschaft von Christen, die durch die Irrlehrer in Gefahr stehen, in ihrem Christsein «Gott zum Lügner zu machen». Der Konflikt und damit die Aufgabe des Verfassers, die Unterscheidung zwischen wahrem und vorgeblichem Christsein, zwischen «Rechtgläubigkeit» und Irrlehre zu klarem Verständnis zu bringen, ist alles andere als einfach. Die Irrlehrer, als «Antichriste(n)» (2,18.22; 4,3) und «Falschpropheten» (4,1) bezeichnet, sind aus der Gemeinde hervorgegangen (2,19). Ihre große Zahl und ihr Anspruch, Christen zu sein, vermutlich auch ihr beeindruckendes, geisterfülltes Auftreten (4,1–3) – das macht sie zu einer Gefahr, die der Verfasser sich und seinen Lesern daran begreiflich macht, daß in ihnen die endzeitliche Figur des «Antichrist» gegenwärtig ist. Sie sind auch deshalb eine Gefahr, weil organisatorische und disziplinarische Maßnahmen zur Lösung des Konflikts nicht in Betracht kommen – derartiges taucht erst im Horizont des 2. und 3. Joh. auf. Die im 1. Joh. bekämpften Gegner sind weder aus der Gemeinde ausgeschlossen worden noch haben sie sich freiwillig von ihr getrennt. Es bedurfte äußerster theologischer Anstrengung und einer intensiven Vergewisserung des in der Botschaft und im Glaubensbekenntnis Gesagten, um die Täuschung und Lüge der Irrlehrer überhaupt erst ans Licht zu bringen. Der Verfasser kann nicht falsche Lehre an richtiger messen – und diskriminieren; er muß am konkreten Auftreten von Personen selbst – darum werden sie in ihrem Anspruch und Verhalten zitiert! – zeigen, daß sie in ihrem Verhalten wahrem Christsein widersprechen. Wird ihm deren Verweigerung der Bruderliebe zum Erweis dieses Widerspruchs, so ist das kein bloß moralisches Argument – wie er überhaupt auf moralische Diffamierung und Beschimpfung der Gegner verzichtet. Vielmehr erweist ihm diese Verweigerung der Bruderliebe, daß das Glaubensbekenntnis und die von Anfang an gehörte Botschaft nicht verstanden worden sind und damit das behauptete Christsein falscher Glaube und dieser falsche Glaube Lüge im Verhältnis zu Gottes Wirklichkeit ist.
Allerdings wird nun als Ergebnis dieser theologischen Auseinandersetzung in der Tat so etwas wie ein Kriterium herausgearbeitet, das wahren Glauben von falschem zu unterscheiden ermöglicht und außerdem die Auffassung der Gegner genauer zu charakterisieren erlaubt. Der Verfasser bekämpft in den Gegnern deren falsches Christusverständnis, d. h. eine Einstellung, die dem Bekenntnis des Glaubens an Jesus Christus, den Sohn Gottes, radikal widerspricht. Deshalb leugnen sie und heben auf, was dem Verfasser in dieser Auseinandersetzung zum entscheidenden Inhalt des Christusbekenntnisses geworden ist: «daß Jesus Christus im Fleisch gekommen ist» (4,2f.) – «nicht im Wasser allein, sondern im Wasser und im Blut» (5,6).
Wie der Verfasser diese Präzisierung des überlieferten Glaubensbekenntnisses verstanden wissen will, wie er mit Hilfe des theologischen Gehalts dieses Kriteriums am praktischen Verhalten der Gegner die Mißachtung des Gebots der Bruderliebe und

an ihrem Anspruch, Gott erkannt zu haben, die Leugnung der Wirklichkeit Gottes erweist, wird die Auslegung im einzelnen zu zeigen haben.

Wichtiger als eine religionsgeschichtliche Einordnung der Gegner, deren Einstellung einem gnostisierenden Christentum nahekommt, ist die Einsicht, daß sie aus johanneischem Christentum selbst hervorgegangen sind. Aller Wahrscheinlichkeit nach zogen sie aus der Bejahung des Offenbarungsgeschehens, wie es im Johannesevangelium zur Sprache kam, Konsequenzen, die dazu trieben, diese Bejahung gleichsam zu überholen und vom Glauben zu höherer Erkenntnis voranzuschreiten. Man kann vermuten, daß der Glaube in ein enthusiastisches, geisterfülltes Selbstbewußtsein umschlug, das den Unterschied zwischen Jesus Christus und den Glaubenden, den Unterschied zwischen Gegenwart und Zukunft des Heils wie auch den bleibenden Vorrang des Offenbarers hinter sich ließ. Mögen gewisse Ansätze dieser Konsequenz im Johannesevangelium selbst angelegt sein – etwa die Vorstellung vom Kommen des Offenbarers in die Welt und seiner Erhöhung, die den Anschein erwecken konnte, als werde das Irdische vom Glanz der himmlischen Welt nur berührt, oder die Verheißung des Geistes, die so verstanden werden konnte, als verkörpere sich, was den Offenbarer ausmachte, gegenwärtig nun in den Seinen! Jedenfalls hatte diese Auffassung zur Folge, daß man den Menschen Jesus vom himmlischen Christus und Offenbarer trennte, sich mit dem himmlischen Christus eins wußte, und daß in diesem Wissen der Mensch Jesus unerheblich geworden war. Besteht der Verfasser des 1. Joh. so nachdrücklich auf dem Gebot der Bruderliebe, so deshalb, weil dieses Gebot an den Ort und an die Wirklichkeit wies, wo im Menschen Jesus die Liebe Gottes erschienen ist und wo sich die bleibende Notwendigkeit des Glaubens vermittelt.

Die Auseinandersetzung mit den Gegnern im 1. Joh. erhält also ihre kompromißlose Schärfe, weil auch diese Gegner sich auf das Johannesevangelium beriefen; es ist eine Auseinandersetzung um das rechte Verständnis des Johannesevangeliums. Der falsche Glaube ist darin «diabolischer» als der Unglaube, daß er den Menschen Jesus als den Offenbarer Gottes nicht ablehnt, sondern für erledigt erklärt.

5. Beziehung zum Johannesevangelium

Die Nähe des 1. Joh. zum Johannesevangelium ist unverkennbar. Ebenso deutlich fällt aber auch der Unterschied beider Schriften ins Auge. Das betrifft nicht nur unterschiedlichen Sprachgebrauch und die Verschiedenheit der literarischen Form. Das Evangelium ist bestimmt durch den Gegensatz oder die Entscheidung zwischen Glauben und Unglauben, der 1. Joh. durch die Unterscheidung von wahrem und falschem Glauben. Am deutlichsten wird der Unterschied indessen da faßbar, wo beide Schriften sich im Gemeinsamen unterscheiden. Mit anderen Worten: Aussagen, die im Evangelium das Wirken des Offenbarers auslegen und die Begegnung mit ihm charakterisieren, erscheinen nun in einem Verstehenszusammenhang, der nicht nur die Antwort des Glaubens, die Annahme der gehörten Botschaft, voraussetzt, also von der Erfahrung oder auch von den «Erfolgen» des Glaubens bestimmt ist, sondern auch schon ein Stück Geschichte der Gemeinde in der Welt einzubeziehen hat. So meint die mehrmals begegnende Wendung «von Anfang an» den Uranfang (des Offenbarungsgeschehens bei Gott) und den (kirchengeschichtlichen) Beginn des Christseins bzw. der Gemeinde in der Annahme der Botschaft; in diesem «historischen» Anfang ist der bleibende Ursprung des erschienenen Lebens überliefert. Das Gebot der Bruderliebe ist zugleich altes und neues Gebot, weil dieses Ge-

bot Jesu zum tradierbaren Gehalt des Offenbarungsgeschehens geworden ist. Im
Licht der Bruderliebe, die den Übergang der Glaubenden aus dem Tod ins Leben
erfahren läßt, ist die im Offenbarer erschlossene Wirklichkeit Gottes, nämlich das
Licht seiner Liebe, schon geschichtliche Wirklichkeit der Gemeinde. Gerade dieser
Unterschied im Gemeinsamen weist, neben offenkundigen Differenzen zwischen
1. Joh. und Johannesevangelium, darauf hin, daß nicht nur ein gewisser zeitlicher
Abstand zwischen beiden Schriften anzunehmen ist, sondern der 1. Joh. eine gegenüber dcm Johannesevangelium deutlich veränderte Situation voraussetzt. Das
spricht entschieden gegen die traditionelle Ansicht, beide Schriften demselben Verfasser zuzuweisen und diesen Verfasser gar noch mit dem Zebedaiden Johannes zu
identifizieren. Der Verfasser des 1. Joh. interpretiert das Johannesevangelium neu
in veränderter Situation und wird dem Kreis von Zeugen angehört haben, die es als
autoritativen Text johanneischen Christentums überlieferten.

6. Abfassungszeit

Der 1. Joh. wird bereits in der ersten Hälfte des 2. Jahrhunderts bezeugt. In einem
Brief Polykarps, des Bischofs von Smyrna, wird allem Anschein nach 1. Joh. 4,1f. zitiert und auf 1. Joh. 2,22; 3,8 angespielt (vgl. 2. Philipperbrief des Polykarp 7,1).
Nach Mitteilungen Eusebs (Kirchengeschichte III,39,17) hat Papias, Bischof von
Hierapolis (um 140 n. Chr.), sich auf Zeugnisse aus dem 1. Joh. berufen. Ist andererseits der 1. Joh. geraume Zeit nach dem Johannesevangelium (Ende des 1. Jahrhunderts) geschrieben worden, so wird man mit seiner Abfassung am Beginn des
2. Jahrhunderts in Syrien, der Heimat des Johannesevangeliums, vielleicht aber
auch im westlichen Kleinasien zu rechnen haben.

7. Gliederung

Es entspricht der Form und der «kommunikativen Situation» des 1. Joh., daß das
Schreiben nicht eine systematisch aufgebaute, fortschreitende Darlegung von Sachverhalten ist, sondern Auslegung der Gemeinschaft von Glaubenden und des sie
tragenden Grundes. Deshalb ergibt sich die Gedankenbewegung, indem der Bereich dieser Gemeinschaft oder der Raum des mitgeteilten ewigen Lebens auf seinen Grund und seine Wirklichkeit hin ermessen, ausgeschritten und mit kritischer
Schärfe beleuchtet wird. Der Verfasser spricht sozusagen aus dem «Innenraum» der
Offenbarung, d. h. er legt die in Jesus Christus erschienene Liebe Gottes an der
Wirklichkeit aus, die ihn und seine Leser gemeinsam angeht. Der Eindruck, er be-
wege sich «kreisend» voran, komme immer wieder auf bereits Gesagtes zurück,
wiederhole sich, und ein wirklicher Gedankenfortschritt sei nicht erkennbar, ist
zwar richtig, aber kurzschlüssig.
Man kann sich die Gedankenbewegung an einer Spirale veranschaulichen: sie setzt
an bei der vorgegebenen Sache, der verkündigten, bezeugten und gehörten Botschaft, und geht ihr erinnernd, kritisch präzisierend, verstehend und vergewissernd
auf den Grund. Dieser Beweggrund ist Gott als Liebe oder das Zeugnis, das Gott
selbst von seinem Sohn gegeben hat.
Nach der Eröffnung des Schreibens in 1,1–4 spricht der Verfasser im *ersten Hauptteil* von der Gemeinschaft mit Gott und der Erkenntnis Gottes im Licht der Bruderliebe *(1,5–2,17)*. In der Gemeinschaft mit Gott, im Licht, ist die Wirklichkeit von
Sünde, die Finsternis, ausgeschlossen, wie in der Auseinandersetzung mit Parolen
der Gegner entfaltet wird (1,5–2,2).

Der Schritt von der Gemeinschaft mit Gott zur Erkenntnis Gottes im Halten seiner Gebote (2,3–11) erschließt den Inhalt der Botschaft, daß Gott Licht ist, in der Orientierung an Jesus näher und konkreter. Jesu Gebot der Bruderliebe ist das Gebot der Stunde. Der Abschnitt mündet in vergewissernden Zuspruch und in die Mahnung, daß die Welt nicht bestimmender Inhalt des Liebens sein kann (2,12–17).

Der zweite Hauptteil 2,18–3,24 setzt ein, indem die Leser am Auftreten der Irrlehrer der Erkenntnis konfrontiert werden, daß Endzeit-Stunde ist (2,18–27). Doch die Gemeinde kann gegenüber den «Antichristen» Klarheit und Gewißheit gewinnen, wenn sie nur bei der gehörten Botschaft und beim Christusbekenntnis bleibt. So stellt sich als entscheidend heraus, den Unterschied zwischen Jesus, dem Sohn Gottes, der ohne Sünde ist, und den Kindern Gottes, die gewesene Sünder sind, einzuhalten und so dem rettenden Vorsprung der Liebe Gottes gerecht zu werden (2,28–3,24). Unterschied wie Entsprechung zwischen Jesus und den Glaubenden werden an der Einstellung erörtert, die im Blick auf die der Liebe eigene Zukunft als Hoffnung auf ihn (3,1–3) geboten ist, und an der Einstellung, die sich aus dem das «Tun der Sünde» ausschließenden «Sein aus der Liebe des Vaters» als «Tun der Gerechtigkeit» in der Bruderliebe ergibt (3,4–10).

Die Bruderliebe vermittelt Erfahrung des Übergangs aus dem Tod ins ewige Leben, das seinen Grund in der liebenden Hingabe des Sohnes Gottes hat (3,11–17). In dieser praktischen Erfahrung aneinander zeigt sich im Freimut zu Gott und im Gebet, daß in der Bruderliebe der Glaube an Jesus Christus geboten und nötig ist (3,18–24).

Der dritte Hauptteil 4,1–5,12 geht in einem weiteren Schritt zu eindeutiger Gewißheit dem Sein aus der Liebe des Vaters, das in der Bruderliebe praktisch wird und aneinander zu erfahren ist, auf den Grund. Diese eindeutige Gewißheit ergibt sich aus dem Glaubensbekenntnis und damit aus dem Zeugnis des Geistes Gottes selbst. Denn im Bekenntnis zu Jesus Christus als dem im Fleisch Gekommenen spricht sich der Geist aus. Damit ist im Glaubensbekenntnis ein Kriterium gegeben, an dem sich der Geist aus Gott prüfen läßt, ein Kriterium zwischen wahrem Glauben und antichristlichem Geist der Täuschung. Dieses Kriterium ermöglicht es dem Verfasser, auf den christologischen Kern der Auseinandersetzung mit den Irrlehrern zu kommen (4,1–6). Vor allem aber ergibt sich aus dem wahren Christusbekenntnis der Einblick in das, was Gott selbst bewegt: daß er Liebe ist (4,7–16). Die Vollendung der Liebe im Freimut zu Gott (4,17–18) schärft den Blick für die Gefahr, daß die von den Gegnern zutiefst mißverstandene, am sichtbaren Bruder vorbeigehende Liebe zu Gott den Glauben aufhebt und das Leben aus der Liebe Gottes leugnet (4,19–21).

Deshalb wird abschließend in 5,1–12 die dem Glauben geschenkte Gabe des ewigen Lebens im Zeugnis Gottes für seinen Sohn ausgelegt, zunächst als Lieben-Können in der Gewißheit des der «Welt» überlegenen Glaubens (5,1–4), sodann zusammenfassend als das Zeugnis, in dem sich Gott selbst mitteilt (5,5–12).

Es erscheint nicht zu weit gegriffen, den inneren Zusammenhalt vergewissernder Auslegung des Christseins in 1.Joh. 1,5–5,12 trinitätstheologisch zu bestimmen: ausgelegt wird die Wirklichkeit des dreieinigen Gottes, Gott im Licht des Gebots der Bruderliebe, Gott als Liebe in der Hingabe Jesu Christi, Gott im Zeugnis und Bekenntnis des Glaubens, in dem sich der Geist ausspricht – ausgelegt freilich nicht auf der Ebene abstrakt-dogmatischer Reflexion, sondern in dem Wirklichkeitsbereich, wo Liebe praktisch wahrgenommen wird.

Das Schreiben schließt mit 5,13. Die Verse 5,14–21 sind ein Anhang aus zweiter Hand, angefügt in der Absicht, den 1. Joh. in einer Situation neu zu aktualisieren, die durch die Erfahrung geprägt ist, daß Brüder vom Glauben abfallen und deshalb die Bruderliebe im Gebet in beklemmende Ungewißheit kam.

8. Wichtige neuere Literatur zu den Johannesbriefen

R. Bultmann, Die drei Johannesbriefe, Kritisch-exegetischer Kommentar (KEK) XIV, 1967.

R. Schnackenburg, Die Johannesbriefe, Herders Theologischer Kommentar (HThK) XIII,3,1963 (4. Auflage 1970).

H. Balz, Die Johannesbriefe, Neues Testament Deutsch (NTD) 10, 1973, S. 150–216.

K. Wengst, Der erste, zweite und dritte Brief des Johannes, Ökumenischer Taschenbuch-Kommentar (ÖTK) 16, 1978.

H. v. Campenhausen, Kirchliches Amt und geistliche Vollmacht in den ersten drei Jahrhunderten, Beiträge zur historischen Theologie (BHTh) 14, 1953.

E. Haenchen, Neuere Literatur zu den Johannesbriefen, in: Die Bibel und wir. Gesammelte Aufsätze II, 1968, S. 235–311.

J. Heise, Bleiben. Menein in den Johanneischen Schriften, Hermeneutische Untersuchungen zur Theologie (HUTh) 8, 1967.

E. Käsemann, Ketzer und Zeuge. Zum johanneischen Verfasserproblem, in: Exegetische Versuche und Besinnungen I, 1960, S. 168–187.

G. Klein, «Das wahre Licht scheint schon.» Beobachtungen zur Zeit- und Geschichtserfahrung einer urchristlichen Schule, in: Zeitschrift für Theologie und Kirche (ZThK) 68 (1971), S. 261–326.

(Ein gelegentlicher Hinweis auf die angeführten Kommentare ist namentlich gekennzeichnet.)

1,1–4   Die Eröffnung des Schreibens

1 Was von Anfang an war, was wir gehört haben, was wir gesehen haben mit unseren Augen, was wir geschaut und unsere Hände berührt haben – (Zeugnis) vom Wort des Lebens – 2 und das Leben ist erschienen und wir haben gesehen und bezeugen und verkündigen euch das ewige Leben, das beim Vater war und uns erschienen ist – 3 was wir (also) gesehen und gehört haben, verkündigen wir auch euch, damit auch ihr Gemeinschaft habt mit uns. Unsere Gemeinschaft aber ist (Gemeinschaft) mit dem Vater und mit seinem Sohn Jesus Christus. 4 Und dies schreiben wir, damit unsere Freude erfüllt sei.

Schon mit dem ersten Wort ist der Verfasser bei seiner Sache. Es geht um das Wort, das Leben ist und schafft. Dieses Leben ist in der Person Jesu Christi geschichtliches Ereignis geworden. So ist es Sache des Verfassers, dieses personale Ereignis des Lebens zu bezeugen und zu verkündigen. Wie er sich persönlich von vornherein als an dieser Sache beteiligter Zeuge, einem Kreis von Zeugen zugehörig, einführt, so spricht er auch die Leser seines Schreibens sogleich darauf an, wie sie an dieser Sache beteiligt sind: in der Gemeinschaft mit den Zeugen ist das Leben als Gemeinschaft mit dem Vater und seinem Sohn Jesus Christus vermittelt. Auch das Motiv, das ihn zu seinem Schreiben und beim Schreiben bewegt, ist eine durch diese Gemeinschaft vermittelte Freude.
Satzbau und Satzfolge in V. 1–3 sind kompliziert, aber nicht undurchsichtig. Tragend ist «verkündigen wir auch euch», V. 3. Was? Das, was von Anfang an war, was wir gehört, gesehen, geschaut, berührt haben. V. 2 ist Einschub, in dem das zur Sprache drängt, was am Ende von V. 1 wie eine Themaangabe aus dem neutrisch-sachlich anhebenden Satzgefüge herausgehoben ist. So ist vorweggenommen, was der Verfasser dem Gedankengang entsprechend in V. 3 zu sagen gedenkt und nun mit neuem Akzent («auch euch») wiederholt. Darüber hinaus werden Folge und Ergebnis – nicht einfach Zweck – der Verkündigung genannt: die Gemeinschaft mit den Zeugen des in Jesus Christus erschienenen Lebens, die eine Gemeinschaft mit der Gemeinschaft zwischen dem Vater und seinem Sohn ist, in der sich also erschließt, was Gott den Vater im Innersten bewegt.
Wie Themaworte des ganzen Schreibens heben sich «ewiges Leben» und «Gemeinschaft» heraus. Dazu kommt, daß der Verfasser die Art und Weise andeutet, wie der Inhalt der Botschaft «gegeben» ist. Das «ewige Leben» vermittelt sich in einem Geschehen oder in einer Bewegung, die ihren Anhalt am geschichtlich überlieferten Zeugnis hat, die beim Vater anfängt, im Erschienensein des Lebens ans Licht kommt, sich als Gemeinschaft mit Gott in seinem Sohn darstellt und in einer Vergewisserung dieses «Gegebenen» im praktischen Umgang miteinander mündet, der im Schreiben selbst theologisch verantwortet und präzisiert wird. Eröffnen die Eingangsverse 1–4 also in gewisser Weise den das ganze Schreiben bewegenden Inhalt, so kann eine etwas ausführlichere Interpretation des Abschnitts in das theologische Denken des 1. Joh. einführen.
1. Der Anfang des Schreibens in **V. 1** ist befremdlich, fast eine Zumutung an den Leser. Es fehlt ein augenfälliger Hinweis auf die Form des Schreibens, woraus – einem Vorverständnis gleich – die *«kommunikative Situation»* erschlossen, d. h. Aufschluß über das Verhältnis zwischen Verfasser und Adressaten gewonnen und Einblick in

die historischen Umstände erlangt werden könnte. «Augenfällig» ist der 1. Joh. kein Brief. Dennoch entbehrt er nicht des «Korrespondenzcharakters», der ausdrücklichen Reflexion des Verfassers auf die Situation der Empfänger. Nicht weniger als 12(13) Mal sagt der Verfasser «ich schreibe euch». So ist es nicht abwegig, die Eröffnung an der Form eines urchristlichen Briefeingangs zu messen. Der Verfasser führt sich weder namentlich noch durch eine Amtsbezeichnung ein, sondern als Zeuge. Auch die Adressaten werden weder geographisch noch kirchlich, sondern durch ihre Beteiligung an der bezeugten Sache namhaft gemacht. Und entspräche V. 4 einem Gruß «Gnade und Friede mit euch», so wäre die erfüllte Freude vergegenwärtigte Erfahrung von Gnade und Frieden.

2. Unverkennbar werden in V. 1–3 Kernaussagen aus dem «Prolog» des Johannesevangeliums aufgenommen («Wort des Lebens» vgl. mit Joh. 1, 1.4; «wir haben geschaut», «das Leben ist erschienen» vgl. Joh. 1, 14; «das beim Vater war» vgl. Joh. 1, 1b). Was dort vom Logos, von der Fleischwerdung des göttlichen Worts gesagt wird, ist Tradition, die den 1. Joh. autorisiert und zugleich in veränderter Situation neu verantwortet wird. Veränderte Situation und Neufassung spiegeln wider, daß der Verfasser von der gegebenen Antwort des Glaubens herkommt und von ihr her denkt. Er ist dem zugewandt, was von «Anfang her» war. In dieser markanten Wendung, die mehrmals wiederkehrt, vereinigen sich zeitliche Distanz und anhaltender Sachbezug. Entsprechend verteilen sich die Bedeutungsnuancen. Im sozusagen kirchengeschichtlichen, historischen Sinn ist das «Datum», von dem die Gemeinde als ihrem Anfang herkommt, daß sie die Botschaft, das Wort, gehört hat (vgl. 2, 7.24; 3, 11). Eben darin ist «gegeben», was unüberbietbaren, unvordenklichen Ursprungs ist: der, der von Anfang an ist (2, 13; in abgeleiteter Analogie vom Teufel 3, 8). Entspricht dem, was von Anfang her war, das, was «wir von ihm gehört haben» (1, 5; vgl. 2, 24), so vermittelt sich im historisch Überlieferten das Leben, das erschienen ist und beim Vater war. So ist das, was seinen Ursprung beim Vater hat, durch die Wahrnehmungszeugen des Lebens historisch vermittelt.

3. Was bedeutet es, daß die Zeugen gehört, geschaut, berührt haben, und was wird durch diese Verben sinnlicher Wahrnehmung hervorgehoben? Klar ist, daß das, was zugleich gehört, geschaut und berührt worden ist, nichts anderes als eine Person sein kann. (Ob es von Bedeutung ist, daß das Wahrnehmen in V. 1 mit dem Hören einsetzt, während das erschienene Leben in V. 3 zuerst geschaut wird, kann man fragen.) Wenn die Wahrnehmung der Person Jesu Christi zunächst sachlich-sachbezogen formuliert wird, so deshalb, weil das erschienene Leben verstanden und in der überlieferten Botschaft bezeugt ist.

An dieser Stelle zwingt die historisch-kritische Methode, wenn sie mit einem unüberlegten Wirklichkeitsbegriff verbunden ist, der Auslegung eine Alternative auf, die unabweisbar, aber unsachgemäß ist: handelt es sich um historische Augenzeugenschaft oder um ein Sehen in übertragenem, spiritualisierten Sinn? Diese dem Text aufgezwungene Alternative darf keinesfalls zur Folge haben, daß die Verneinung des einen zur Begründung des andern wird. Mit anderen Worten: die Feststellung, der Verfasser sei nicht historischer Zeitgenosse oder Augenzeuge des Wirkens Jesu und fuße auch nicht indirekt auf einem solchen Kreis von Augenzeugen, bedeutet kein Plädoyer dafür, es sei nicht sinnliche Wahrnehmung gemeint. Vielmehr gilt: Wahrgenommen wird Jesus Christus in Person in *seiner*, d. h. in der durch ihn selbst bestimmten Wirklichkeit. Sinnliche, historisch vermittelte Wahrnehmung dieser Wirklichkeit heißt, im «Gegenstand» den Autor dieser Wirklichkeit wahrzunehmen. Das läßt sich durch 3, 6 und 4, 20 näher erläutern. «Jeder, der sündigt, hat ihn nicht gesehen noch ihn erkannt.» Zwar läßt sich die negative Aussage nicht einfach ins Positive umkehren («jeder, der ihn gesehen hat, sündigt nicht»); wohl aber ist die Möglichkeit, ihn in *seiner* Wirklichkeit gesehen (und verstanden!) zu haben, dadurch bedingt und darin begründet, daß er die Werke des Teufels zerstört – und eben dazu erschien (3,8). Dies ist kein Zirkel! Darin erschließt sich die Dimension oder der Erfahrungsbereich seiner Wirklichkeit. In dieser Wirklichkeit ist nach 4,20 der zu liebende Bruder zu sehen. Auch im Johannesevangelium kommt das Gesehenhaben aus einem Sein bei ... (Joh. 6,46; 8,38). Inhalt des Gesehenhabens sind die Werke bzw. alles, was Jesus getan hat (Joh. 4,45; 15,24), die Werke, die von ihm zeugen (Joh. 5,36; 10,25). Die Wahrnehmung des Offenbarers in seiner, durch ihn bestimmten Wirklichkeit ist also konkreter und realistischer als historische Augenzeugenschaft. Denn sie folgt dem *Wahrnehmungsvermögen der Liebe.* Sie ist insofern in der Tat ein «Sehen des Glaubens» (Bultmann), allerdings ein Sehen, das im Erfahrungsbereich der Liebe stattfindet. Der Verfasser dürfte in V. 1 schon den Erfahrungsbereich anvisieren, in dem die Leugnung des im Fleisch Gekommenen (4,2) ebenso wie die Mißachtung der Bruderliebe evident werden, wie auch wahrscheinlich ist, daß er Anfang und Ende des Johannesevangeliums (Thomasgeschichte!) im Auge hat, ohne daß das Berührthaben wie in Luk. 24,39 den Sinn handgreiflicher Vergewisserung der Leibhaftigkeit des Auferweckten hätte.

Die «wahrgenommene Wirklichkeit» ist für den Verfasser genau das im Johannesevangelium Bezeugte und nicht das, was jenseits des Evangeliums auf der Ebene historischer Vorstellung stattgefunden hat. Mit den Zeugen des Evangeliums, also den «eschatologischen Zeitgenossen Jesu», identifiziert er sich. So erscheint das dort zur Sprache kommende Ereignis als Sache des Zeugnisses und der Überlieferung und dessen Wirklichkeit als eine, die im Zeugnis wahrzunehmen ist. Gehört der Streit mit den Gegnern in die Dimension und den Bereich dieser Wirklichkeit, wo es um die Erfahrung und das Zeugnis vom wirklichen Vermögen der Liebe geht, dann ist es zugleich ein Streit um das rechte Verständnis des Johannesevangeliums. Auch die Aussage in **V. 2**, die das Heilsereignis nennt, daß das Ja Gottes zu sich selbst und zur Welt Fleisch wurde (Joh. 1,14; 3,16), reflektiert die veränderte Situation des 1. Joh. gegenüber dem Johannesevangelium und dessen Neuinterpretation im 1. Joh. Wird dort das Kommen des Offenbarers davon unterschieden, daß er darin sich bzw. den Namen Gottes und dessen Herrlichkeit offenbar macht (Joh. 2,11; 17,6; vgl. 7,4; 9,3; 5,36), so wird im 1. Joh. beides zusammengefaßt. Heilsereignis heißt nun, daß das Leben erschienen ist. Der Anfang ist nun zugleich Resultat, das Ereignis, daß der Offenbarer das Leben ist und in der Entscheidung zwischen Glauben und Unglauben ewiges Leben gibt, ist nun das vollbrachte Ergebnis; der Akzent fällt sogleich auf die Heilsbedeutung dieses Geschehens. Ebenso wird, weil von der entschiedenen Antwort des Glaubens auf die im Offenbarer begegnende Entscheidung (Krisis) her gedacht wird, nicht nur – christologisch – der Offenbarer als Leben und – soteriologisch – die Heilsgabe als ewiges Leben verstanden, sondern auch – theologisch – das im Sohn und nur in ihm gegebene Leben als Gottes Wirklichkeit erfaßt.

Damit wird so etwas wie Wirklichkeit Gottes, weil christologisch verstanden, in gewisser Weise von vornherein soteriologisch als Heil und Leben ausgelegt – und Sünde, wie sich zeigen wird, dementsprechend als nichtige, «unwirkliche» Wirklichkeit. Freilich wird die Wirklichkeit Gottes nicht einem Gegenstand gleich vorgestellt, sondern «an uns», also an Personen und das heißt als Gemeinschaft ausgelegt. Damit wird eine Bewegung (kein Entwicklungsprozeß) des Lebens sichtbar, die ihren

Ursprungsort beim Vater hat, sozusagen in dem, was Gott in sich bewegt, die im Sohn erschienen und mitgeteilt ist und die personale Gemeinschaft der Glaubenden einbezieht oder an ihr zu erkennen ist. Der Verfasser spricht von innen, vom Innenraum der Offenbarung her oder innerhalb des erschienenen Lebens, wie auch an der sozusagen intimen, vom Sohn her gesagten Wendung «beim Vater» (statt «bei Gott» Joh. 1,1) kenntlich wird.

Mit **V. 3** ist der Verfasser wieder bei dem, was er unmittelbar und aktuell sagen will: was wir, die Zeugen, gesehen und gehört haben, verkündigen wir auch euch. Folge, nicht Zweck des Verkündigens ist die Gemeinschaft mit «uns», den Zeugen. Das Themawort «Gemeinschaft» begegnet zwar ausdrücklich nur noch einmal in 1,7, wird indessen der Sache nach aufgenommen, wo vom Sein und Bleiben, vom Erkannthaben, von der Liebe Gottes, vom Haben des Lebens und vom Gebot der Bruderliebe die Rede ist. Verkündigen ist, anders als Geschaut- und Gehört-haben, jedoch bezogen auf das Zeugnis, gegenwärtiger Vollzug, in den das Schreiben hineingehört. So ist das Verkündigen Vergegenwärtigung und kritische Auslegung der gehörten Botschaft, Vergewisserung des im Gehörten empfangenen, im Glauben anerkannten Seins. Die Angeredeten «haben» das Leben im Gehörten und indem sie gehört haben. Deshalb wiederholt sich das Verkündigen und ruft «das Wort, das ihr gehört habt», in Erinnerung. Jenes im Gehörten empfangene, im Glauben anerkannte Sein, die Vergewisserung, das Leben zu haben, ist höchst bezeichnend und aufschlußreich für das Verständnis der Wirklichkeit Gottes im 1. Joh.

Worin besteht dieses Haben im Sein? Wie wird es durch das Schreiben als eine Weise des Verkündigens vergegenwärtigt, in Erinnerung gerufen, kritisch ausgelegt? Ein erster Hinweis ergibt sich aus V. 3b. Gemeinschaft kommt durch Gemeinsames zustande. Zugleich ist sie – der Sache nach – auf Personen bezogen. Sie eröffnet sich geschichtlich von den Zeugen her; betont ist «auch ihr … mit uns» und nicht «auch wir … mit euch». Doch wären die Zeugen nicht Zeugen und Verkündiger, wenn sie und nicht das Zeugnis, die Botschaft das Gemeinschaft Stiftende und Begründende wäre. Der gemeinsame Grund, das Verbindende in der Gemeinschaft kommt zur Sprache in der Botschaft, «die wir von ihm gehört haben» (V. 5). Die Gemeinschaft gründet in einem Dritten, das durch die Zeugen wahrgenommen und überliefert ist. Sie ist mehr als Bekenntnis- oder Aktionsgemeinschaft, mehr als nur Verbindung Gleichgesinnter. Die Gemeinschaft ist lebendig im Verhältnis und im Verhalten von Personen zueinander. Sie bezieht sich auf das Miteinanderleben von Personen und ist als solche Gemeinschaft gewiß menschliche, soziale Verbundenheit und Solidarität miteinander. Was indessen das Zusammenleben der beteiligten Personen in dieser Gemeinschaft trägt, ist das die Gemeinschaft stiftende und begründende, durch die Zeugen vermittelte Dritte. Dies ist für den Verfasser die Gemeinschaft mit dem Vater und mit seinem Sohn Jesus Christus. Damit ist Entscheidendes gesagt. Einmal, es ist Gemeinschaft mit der Gemeinschaft zwischen Vater und Sohn, nicht mit dem Vater und daneben mit dem Sohn. Zweitens, diese Gemeinschaft mit dem Vater und seinem Sohn ist in der Gemeinschaft mit den Zeugen erschlossen und nicht anders als in dieser gegeben. Drittens, das Gemeinsame, wodurch die Gemeinschaft begründet und getragen ist, ist die in der Botschaft geschichtlich und personal vermittelte Gemeinschaft zwischen dem Vater und seinem Sohn, also nicht nur durch die Botschaft vermittelte Sache, sondern das im Sohn erschienene Leben. Diese im Sohn erschienene und sich mitteilende Gemeinschaft des Lebens zwischen dem Vater und seinem Sohn begegnet deshalb geschichtlich als Wortgeschehen, das durch und an Personen bezeugt wird. So wird an der «Gemeinschaft» die Bedeutung evident, die das Glaubensbekenntnis und das Gebot der Bruderliebe in der Argumentation des Verfassers haben. Die mit der Botschaft verkündigte Gemeinschaft, in der sich das Leben, das beim Vater war und erschienen ist, als das ewige Leben mitteilt, ist in «seinem Sohn» gegeben und verdichtet sich deshalb in dieser christologischen Seinsbestimmung Jesu.

Exkurs: Christologische Titel

«Sohn Gottes» bzw. auf Gott oder den Vater bezogenes «sein Sohn» ist im 1. Joh. der entscheidende christologische Titel. «Christus» ist, wie auch in anderen neutestamentlichen Überlieferungsformationen, verbunden mit Jesus Bestandteil des Namens geworden; einzig in 2,22 wird – im Gegensatz zu den «Antichristen» – der titulare Sinn hervorgehoben, der aber sachlich mit «Gottessohn» zusammenfällt. Der Gebrauch des Titels «Sohn Gottes» im 1. Joh. folgt, gebunden an das Johannesevangelium, überliefertem urchristlichen Verständnis, ist aber nicht «abgeschliffen» zu nennen. Hatte der Titel seinen frühesten religionsgeschichtlichen Sinn in (juden-)christlicher Überlieferung darin, daß er die Einsetzung Jesu in die Funktion des endzeitlichen Königs zum Ausdruck brachte, so verdeutlicht sich der neutestamentliche Sinn in der sog. Sendungsformel «Gott sandte seinen Sohn, damit ...» (vgl. Gal. 4,4f.; Röm. 8,3f.; Joh. 3, (16)17; 1. Joh. 4,9). Subjekt ist in der Regel Gott, nicht der Vater. Wo es, wie in 1. Joh. 4,14, der Vater ist, wird man eine überlieferungsgeschichtliche Konturen aufhebende, theologische Reflexion, vielleicht auch vereinheitlichende Kirchensprache anzunehmen haben. Ähnliches gilt, wo absolutes «der Sohn» im Gegenüber zum «Vater» mit der Wendung «sein (Gottes) Sohn» gleichgesetzt wird. Mag beim absoluten Gebrauch zunächst der apokalyptisch motivierte Gedanke leitend gewesen sein, daß «der Sohn» in einzigartiger Weise der Herrlichkeit und Macht «des Vaters» zu- und untergeordnet ist – gegenüber der anderen Perspektive, daß dem «Sohn Gottes» vor allen anderen Menschen einzigartige, endzeitliche Macht zukommt –, so tritt vor allem in johanneischer Literatur hervor, daß im Sohn die Herrlichkeit des Vaters begegnet und offenbart wird. Das ist freilich verknüpft mit dem Sinn, den die Sendungsformel im Johannesevangelium wie auch bei Paulus gewonnen hat. Sie diente zur Interpretation des Heilssinnes des Todes Jesu am Kreuz. Ist das Kreuz Jesu als Tat der Hingabe Jesu, als Tat seiner Liebe verstanden, so interpretiert die Sendungsformel das Kreuz Jesu als Tat der Liebe Gottes. Verbindender Gedanke ist, daß Jesus für uns (für Sünder) starb (vgl. Röm. 8,3; Gal. 4,4 mit Röm. 5,8; 2. Kor. 5,14). Jesu Gesandtsein vom Vater oder von Gott, das ihn ans Kreuz brachte, kommt im Johannesevangelium noch betonter zur Sprache; am Gesandtsein des Sohnes (Gottes) erscheint die Liebe Gottes, die Sendung ist das Geschehen der Liebe Gottes (Joh. 3,16). Zugleich ist besondere johanneische Pointe: Gott gab den einzigartigen Sohn. Demgemäß faßt die traditionell geprägte Wendung «Gott (der Vater) sandte (gab) seinen (den einzigartigen) Sohn» den johanneischen Grundgedanken, daß das Kommen Jesu in der Hingabe seines Lebens das Wesen der Liebe Gottes offenbar macht (vgl. Joh. 3,17.34; 5,36; 6,29.57; 7,29; 8,42; 10,36; 11,42; 17,3.8.18.21.23.25; 20,21; 1. Joh. 4,9f.14). Johanneischer Vertiefung dieses Grundgedankens entspricht es, daß sich das Wesen der Offenbarung (der Liebe) Gottes im Sohn in personaler Reflexion ausspricht: «du hast mich gesandt», «der mich geschickt hat», vor allem aber, indem die Hingabe in der Sendung durch die Gabe des Lebens selbst ausgelegt wird, also durch das, was der Vater dem Sohn gegeben hat, was in ihm gegeben ist.

So ist «Sohn Gottes» fast nicht mehr Titel, sondern Mitteilung des Wesens Gottes im Offenbarer. Das in der Sendungsformel ausgesagte Bekenntnis wird vertieft, indem im Sohn das Verhältnis zum Vater zur Sprache kommt: «ich und der Vater (wir) sind eins» (Joh. 10,30). So wird auch verständlich, daß der Sohnestitel allein Jesus zukommt; im 1. Joh. wird strikt zwischen dem Sohn und den Glaubenden als den Kindern Gottes, den aus Gott Gezeugten, unterschieden (anders etwa Röm. 8,19; einzig in 1. Joh. 5,18 scheint sich dieser Unterschied terminologisch zu verwischen).

In **V. 4** sagt der Verfasser, was Beweggrund seines Schreibens ist: «damit unsere (nicht: eure!) Freude erfüllt sei.» Der Nachdruck, mit dem der Verfasser auch sonst Beweggrund und Sinn seines «Schreibens» hervorhebt (2,1.12–14.26; 5,13), läßt annehmen, daß V. 4 vorwegnehmend Ziel und Inhalt des ganzen Schreibens anspricht. Was ist das «Woran», der Inhalt der Freude? Freude ist immer «Freude an jemand bzw. an etwas». Diese ‹Gegenständlichkeit›, diese Bestimmtheit durch Personen oder personale Existenz unterscheidet Freude z. B. von Lust, die mehr oder weniger selbstvergessen Triebbefriedigung ist. Mit dieser ‹Gegenständlichkeit› oder personalen Bestimmtheit der Freude verbindet sich eine Bewußtheit des Gefühls, so etwas wie emotionale – nicht theoretische! – Reflektiertheit, die jede Unbestimmtheit der Freude unterbindet und umgekehrt Freude an reale Erfahrung mit andern Menschen bindet. Deshalb ist Freude auch in ausgezeichneter Weise Motiv des Handelns – so z. B. in Phil. 1,18ff.; 4,4ff.

Hier in V. 4 nun ist Freude, im Kontext johanneischer Überlieferung, eindeutig Erfahrung eschatologischen Heils. Woran hält sich diese ‹eschatologische› Erfahrung? Im Johannesevangelium bekundet Johannes der Täufer, der exemplarische Zeuge, daß «diese meine Freude erfüllt ist», weil die «Stimme des Bräutigams zu hören» ist (3,29); Joh. 15,11 heißt es im Munde Jesu: «dies habe ich euch gesagt, damit meine Freude in euch sei und eure Freude erfüllt werde.» Gesagt ist, daß das Bleiben in seiner Liebe an das Halten seiner Gebote, des Gebots, «daß ihr einander liebt wie ich euch geliebt habe», gebunden ist, wie entsprechend sein Bleiben in der Liebe des Vaters daran, daß er die Gebote seines Vaters gehalten hat. Einen neuen Akzent setzt Joh. 16,24; «Bittet, und ihr werdet empfangen, damit eure Freude erfüllt sei.» Die Freude der Seinen wird erfüllt, indem sie bittend aufs Empfangen gerichtet sind. Schließlich Joh. 17,13f.: «Jetzt komme ich zu dir, und das sage ich in der Welt, damit sie meine Freude als erfüllte in sich haben. Ich habe ihnen dein Wort gegeben.» Die Freude hat hier, im Johannesevangelium, im wörtlichen Sinn ihren Beweggrund in der Stimme der Liebe, die die Stimme Jesu ist und laut wird, indem er liebend die Gebote des Vaters gehalten, d. h. Menschen das Wort des Vaters gegeben hat und diese in seinem Wort bleiben, indem sie sein Gebot, einander zu lieben, halten. Damit werden alle, die der Stimme der Liebe Gehör geben, zum «Inhalt» dieses Wortes. Das «Woran» der Freude ist zunächst Jesu Wort und darin die Liebe des Vaters. Weil aber alle die, denen die Liebe des Vaters und das Gebot Jesu, einander zu lieben, gilt, «Inhalt» dieses Wortes werden, ist die Freude erfüllt, wenn sein Wort, die Liebe des Vaters, diesen «Inhalt» hat. Die Freude ist erfüllt, wenn alle, denen sein Wort gilt, zu Brüdern geworden sein werden, die einander lieben. Darauf zielt die Bitte – und was empfangen wird, sind die Brüder als Inhalt des Wortes Jesu (vgl. auch 1. Joh. 3,21f.!). Dieser Zusammenhang dürfte in V. 4 im Blick sein. Die Freude (der Zeugen) ist erfüllt, wenn die gehörte Botschaft in der Gemeinschaft derer, die einander liebende Brüder werden, ans Ziel kommt. Zugleich ist deutlich, daß durch das Auftreten der Irrlehrer dieser Inhalt der Freude verloren zu gehen und die Freude gestört zu werden droht. Wir treffen also in der «Motivation» des Schreibens in V. 4 auf ein Reden, das dem stattgibt, daraus kommt und sich darin hält, was Gott in sich selbst bewegt, ein Reden, das durch die «Intention» und die «Adressaten» der Liebe Gottes, nämlich durch die aus dieser Gemeinschaft mit Gott kommenden und in ihr bleibenden Brüder bewegt ist. In gewisser Weise ist das folgende Schreiben begründende Auslegung und theologisch mitgeteilte Verantwortung dieser Freude.

1,5–2,17   Erster Hauptteil: Gemeinschaft mit Gott und Erkenntnis Gottes im Licht der Bruderliebe

1,5–2,2   Gemeinschaft mit Gott und die Wirklichkeit der Sünde

5 Und das ist die Botschaft, die wir von ihm gehört haben und euch weiterverkündigen: Gott ist Licht und Finsternis ist keine in ihm.
6 Wenn wir sagen «Gemeinschaft haben wir mit ihm»
und gehen in der Finsternis einher,
so lügen wir und tun nicht die Wahrheit.
7 Wenn wir aber unseren Weg im Licht gehen, wie er selbst im Licht ist,
haben wir Gemeinschaft miteinander und das Blut Jesu, seines Sohnes, reinigt uns von aller Sünde.
8 Wenn wir sagen «Sünde haben wir nicht»,
so täuschen wir uns selbst und die Wahrheit ist nicht in uns.
9 Wenn wir unsere Sünden bekennen,
so ist er treu und gerecht, uns die Sünden zu vergeben und uns von aller Ungerechtigkeit zu reinigen.
10 Wenn wir sagen «Gesündigt haben wir nicht»,
so machen wir ihn zum Lügner, und sein Wort ist nicht in uns.
2,1 Meine Kinder, das schreibe ich euch, damit ihr nicht sündigt. Doch wenn einer sündigt, haben wir einen Fürsprecher beim Vater, Jesus Christus, den Gerechten.
2 Und er ist Sühnung für unsere Sünden, aber nicht für unsere allein, sondern auch für die ganze Welt.

Thema ist die Gemeinschaft miteinander als Gemeinschaft mit dem Vater und seinem Sohn Jesus Christus. Der Raum dieser Gemeinschaft ist durch den Wortlaut erhellt, der als Inhalt der Botschaft nennt: Gott ist Licht. Damit ist nicht weniger als die Wirklichkeit, das wirkliche «Wesen» Gottes gemeint, allerdings nicht als jenseitig-abstrakte in einer Vorstellung vom «Wesen» Gottes, sondern als verkündigte Wirklichkeit. Denn wir haben diese Botschaft «von ihm gehört», von Jesus, in dem das Leben erschienen ist. Mag der Wortlaut in hellenistischen Ohren auch wie eine «allgemeine Wahrheit», wie eine Allerweltsweisheit geklungen haben, die damaliger Religiosität, den Mysterienreligionen, gnostischem und philosophischem Denken nur zu vertraut und geläufig war. Daß Gott Licht ist, ist durch ihn, den Offenbarer, offenbar und nur im Verhältnis zu ihm wahr.
Die Botschaft, die zusammenfaßt, was nach 1,1ff. Sache der Zeugen und Verkündiger ist, lautet in V. 5 «Gott ist Licht»; nach 3,11 ist ihr Inhalt, «daß wir einander lie-

ben». Im Begriff ‹Botschaft›, der nur im 1. Joh. vorkommt, während es in johanneischer Tradition sonst geprägt ‹Zeugnis› heißt, ist also mitzuhören, daß sie geboten und zu verkündigen ist. Daß Gott Licht ist, scheint dem Wortlaut nach zwischen dem Verfasser und seinen Gegnern in der johanneischen Gemeinde unstrittig anerkannt, in seiner Bedeutung aber umso strittiger und der Auslegung bedürftig zu sein. «Licht» ist von alters her Symbol für Heil und Leben, meint hier aber mehr als die Erhelltheit des Daseins, wenngleich nicht jenseitige Lichtwelt im religionsgeschichtlichen Sinn eines schroffen Dualismus zweier Prinzipien (Licht-Finsternis) oder eines sog. Entscheidungsdualismus (wie z. B. in den Qumranschriften). Maßgeblich ist der Zusammenhang mit dem Johannesevangelium. Und in diesem Zusammenhang erst wird der theologisch bedeutungsvolle und folgenreiche Schritt sichtbar, der in der Aussage, daß Gott Licht ist, vollzogen wurde. Was im Johannesevangelium (christologisches) Prädikat des Offenbarers ist, der im Einverständnis mit dem Vater sagt «Ich bin das Licht der Welt» (8,12), wird nun so auf Gott übertragen und bezogen, daß der Glaube in der Begegnung mit dem Offenbarer Einblick in das Wesen oder denn die Wirklichkeit Gottes gewonnen hat.

Im Johannesevangelium gehören Licht und Leben im Heilssinn zusammen (Joh. 1,4.9). Licht ereignet sich in der Begegnung mit dem Offenbarer, und zwar so, daß die Wirklichkeit des Menschen in der Alternative von Glauben und Unglauben ans Licht kommt und das Licht Leben im Glauben, in der Anerkennung des Offenbarers schafft. So ist der Offenbarer das Licht, indem er es gibt; wer ihm nachfolgt, wird nicht in der Finsternis einhergehen, sondern das Licht des Lebens haben (8,12). Begegnet in diesem Verhalten des Offenbarers zur Wirklichkeit der Menschen Gott, so ist für das Verhältnis menschlicher Wirklichkeit zu Gott die Alternative von Glaube und Unglaube dem Wort Jesu gegenüber entscheidend geworden. Aus der Entschiedenheit jener Alternative, also in der Erkenntnis des Glaubens, ist so offenkundig wie selbstverständlich, daß in Jesus Gott offenbar wurde und das Prädikat des Offenbarers zur Bestimmung des Wesens Gottes wird. Daß Gott in Wirklichkeit und ganz und gar Licht ist, ist also ein durch und durch christologisch begründeter Satz und in seiner Allgemeinheit gar nicht anders zu verantworten. Er ist zudem um Jesu willen ein notwendiger Satz. So wenig die Aussage ein Bestandteil der Verkündigung des historischen Jesus war, so sehr erschließt sie die Bedeutung Jesu. Wohl ist der andere Satz, daß Gott Liebe ist (1. Joh. 4,8.16), tiefer, unzweideutig und sozusagen christlicher; Licht ist also als Licht der Liebe zu verstehen. Nichtsdestoweniger bietet die Heilsmetapher «Licht» um ihres Gegensatzes zur Finsternis willen die Grundlage, in eine klärende Auseinandersetzung um das rechte Verhältnis zur verkündigten Wirklichkeit Gottes einzutreten. «Im Licht» der verkündigten Wirklichkeit Gottes vollzieht sich die Krisis (Gericht und Scheidung), die nach Joh. 3,19 mit dem Kommen des Offenbarers in die Welt gekommen ist, und es ergibt sich das Kriterium wirklichen Christseins.

Die Erläuterung «und Finsternis ist keine in ihm» betont im Vorgriff auf die kritische Auseinandersetzung, daß Gott sich nicht widerspricht. Wenn in Gott kein Widerspruch ist, woher sollte der Widerspruch gegen Gott aber dann kommen? Doch gerade als Satz über Gottes Wirklichkeit ist die – von den Gegnern sicher vollauf bejahte – Aussage der Ansatz für den Widerspruch gegen Gott, sozusagen das, was den Widerspruch hervortreibt. Die Wirklichkeit Gottes selbst also ist strittig und erfährt Widerspruch. Denn der Satz, daß Gott Licht ist, kann nicht aus der Botschaft herausgelöst werden. Daß Gott und wo also Gott in Wirklichkeit Licht ist, sagt die Botschaft. Der Botschaft entsprechend erschließt sich und teilt sich Gottes Wirklichkeit mit unter einer von Gott selbst eingelösten «Bedingung». Wie das Folgende zeigt, wird diese durch Gott selbst eingelöste Bedingung konkret ausgelegt durch das Glaubensbekenntnis zu Jesus Christus als im Fleisch Gekommenen (4,2) und durch den in der Botschaft lautwerdenden «andern» Inhalt, daß wir einander lieben (3,11). In dieser durch Gott selbst bedingten Wirklichkeit, d. h. im Licht der Botschaft: als bedingungslose Liebe, ist Gott ganz und gar Licht und keine Finsternis in ihm. Nun wird deutlich, woher der Widerspruch gegen Gott kommt. Er kommt aus dieser «Bedingung» Gottes, d. h. er bricht an der Botschaft selbst, am Glaubensbekenntnis und am Gebot der Bruderliebe auf. Wenn aber nun gerade gilt, daß unter dieser «Bedingung der Liebe» in Gott kein Widerspruch ist, dann ist dieser Satz über Gott *gleichzeitig* schärfstes Kriterium zur Unterscheidung des falschen vom wahren Glauben und Gewißheitsgrund der Vergebung der Sünde und des Widerspruchs gegen Gott.

So unterscheidet der Verfasser denn argumentativ in V. 6–10 in dogmatisch anmutenden Sätzen wahre Gemeinschaft mit Gott von einem Anspruch auf solche Gemeinschaft, der sich als Lüge erweist. Kriterium und Kennzeichen ist das praktische Verhalten, also «Ethisches». Es wird zunächst innerhalb der Licht-Finsternis-Terminologie, dann aber, im Licht der verkündigten Wirklichkeit Gottes immer konkreter, durch das Halten seiner Gebote bzw. seines Worts (2,3ff.) und durch das Gebot der Bruderliebe zur Sprache gebracht (2,10ff.). In analogem Sachzusammenhang (4,1ff.) wird, gleichwertig, als Kriterium und Kennzeichen wahren Christseins das Glaubensbekenntnis genannt (4,2f.), also «Dogmatisches». Diese ‹gleichwertige› Bedeutung des praktischen Verhaltens, der Bruderliebe, und der Lehre, des Glaubensbekenntnisses, als Kriterium und Kennzeichen wahrer Gemeinschaft mit Gott und rechter Gotteserkenntnis, also des Christseins, ist für den 1. Joh. höchst charakteristisch. Gleichermaßen charakteristisch ist die Verknüpfung dieser Kriterien mit dem in der Botschaft mitgeteilten Sein (Gemeinschaft-haben mit ihm, Kinder-Gottes-sein, aus-Gott-gezeugt-sein usw.) im Sinn eines «Bedingungszusammenhangs», der sprachlich evident gemacht wird in «Wenn-Sätzen» bzw. in Partizipialaussagen, die mit einem Urteil, einer Zusage oder einer Seinsbestimmung verbunden sind. Den Sinn dieses «Bedingungszusammenhangs» sucht man mit Hilfe der philosophischen (erkenntnismetaphysischen) Unterscheidung von Real- und Erkenntnisgrund zu klären. Nun soll weder in Frage gestellt werden, daß es der Verständigung dient, im Blick auf den 1. Joh. von «Ethik» zu reden und «ethische» Partien solchen gegenüberzustellen, die den Inhalt der Botschaft darlegen, noch die Brauchbarkeit jener Unterscheidung von Real- und Erkenntnisgrund gänzlich bestritten werden. Theologisch allerdings ist es aufregend und aufschlußreich, daß im 1. Joh. die Sache der Verkündigung, nämlich die Liebe Gottes, die in der Botschaft mitgeteilte Gabe und Habe des ewigen Lebens einerseits, das Glaubensbekenntnis wie die Bruderliebe andererseits einander in einer Weise «bedingen» und aneinander evident werden, daß jenes begriffliche Gegenüber von «Ethik» und Inhalt der Botschaft oder von Real- und Erkenntnisgrund des Christseins angesichts des Zusammenhangs und der Unterscheidung von Gottes Liebe, Glaube und Bruderliebe abstrakt und sachfern erscheint.

Der Satz, daß Gott Licht ist, bedarf, um wahr und verstanden zu sein, der Bindung an Person und Sache Jesu, der Bindung an das Glaubensbekenntnis. So wird einsichtig, daß nun die Alternative zwischen wahrem, dem Bekenntnis zu Jesus entsprechenden Glauben und falschem Glauben, zwischen «Rechtgläubigkeit» und «Häresie» Thema wird. Widersetzt sich der falsche Glaube, die Irrlehre, der im

Glauben erkannten und verkündigten Wirklichkeit Gottes, so ist die Irrlehre darin «diabolischer» als der Unglaube. Doch auch die «Rechtgläubigkeit» kommt in Gefahr – die Gefahr, aus dem Einblick in die Wirklichkeit Gottes die Realität des sich ihr Widersetzenden, die Finsternis der Sünde, für unwirklich und nichtig zu halten. Bindung der Wirklichkeit Gottes an Person und Sache Jesu heißt, daß diese Wirklichkeit eine Bedingung mit sich bringt, die im Erschienensein des Lebens eingelöst ist: die Bedingung, daß in Gott keine Finsternis ist (V. 5b). Sie ist so eingelöst, daß Sein und Verhalten der Glaubenden *durch die Wirklichkeit Gottes bedingt* sind. Damit werden Sein und Verhalten der Glaubenden zum Kennzeichen und Kriterium der Wirklichkeit Gottes. Das «Ethische» rückt in nächste Nähe zum Glaubensbekenntnis und erhält den Charakter des Zeugnisses.

Die Annahme, in 1,6–2,2 (und anderwärts) liege eine «Quelle» im Stil von «Offenbarungsreden» vor, die der Verfasser sowie eine kirchliche Redaktion kommentiert und glossiert habe, ist nicht erweisbar und kompliziert das Verständnis des Textes unnötigerweise. V. 6–10 ist argumentativ stilisierte Prosa. Fünf Sätze, mit «wenn» eingeleitet, verknüpfen einerseits (V. 6.8.10) einen Anspruch mit einem folgernden Urteil, das diesen Anspruch als Selbstwiderspruch aufdeckt, andererseits (V. 7 und 9) ein positives Verhalten mit einer folgernden Zusage, die aufdeckt, was in diesem Verhalten mit Recht in Anspruch genommen ist. V. 7 und 9 beziehen sich im Vordersatz jeweils insofern antithetisch auf V. 6 und 8, als einem ausdrücklich genannten (V. 6) bzw. einem in dem erhobenen Anspruch implizierten Verhalten das positive, der verkündigten Wirklichkeit Gottes entsprechende Verhalten entgegengestellt wird. Möglich ist, daß das auf V. 10 folgende, andersartige, homiletisch gehaltene Stück 2,1f. eine V. 7 und 9 gleichende Funktion miterfüllt. Höchstwahrscheinlich zitiert der Verfasser in V. 6.8.10 Parolen («wir haben Gemeinschaft mit ihm», «wir haben keine Sünde», «wir haben nicht gesündigt»), mit denen die Gegner ihr Selbstverständnis zum Ausdruck brachten.

Exkurs: *Der argumentative Sinn der personalen Bedingungssätze*

Drei Beobachtungen verdeutlichen die theologische Brisanz der Argumentation. (1) Außerordentlich häufig finden sich im 1. Joh. wie im Johannesevangelium Wendungen, die ein «Haben» aussagen, fast durchweg in der Form «wir haben» oder partizipial eingeleitet «jeder, der (wer) … hat …». Inhalt dieses Habens ist das Leben (1. Joh. 5,12.13; 3,15; Joh. 3,15f.36; 5,24.26.39f.; 6,40.47.53f.68; 10,10; 20,31), Gemeinschaft (1. Joh. 1.3.6.7), der Vater (1. Joh. 2,23), der Sohn (1. Joh. 5,12), das Gebot (1. Joh. 2,7; 4,21; Joh. 14,21), Hoffnung (1. Joh. 3,3), Freimut (1. Joh. 3,21; 4,17), Sünde (negiert) (1. Joh. 1,8; Joh. 9,41; 15,22.24; 19,11), das Zeugnis (1. Joh. 5,10), ein Fürsprecher (1. Joh. 2,1), Liebe (1. Joh. 4,16 von Gott; Joh. 5,42; 13,35; 15,13), Salböl (1. Joh. 2,20; vgl. V. 27); im Johannesevangelium ferner das Wort (5,38; 6,68), das Licht des Lebens (8,12; 12,35f.), Trauer, Friede, Freude, Herrlichkeit (16,21f.33; 17,5.13). Dieses Haben bezieht sich auf das spezifische «Gegeben- und Erschienensein» des Lebens, auf die Teilhabe am Heil, darauf, daß Gott in Wirklichkeit Licht und Liebe *ist*, und es entspricht einem – dadurch bedingten! – Sein der Glaubenden (1. Joh. 3,1; 2,29 u. ö.) Man erklärt, dieses «(Gott-)Haben» sei «Kennwort der Mystik» (Hanse); dann müßten die Seinsaussagen im Sinne einer «Seinsmystik» (Schnackenburg) erklärt werden. In Wahrheit gehört dieses Haben, wie auch an alltäglicher Sprache (ich habe eine Frau, einen Mann, Kinder, Freunde) leicht einsichtig wird, zur Sprache der Liebe, meint aber eben deshalb nicht einfach «Heilsbesitz», wenngleich so etwas wie «präsentische Eschatologie» zum Ausdruck kommt. In diesem Haben äußert sich (reflexive) Vergewisserung: «daran erkennen wir, daß wir ihn erkannt haben, wenn ...» (2,3). Das Haben hat Seinssinn als vergewissertes, erinnertes, verstandenes «der Liebe Innesein oder Innewerden». Eine mystische Deutung ist unbrauchbar, weil sie die «Bedingung» nicht zu explizieren erlaubt, unter der Haben wie Sein wahr sind und evident werden; mit anderen Worten, weil Liebe durch Mystik nicht zu verstehen und hier auch nicht mystisch verstanden ist. (Vgl. zur Sache die Überlegungen E. Fromms in «Haben oder Sein», 1976!)

(2) Der Verfasser argumentiert und vergewissert personal, d.h. so, daß und wie Personen («wir» bzw. «jeder, der ...») in ihrem Sein und Verhalten zueinander die verkündigte Wirklichkeit Gottes in Anspruch nehmen, sich zu ihr bekennen, sich auf sie beziehen, ihr entsprechen. Daran wird diese Wirklichkeit «in Wirklichkeit» evident. Das ist so, weil der Inhalt der Botschaft deren Adressaten meint, sie sozusagen zum Inhalt hat. Diese personale Konkretion ist nicht nur Stilmittel, sondern durch die Sache bedingt. Die quasi-dogmatischen, vom Zeugen-Wir zu unterscheidenden Wir-Aussagen (1,6–10; 2,2.28; 3,1f.11.14.16.19.21.22.23; 4,6.9.10.11.12. 13.16.17.19.21; 5,2.3.9), denen die «wir haben-Sätze» zuzuordnen sind, dürften durch urchristliche Tauf- und Bekenntnissprache bestimmt sein (vgl. Röm. 5,1ff.; 6,1ff.; 8,15ff.; 14,7–9 u.ö.); die Partizipialsätze («jeder, der») gleichen Rechtssätzen und Aussagen weisheitlicher Herkunft über einen Tat-Seins- bzw. Tat-Ergehen-Zusammenhang. Die Wir- und Partizipialsätze sind also allgemeingültige Aussagen und Urteile über personales Sein und Verhalten, meinen aber keine soziologisch geschlossene Gruppe (die johanneische «Kerngemeinde», ein Konventikel), sondern einen offenen, gleichwohl personal bestimmten Kreis von Menschen oder eben jeden, der sich mit diesen «wir» identifiziert. Weil der Inhalt der Botschaft notwendigerweise in der personalen Dimension des Habens und Seins erscheint, geht die Kontroverse darum, unter welcher Bedingung «wir» in Wahrheit dieser Wirklichkeit des Habens und Seins entsprechen. Der Evidenz dieser in der verkündigten Wirklichkeit Gottes selbst eingelösten Bedingung gelten die Bedingungs- wie die Partizipialsätze.

(3) Die auf eine Unterscheidung von wahrem und falschem Christsein zielende Argumentation des Verfassers ist deshalb kontrovers und theologisch brisant, weil Gegenstand oder Inhalt der Kontroverse nicht einfach tradierte Lehrinhalte oder die Kluft zwischen Sein und sittlichem Tun, sondern *Personen selbst* in ihrem Anspruch, Sein und Verhalten zueinander sind. Deshalb zitiert der Verfasser Personen in ihren Parolen und ihrem Selbstverständnis. Zielt seine Argumentation auf Evidenz und die Überzeugung seiner Leser, so muß *an den Gegnern selbst*, obgleich diese sich selber für Christen hielten, johanneische Überlieferung für sich ins Feld führten und sich vermutlich ganz anders als der Verfasser beurteilten, evident werden, daß sie sich in «diabolischem» Widerspruch zur verkündigten Wirklichkeit Gottes befinden. Und ebenso wird evident, daß die Leser, wenn sie sich mit dem religiösen Selbstverständnis jener Gegner identifizieren, gleichermaßen den Inhalt der Botschaft in Lüge verkehren. Die Kriterien, die der Verfasser geltend macht, sind also nicht als überlieferte Lehrinhalte, sondern nur in personalem, praktischen Lebensvollzug evident. Wegen dieser Evidenz im praktischen Lebensvollzug kommt in den argumentativen Sätzen V. 6–10 eine ethische Tendenz zum Zug.

Der Anspruch oder die Behauptung in **V.6**, Gemeinschaft mit Gott zu haben, ist nicht nur unverträglich mit einem Leben in der Finsternis; an diesem unerträglichen Widerspruch wird das Urteil evident: «wir lügen und tun nicht die Wahrheit.» Wahrheit meint, wie in hellenistischem Sprachgebrauch und nicht ohne Rückbezug auf alttestamentliches Denken, offenbarte göttliche Wirklichkeit, und dementsprechend ist Lüge das Beharren im Widerspruch zu dieser offenbarten göttlichen Wirklichkeit. Nach 2,4 ist der, der Gottes Gebote nicht hält, ein Lügner; in 2,22 heißt Lügner, wer leugnet, daß Jesus der Christus ist, in 4,20, wer seinen Bruder haßt. Das Urteil besagt also Existenz in der Lüge, Existenzvollzug im Widerspruch zur verkündigten Wirklichkeit Gottes. Dieses Urteil wird daran evident, daß die Gemeinschaft mit Gott in Wirklichkeit, d. h. da, wo es um die Gemeinschaft miteinander geht, *aneinander* geleugnet wird und demnach so beansprucht wird, daß sie in der eigenen Existenzwirklichkeit zur Lüge wird. Die Konkretion dieser Existenz in der Lüge und in der Finsternis ergibt sich durch das Gebot der Bruderliebe und durch das Glaubensbekenntnis.

V.7 führt die Alternative zum Existenzvollzug in Finsternis an. In positiver Umkehrung wird das Kriterium aufgenommen, woran sich in V.6 der erhobene Anspruch als Lüge erwies. Die Aussagerichtung ist nun vergewissernder Zuspruch, nicht Lüge aufdeckendes Urteil. Dabei ist das Einhergehen im Licht keineswegs Bedingung oder Voraussetzung, also so etwas wie Realgrund des Zuspruchs; es ist vielmehr Kennzeichen oder praktischer Vollzug der Gewißheit, Gemeinschaft mit Gott zu haben. Ist Gott «im Licht», so haben die, die ihren Weg im Licht gehen, Raum in seiner Wirklichkeit. «Im Licht sein» zielt also auf Gemeinschaft. Der Nachsatz «haben wir Gemeinschaft miteinander» hebt betont hervor, was Gemeinschaft mit ihm (Gott) in Wirklichkeit, nämlich auf der Ebene des praktischen Existenzvollzugs, heißt. Denn Gemeinschaft miteinander versteht sich nicht von selbst, wie gerade das Verhalten der Gegner zeigt. Deshalb ist die abschließende Vergewisserung «und das Blut Jesu, seines Sohnes, reinigt uns von aller Sünde» durchaus nicht unmotiviert. Zweifellos ist eine traditionelle, urchristliche Sühnevorstellung aufgenommen. Durch sie wird der gewaltsame Tod Jesu am Kreuz als Sühne für die Sünden interpretiert, faßbar etwa in der Dahingabeformel. In V.7b wird in Aufnahme kultischer Terminologie (wie ähnlich Hebr.9,14; 12,24; 1.Petr.1,2 u.ö.) gesagt, daß das (aktivisch, nicht instrumentell eingeführte) Blut Jesu, also Jesu Lebenshingabe am Kreuz, ein für alle Mal und bleibend (Präsens «reinigt»!) Sündenvergebung erwirkt.

Die Wiederkehr einer Aussagestruktur, die zwei parallele Aussagen mit «und» verknüpft, also eines sog. zweigliedrigen, synthetischen Parallelismus in V. 6b.8b.9b.10b, die Vertrautheit des Verfassers mit der Heilsbedeutung des Blutes Jesu (5,6) sowie die sachliche Notwendigkeit von V. 7b gerade für das Verständnis von Sünde sprechen dafür, daß der Versteil kein Zusatz kirchlicher Redaktion ist. Was ist mit «Sünde» gemeint? Sündenvergebung und deren Zusage ist notwendig, weil die Gemeinschaft miteinander, in der die Gemeinschaft mit Gott Erfahrung wird, keine von Menschen ethisch zu realisierende Möglichkeit ist. Es ist die Lebenshingabe Jesu, des Sohnes Gottes, die hinwegschafft, was sich in uns der Gemeinschaft untereinander widersetzt. So realisiert sich in der Gemeinschaft zugleich deren Grund, die Sündenreinigung durch Jesu Blut, und die Sünenvergebung kommt in der Gemeinschaft zur Erfahrung als deren bleibender Grund. Wohl wird präsentisch geredet (Jesu Blut reinigt uns) und so Sünde als gegenwärtige Erfahrung ausgesagt; daraus läßt sich aber kein Bedingungsverhältnis konstruieren, als wäre das Einhergehen im Licht die Bedingung der Sündenreinigung und diese Resultat eines (kirchlich sanktionierten) Verhaltens. Springender Punkt ist, daß die Wirklichkeit wie die Erfahrung von Sünde an der Gemeinschaft untereinander aufbricht. In aller Schärfe wird dies in V. 8–10 deutlich.

In **V. 8** zitiert der Verfasser erneut seine Gegner mit einer Parole: «wir haben keine Sünde»; wie in V. 10 fehlt der Hinweis auf ein Verhalten. Die Parole impliziert also ein Verhalten, das den Widerspruch evident macht. Der positiven Umkehrung in V. 9a gemäß wäre es das Nicht-Eingestehen der Sünden. Verglichen mit V. 6 ist im Urteil von V. 8 der Selbstwiderspruch intensiviert und sozusagen nach innen verlagert. Sich selbst zu täuschen heißt: ein vorgebliches Sein, ein Selbstverständnis zu beanspruchen, das nicht zu verantworten ist. Daß die Wahrheit nicht in uns ist, besagt, im Tun und Verhalten exakt da, wo Gottes Wirklichkeit bestimmend sein müßte, auf einer Existenzwirklichkeit zu bestehen, die Gottes Wirklichkeit negiert und ausschließt.

Es ist anzunehmen, daß die Gegner mit ihren Parolen eine gnostisierende Konsequenz aus der johanneischen Überlieferung zogen: Sind wir erlöst, so haben wir keine Sünde; unser eigentliches, wahres Sein ist jenseitiger, göttlicher Natur und Herkunft. Hinzugekommen wird sein, daß dadurch die irdische Realität, die alltäglichen Verhältnisse in der Gemeinde, das auf die Bedürfnisse des Bruders eingehende Leben miteinander irrelevant erschienen waren, ja unter den Schatten vermeintlicher Sünde zu stehen kamen, die beanspruchte Gemeinschaft mit Gott sich als religiös-elitäres Bewußtsein darstellte, das sich um die Solidarität mit den Brüdern nicht mehr scherte, und Gemeinschaft miteinander als Verein religiös Gleichgesinnter erschien.

Ist die Parole «wir haben keine Sünde» samt ihren Konsequenzen gerade Sünde? Ist Sünde, daß Gott zum Lügner gemacht wird (V. 10)? Klår ist, daß die Parole wie jene in V. 10 «wir haben nicht gesündigt» vorgibt, auf die Lebenshingabe Jesu, auf das in der Verkündigung Bezeugte und im Glauben Bekannte, nämlich das Gekommensein des Sohnes Gottes im Fleisch, und somit auf Sündenvergebung nicht angewiesen zu sein. Folgt daraus, daß Sünde wesentlich Leugnung der verkündigten Wirklichkeit Gottes, Ablehnung der Botschaft und des Glaubensbekenntnisses ist? Im 1. Joh. treffen wir wie bei Paulus auf ein theologisches Reden von «der» Sünde. Diesem Indiz theologischen Denkens tritt, eingehender als bei Paulus, ein Reden von Sünden in Form von Ermahnung, Trost und Zuspruch zur Seite. Deutet sich ein zweifaches Sündenverständnis an: radikale Sünde, die Gott zum Lügner macht, und läßliche Sünde, die mit Sündenvergebung rechnet? Vermochte der Verfasser die Radikalität des Sündenverständnisses (seiner angeblichen Vorlage) praktisch nicht festzuhalten? Beides ist entschieden zu verneinen. Sünde ist eine Macht, die sich im Gemeinschaft zerstörenden Verhalten auswirkt. Ohne Anhalt im Text zu postulieren, Kriterium der Sünden als sittlicher Verfehlungen sei der alttestamentlich (etwa in den 10 Geboten) überlieferte Wille Gottes, geht nicht an. Der Verfasser kennt nur *ein* Gebot: das der Bruderliebe! Nun gehen zweifellos Sünden, Akte Gemeinschaft zerstörenden Verhaltens, der Botschaft von der Sündenvergebung voraus; diese gilt jenen und ihrem Grund in der Sünde. Sünde als Ablehnung der Sündenvergebung (= Gott in seinem Wort zum Lügner zu machen, V. 10) zu verstehen, wäre ein kaum vertretbarer Zirkel. Aber: radikal tritt Sünde in der Tat am Widerspruch zur verkündigten Wirklichkeit Gottes hervor. Doch da der Inhalt der Botschaft die Wirklichkeit Gottes als Liebe ist, realisiert sich Sünde in Akten der Leugnung und Ablehnung der Liebe als der die menschliche Existenz bestimmenden

Wirklichkeit. So gilt von der Botschaft her (!) die Umkehrung: die Verweigerung und Ablehnung von Bruderliebe ist Sünde – und als Widerspruch zur verkündigten Wirklichkeit Gottes Bruderhaß. Außer Bruderliebe und Bruderhaß gibt es nichts Drittes! Daß Sünde *zugleich* heißt, sich dem Glauben und der Bruderliebe zu verweigern, und deshalb zwar an der Zerstörung der Gemeinschaft aufbricht, aber sozusagen erst spruchreif wird am bleibenden Grund der Gemeinschaft, wird allerdings erst an der Zusammengehörigkeit von Glaube und Liebe evident.

V. 9 verknüpft wieder wie V. 7 ein bestimmtes Verhalten – das Bekenntnis unserer Sünden – mit einer Zusage, die sich auf Gottes Sein für uns bezieht, ein Sein, das zugleich seine Tat ist. Wieder ist das Sündenbekenntnis nicht ursächliche Voraussetzung dafür, daß Gott treu und gerecht ist; es geht um Vergewisserung und praktische Einweisung in die zugesagte Wirklichkeit Gottes. Das Bekennen unserer Sünden ist Eingeständnis unserer Existenzwirklichkeit ohne Gemeinschaft mit Gott; es ist ein gemeinschaftsbezogener (wir!) personaler Akt – schwerlich ein liturgisch vollzogenes Sündenbekenntnis vor der gottesdienstlich versammelten Gemeinde oder privates, nichtöffentliches Bewußtsein. Solches Eingeständnis von Taten, die wirkliche Gemeinschaft und deren bleibenden Grund verfehlen, kann der Zusage gewiß sein: Gott ist treu und gerecht, daß er uns die Sünden vergibt und uns reinigt von aller Ungerechtigkeit. Die Prädikate «treu» und «gerecht» rufen Gotteslob und Glaubenserfahrung des Alten Testaments in Erinnerung (vgl. 5. Mose 32,4; 2. Mose 34,6f.). Gott bewahrt Treue und hält verläßlich an seiner Verheißung fest, wenn sein Volk untreu wird; er ist gerecht, indem er Recht schafft, wo Unrecht herrscht; Gott ist ein gerechter und treuer Zeuge (Jer. 49,5 LXX). Außerdem wird daran zu denken sein, daß 1. Joh. 2,1.29; 3,7 Jesus gerecht heißt. Er ist gerecht, weil er in seinem Tun der Gerechtigkeit, in der Hingabe seines Lebens, der Liebe des Vaters gerecht wird und recht gibt. Das Übereinkommen (die «Perichorese») der Heilsprädikate des Offenbarers und der Prädikate Gottes im 1. Joh. läßt vermuten, daß alttestamentliche Sprache des Bekenntnisses zur Treue und Gerechtigkeit Gottes bestätigt und überboten wird durch eine Sprache, in der sich die aus dem Glauben an den Sohn gewonnene Gotteserkenntnis ausspricht. Als innerster Kern und Grund der Treue und Gerechtigkeit Gottes erweist sich die im Sohn erschienene Liebe des Vaters. Sündenvergebung ist Tat der Liebe Gottes, die im Bekenntnis der Sünden als der anderen Seite des Glaubensbekenntnisses angenommen wird.

In **V. 10** ist wieder die «bedingte» Identität des bekennenden «wir» (V. 9) mit dem die Wirklichkeit der Sünde leugnenden und eben dadurch sich in der Sünde behauptenden «wir» auffällig. Die Parolen und die personale, praktisch vollzogene Identifizierung mit ihnen sind eine reale Gefahr innerhalb der johanneischen Gemeinde. Die Parole V. 10 verschärft und erweitert jene von V. 8, indem nicht nur die Verantwortung für die Sünden, sozusagen das Tätersein, geleugnet, sondern behauptet wird, man habe von Anfang an mit Sünde nichts zu tun gehabt. Zum Verständnis des Urteils in V. 10b bedarf es eines Zwischengedankens, nämlich der Heilsbedeutung des Todes Jesu. Die Meinung, Gott werde zum Lügner gemacht, weil und indem die in der alttestamentlichen Offenbarung ausgesprochene «allgemeine Sündverhaftung der Menschheit» geleugnet werde, ist ohne Anhalt im Text. An der Parole und dem in ihr implizierten Verhalten wird evident, daß der Botschaft, dem Wort des Lebens widersprochen wird, indem die Notwendigkeit der Liebe bestritten und das Ereignis der Liebe des Vaters für irrelevant erklärt wird. Die Notwendigkeit des Wortes Gottes, das sich im Glauben wie im Gebot der Bruderliebe als Wort des Lebens, als Sündenvergebung, als Gemeinschaft mit Gott mitteilt, für überflüssig zu erklären: das ist die «diabolische» Lüge, der der Verfasser die Gegner erlegen, und die aktuelle Gefahr, in der er die Gemeinde sieht. Sein «Nein!» zu den Gegnern ist ein «Nein!» dazu, die Freude an der Gemeinschaft mit Gott in Wirklichkeit aneinander zu bestreiten.

Bedenkt man, daß Sünde, wenn sie als Verweigerung der Gemeinschaft in der Bruderliebe radikal verstanden wird, auf die Leugnung der göttlichen Notwendigkeit der Liebe herauskommt, dann besteht kein Grund zu der Unterstellung, der Verfasser nehme in 2,1f. zurück, erweiche oder habe gar nicht mehr so recht verstanden, was er (bzw. die vermeintliche Vorlage) in 1,6–10 erklärt hat. Es ist nicht plausibel, in **2,1** einen rein moralischen («frühkatholischen») Begriff des Sündigens anzunehmen. Zwar wird nicht ausdrücklich gesagt, daß die Gegner in ihrem Anspruch und Verhalten «sündigen». Welchen Sinn hätte das auch den Lesern gegenüber – die Gegner sind ja nicht angeredet! –, da die Gegner doch erklären, keine Sünde zu haben? Diesen gegenüber und für die, die verstehen wollen und können, gilt es, evident zu machen, daß sie sich im Widerspruch mit der verkündigten Wirklichkeit Gottes befinden. Die Mahnung «Sündigt nicht!» hat Sinn gegenüber denen, die sich auf diese unmögliche «Möglichkeit» in der Gemeinschaft untereinander ansprechen lassen. Der Rhythmus von 1,6–10, die durch Leitworte verkettete Folge negativer und positiver Aussagen, wird ins Homiletisch-Ermahnende gewendet: was heißt das eben Geschriebene für die Gemeinde?

Erstmals wendet der Verfasser sich in eigener Person («ich») an seine Leser («ihr/ euch»); die im 1. Joh. meist verwendete Anrede «Kinder(chen)» dürfte einem Verhältnis Ausdruck geben, das dem des Lehrers zu Schülern gleicht und durch Autorität und liebevolle Zuneigung bestimmt ist. Nun ändern sich also Ton, Stil und die Art der Zuwendung; die Struktur des Redens jedoch setzt sich fort: eine Zusage wird auf einen «Wenn-Satz» bezogen, allerdings nun auf den realen Fall des Sündigens einzelner, die sich der Gemeinschaft verweigern. Sinn des Hauptsatzes in V. 1b ist die Zusage an die Gemeinschaft, in der «wir» einen Fürsprecher beim Vater haben; sie gilt also für den Sündigenden innerhalb der Gemeinschaft. Die Vorstellung, daß der Sünder vor dem Gericht Gottes eines Fürsprechers bedarf, ist alttestamentlich-jüdischer Herkunft. Im Unterschied zum Johannesevangelium, wo der Geist der Wahrheit als Beistand nach dem Weggang Jesu Jesus und sein Werk vergegenwärtigt, Zeugnis gibt und Jesu Erniedrigung und Erhöhung im Tod, in der Sendung und Hingabe des Gottessohns erkennen und verstehen lehrt, ist hier Jesus selbst als Fürsprecher gedacht. Stimmt dies auf der Ebene religiöser Vorstellung mit sonstiger urchristlicher Auffassung überein (vgl. Röm. 8,34; Hebr. 7,25), so kommt doch die Gewißheit der Gemeinde, in der Gegenwart Jesus als Fürsprecher beim Vater zu haben, aus dem Wirken des Geistes.

Jesus ist Fürsprecher als der Gerechte, d. h. zunächst als der Sündlose und letztlich als der Liebende, in dem Sünde keinen Raum hat. Daß er so Sühnung für unsere Sünden ist, entspricht allgemein-urchristlicher Deutung des Todes Jesu ; der Verfasser wird Joh. 1,29 («Siehe, das Lamm Gottes, das die Sünde der Welt trägt») mitgesagt hören. Die einer rhetorischen «Richtigstellung» gleichende Hinzufügung («nicht allein … sondern auch») scheint darauf hinzuweisen, daß bewußt eine überlieferte Bekenntnisaussage zitiert wird, die nicht ohne Einwirkung des jüdischen Gedankens vom stellvertretend sühnenden Leiden und Sterben der Gerechten und Märtyrer zustandegekommen sein wird; in jüdisch-rabbinischen Texten verhalten angedeutet, findet dieser Gedanke deutlichen Ausdruck im sog. 4. Makkabäerbuch, einem moralphilosophisch ausgerichteten Lehrbeispiel standhafter Treue

zum Gesetz Gottes aus dem hellenistischen Judentum des ersten vor- oder nach-
christlichen Jahrhunderts (vgl. etwa 4. Makk. 6,27–29: ‹Du, o Gott, weißt es: ich
hätte mich retten können, aber unter des Feuers Qualen sterbe ich um des Gesetzes
willen. Sei gnädig deinem Volk, laß dir genügen die Strafe, die wir um sie erdulden.
Laß mein Blut als Reinigungsmittel für sie dienen und als Lösegeld für sie nimm
mein Leben!›). Allerdings wird nun das Bekenntnis – zunächst ja Antwort des Glaubens – dadurch, daß die einzigartige Heilsbedeutung des Todes Jesu ans Licht
kommt, zur christologischen Aussage und zum Inhalt der Verkündigung, der in un-
eingeschränkter, universaler Weise allen gilt. Einen solchen, die Grenze der Gemeinde überschreitenden Übergang haben wir in **V.2** vor uns. Zwei Gründe mögen
mitbestimmend gewesen sein: Gegenüber einer elitären Beschränkung der Gemeinschaft mit Gott auf eine Gemeinsamkeit religiöser Einbildung wird deutlich,
daß durch den Tod Jesu Bekenntnis und Verkündigung der Gemeinde ohne Einschränkung aller Welt gelten. Und: Gemeinschaft mit Gott, Erkenntnis Gottes haben ihren Ort da, wo die Notwendigkeit des Todes Jesu, die Notwendigkeit der Sündenvergebung nicht geleugnet, sondern eingestanden werden.

2,3–6   Erkenntnis Gottes im Halten seiner Gebote

**3 Daran erkennen wir, daß wir ihn erkannt haben, wenn wir seine Gebote halten.
4 Wer sagt «Ich habe ihn erkannt»,**
     und seine Gebote nicht hält,
  ist ein Lügner und in dem ist die Wahrheit nicht.
5 Wer aber sein Wort hält,
     **in dem ist wahrhaft die Liebe Gottes vollendet. Daran erkennen wir, daß wir in
ihm sind.**
**6 Wer sagt, in ihm zu bleiben, muß so, wie jener seinen Weg ging, auch selbst seinen
Weg gehen.**

Zusammengehalten durch das Thema «Erkennen Gottes im Halten seiner Gebote»
erweisen sich die Verse 3–6 als Einheit, deren Thema freilich in 7–11 durch die Entfaltung des Gebots Jesu als «Gebot der (eschatologischen) Stunde» fortgeführt und
weiter konkretisiert wird. Eine gewisse formale wie sachliche Parallelität zur Argumentation in 1,5–7 ist unverkennbar. War dort die Gemeinschaft mit Gott umstrit-
tenes Thema, so hier das Erkennen Gottes, das sich im Halten seiner Gebote vollzieht, wie dort der verkündigten Wirklichkeit Gottes ein Existenzvollzug im Licht
entsprach. Auch Form und Stilmittel gleichen einander. Eine These (2,3 vgl. 1,5)
bildet die Basis einer kritischen, antithetisch entfalteten Erörterung.
In V.4 (vgl. 1,6.7) wird ein Anspruch genannt, dem ein widersprechendes Verhalten kontrastiert; der folgende Hauptsatz formuliert ein Urteil, das inhaltlich 1,6.8
gleicht. V.5 verknüpft das ins Positive gewendete Verhalten mit einer Zusage, die
Gottes Wirklichkeit als Existenzbestimmung zum Inhalt hat. Die Erörterung wird
abgerundet, indem die These von V.3 in neuer Formulierung bekräftigt wird. V.6
stilisiert abschließend und überleitend die Argumentationsfigur von V.4 in einer
Weise, die der Zuwendung an die Leser in 2,1f. nahekommt.
Die Gemeinschaft mit Gott wird in dem neuen Leitwort «ihn erkannt haben» aufgenommen und konkretisiert. Dies bestätigt die bekräftigende Variation von V.3 in
V.5, die das «Erkannthaben» dem «Sein in ihm» gleichsetzt. Zugleich wird die Aus-

einandersetzung mit den Gegnern fortgesetzt und vertieft. In V. 4 dürfte erneut eine Parole der Gegner zitiert sein; der nun wie in 2,6.9 partizipial formulierte Vordersatz («wer sagt ...») übernimmt die argumentative Funktion der Bedingungssätze in 1,6.8.10. Es begegnet hier, freilich konditional abgewandelt, jene für den 1. Joh. so charakteristische Stilform, die ein partizipial oder relativisch formuliertes personales Sein oder Verhalten mit einem Urteilsprädikat verknüpft und so einen quasidogmatischen, theologischen Sachverhalt zur Sprache bringt. In diesen Sätzen wird nicht ein «Bedingungsverhältnis» in dem Sinn ausgesagt, daß ein bestimmtes Sein und Verhalten einander «verursachen». Ihr Aussagegehalt ist vielmehr eine im Licht der verkündigten Wirklichkeit Gottes notwendige Zusammengehörigkeit oder Unvereinbarkeit von personal bestimmtem Sein und praktischem Verhalten: für den bzw. jeden, der (sagt, bleibt, liebt, aus Gott gezeugt ist bzw. nicht liebt usw.) gilt kraft der Wahrheit Gottes notwendigerweise, daß er (gerecht, aus Gott usw. bzw. ein Lügner) ist. Aus diesem «Bedingungsverhältnis» ergibt sich dann, daß ein bestimmtes Verhalten oder der Widerspruch zwischen einem beanspruchten Sein und einem bestimmten Verhalten Kennzeichen und Vollzug eines bestimmten Seins ist.

In diesem Sinn zielt die These in **V. 3** auf das Kriterium rechter, wirklicher Gotteserkenntnis. Aufschlußreich ist die Unterscheidung zweier Erkenntnisvollzüge. «Daran erkennen wir»: diese häufig vorkommende (2,5; 3,24; 4,2.13; 5,2; 2,18; 4,6; vgl. 3,16.19) Wendung meint ein Erkennen, das (außer in 3,16.19) stets in der Gegenwart vollzogen wird, dessen verantwortliches Subjekt oder Autor «wir» sind, dessen Sinn Vergewisserung, verstehende Erfahrung und gemeinsam verantwortete Wahrnehmung und dessen Inhalt der in der Teilhabe an der verkündigten Wirklichkeit Gottes bestehende Existenzvollzug ist. Davon unterschieden ist ein Erkannthaben (stets prägnant im Perfekt oder Aorist, vgl. 2,3.4; 3,1.6; 2,13.14; 4,16–4,6f. ist nur scheinbar Ausnahme, wie 4,8 beweist), das aus der Offenbarung kommt, Heilssinn hat, seinem Vollzugssinn nach Empfangenhaben, Anerkenntnis und Innesein des Erkannten bzw. Sein aus oder im Erkannten ist und dessen Autor Gott in seiner verkündigten Wirklichkeit ist.

Obgleich «ihn (erkannt haben)» sich im unmittelbaren Kontext auf Jesus V. 2 bezöge, ist an Gott gedacht, wie 2,5; 4,6.16 bestätigen. Wir haben es wie öfter mit formelhaften Prägungen aus johanneischer Tradition zu tun, die sich nicht völlig bruchlos dem unmittelbaren Kontext einfügen, sondern aus einem weiteren «Kontext» bekenntnishafter, lehrhafter usw. Überlieferung zu verstehen sind.

Pointe von V. 3 ist: das Kennzeichen, woran sich Gotteserkenntnis hält und orientiert, ist eine Erfahrung personaler Wirklichkeit, die aus dem Halten der Gebote (des Gebots) kommt. Der Bedingungssatz hat kritischen Sinn: erst in der Praxis menschlichen Zusammenlebens wird verstanden und verantwortet, was in der Gotteserkenntnis geschenkt ist. Seine, nämlich Gottes Gebote sind nirgendwo anders «geboten» als da, wo das Wort des Lebens erschienen und die Gotteserkenntnis geschenkt ist, im Gekommensein seines Sohnes Jesus Christus. Abwegig ist, an alttestamentliche Sinaioffenbarung oder an ein natürliches Sittengesetz zu denken. Inhaltlich ist die Bruderliebe und nur sie gemeint, wie 2,7ff.; 4,21 erweisen. Die Gebote und das Gebot kommen bedeutungsgleich mit dem «Wort» überein, das die Gemeinde von Anfang an, von ihm, Jesus Christus, gehört hat (2,7; 4,21), und besagen auch dasselbe wie das Einhergehen im Licht oder die Gemeinschaft miteinander (1,6f.). Ob der Verfasser bei einer Mehrzahl von Geboten an katechetisch überlieferte Ausprägungen des einen Gebots der Bruderliebe in Form konkreter Einzelforderungen oder eher an wiederholte Situationen dachte, die Bruderliebe notwendig machen, ist kaum zu entscheiden. Indessen scheint im «Wort» V. 5 mehr gesagt und mehr mitzuhören zu sein als im Gebot bzw. den Geboten. Nach 1,10 ist sein Wort, positiv gewendet, die Zusage der Sündenvergebung, das Wort, das Leben schafft (1,1), indem es in der Sündenvergebung mitteilt, daß Gott treu und gerecht ist (1,9); nach 2,14 bleibt es in denen, die – im Glauben (5,4)! – den Bösen besiegt haben.

Dieser Zusammenhang von Wort und Gebot klärt sich durch die zunehmende Konkretion von Wort und Gebot in der Orientierung an Jesus, wie sie in 2,3–11 stattfindet und in 3,23 zusammenfassend formuliert ist. Hier ist im Gebot beides «geboten»: dem Namen seines Sohnes Jesus Christus zu glauben und einander zu lieben. Das ist theologisch wie ethisch von weittragender Bedeutung, weil es eine Anweisung des 1. Joh. ist, nicht nur die Bruderliebe als Inhalt des Gebots mit dem Glauben zusammenzudenken, sondern das Glaubenszeugnis von der im Sohn erschienenen Liebe des Vaters als den Kern der Bruderliebe und diese als Vollzug des Glaubens zu verstehen. Geschieht dies konkret in der Orientierung an Jesus (2,6), so ist das Gebot im Sinn des 1. Joh. das Wort, in dem das «eschatologische Ereignis», das Erschienen-sein des Wortes des Lebens, zum tradierbaren Inhalt der Botschaft werden konnte, ohne zur bloßen historischen Überlieferung zu werden. In dem vom Glauben verstandenen Gebot der Bruderliebe begegnet im 1. Joh. der historische Jesus.

In **V. 4** wird ein Anspruch zitiert, der nicht anders als in eigener Person zu erheben ist: «Ich habe ihn erkannt». Widerspricht das Verhalten dem erhobenen Anspruch, verweigert sich die Person in ihrem realen Verhalten der recht verstandenen Gotteserkenntnis, so lautet das Urteil über die Person unweigerlich: er ist ein Lügner und die Wahrheit, d. h. die Wirklichkeit Gottes, hat in ihm keinen Raum. Die Formulierung drückt aus, daß Glieder der Gemeinde sich mit jener Parole identifizieren, und gibt warnend zu verstehen, daß in der Gemeinde eine solche Existenz in der Lüge keineswegs ausgeschlossen ist.

Was bedeutete die Parole für die, die unter das Urteil von V. 4 fallen? An ihrem eigenen Anspruch gemessen mußte es heißen, daß das Ich in dieser Erkenntnis Erlösung aus der Welt der Finsternis, ein Sein im Licht erfuhr, vielleicht als ekstatische Schau (vgl. 3,6; 4,20; 1,1), als Erinnerung der eigenen Herkunft aus dem göttlichen Licht, als «Reise nach innen» erläutert. Das vom Verfasser genannte Kriterium seines Urteils macht wahrscheinlich, daß die Vertreter jener Parole aus allen Bindungen an die materielle Welt los zu sein glaubten, und plausibel, daß bei einer solchen Einstellung, der nur das Ich und sein Gott wichtig ist, Gemeinschaft miteinander nur ein (elitärer) Verein religiös Vollendeter und Gleichgesinnter sein konnte. Jedenfalls handelt es sich erneut um eine gnostisierende Aktualisierung johanneischer Tradition vom Erkennen des Offenbarers.

V. 5 bringt die positive Antithese: für den, der sein Wort hält, gilt, daß in diesem wahrhaft die Liebe Gottes vollendet ist. Also nicht einfach Umkehrung des Urteils von V. 4, sondern wie in 1,7.9 Zusage als personale Auslegung der Wahrheit (V. 4)! Erstmals ist da, wo bisher von Gott als Licht, von seiner Wahrheit, seinem Wort die Rede war, nun von der Liebe Gottes die Rede. An sich könnte die Genetivverbindung auch «Liebe zu Gott» bedeuten; doch die mit 1,7.9 gemeinsame Argumentationsstruktur, vor allem aber 4,12 («wenn wir einander lieben, bleibt Gott in uns und seine Liebe ist vollendet in uns») stellen klar, daß Gott Subjekt und Autor der Liebe ist. Aber inwiefern ist Gottes Liebe wahrhaft vollendet in dem, der sein Wort hält?

Ist die Gottesliebe, weil es um deren Vollendetsein geht, als «Zusammenwirken von Gott und Mensch» (Schnackenburg) gedacht? So bliebe aber im Unklaren, *wie* Gott und Mensch in der Liebe beieinander sind; ein Voranschreiten bis zur höchsten Stufe der Vollkommenheit, ein Reifen der Gottesliebe im menschlichen Tun, das hinzubrächte, was ihr an Liebe fehlt, kommt ja nicht in Betracht. Welchen Sinn hat also das Vollendet-sein? Es ist stets bezogen auf die Liebe Gottes; nach 4,12 ist sie vollendet, wenn wir einander lieben, nach 4,18 darin, daß wir Freimut haben am Tag des Gerichts, nach 4,17 ist der, der Furcht hat, nicht in ihr vollendet, wie denn die vollkommene Liebe die Furcht heraustreibt (4,17f.). So ergibt sich: Vollendet ist die Liebe Gottes im Menschen, wenn sie verstanden ist, wenn in ihr Gott verstanden ist. Das Beieinander von Gott und Mensch in der Liebe ist weder einseitig ethisch noch einseitig eschatologisch, sondern von der verstandenen Liebe Gottes her zu bestimmen. Daraus folgt zweierlei: beim Halten des Gebots bzw. seines Worts geht es im Tun immer zugleich darum, daß Gottes Liebe verstanden ist. Und weiter: wenn nicht ohne Bedeutung ist, daß in Joh. 17,3f. Jesus die Verherrlichung des Vaters in seiner Sendung und seiner Erhöhung ans Kreuz darin zusammenfaßt, daß er das Werk vollendet hat, das ihm der Vater zu tun gegeben hat (vgl. auch 4,24; 5,36), so ist die Liebe Gottes im Halten seines Wortes vollendet, nämlich verstanden, indem und weil eben dies dem Werk Jesu entspricht und Bekenntnis des Glaubens ist. In **V. 5b** kommt der Verfasser auf V. 3 zurück; statt vom Erkennen spricht er vom Sein in Gott. Mit solchen, ursprünglich mystischen Formeln wird im Johannesevangelium das Verhältnis des Offenbarers zum Vater und zwischen ihm und den Glaubenden als Inhalt glaubenden Erkennens zur Sprache gebracht (Joh. 14,21; 17,21.23). Geriet solche Tradition den Gegnern zur Möglichkeit, ihre Gotteserkenntnis als geistiges, überirdisches Sein, dessen man inne wird, zu begreifen, so versteht der Verfasser mit kritischem Unterton dieses Sein als Gemeinschaft mit Gott, die sich im Halten seines Wortes erweist.

Mit **V. 6** gibt der Verfasser dem Gedanken eine Wendung zur Konkretion der Gotteserkenntnis und des Seins in ihm. «Wer sagt, in ihm zu bleiben, muß so, wie jener den Lebensweg ging, auch selbst den Lebensweg gehen.» Erstmals ist vom Bleiben die Rede; vielleicht wird wieder auf eine Parole der Gegner angespielt. Dem Bleiben entspricht positiv ein Müssen. Tendiert es auf so etwas wie «treu sein, nicht weichen» (Bultmann) und entsprechend das Müssen auf eine ethische Verpflichtung, wie Jesus das Leben zu führen? Indes erlauben die Aussagen vom Bleiben des Wortes Gottes, des Salböls, des Geistes, der Liebe Gottes nicht, den seinshaften, räumlichen Sinn des Bleibens zurückzudrängen zugunsten einer lebensgeschichtlichen Dauer und willentlichen Festigkeit. Ein Schlüssel ist, daß es dem Bleiben entspricht, der Bewegung der Liebe nachzugehen, die in Jesus erschien. So gewinnt das Bleiben auch den Sinn, glaubend auf diesem Weg des historischen Jesus mitzugehen. Damit ist nicht nur die konkrete Lebensführung unter ein eigentümliches Müssen gestellt; es ist auch der Ort markiert, an dem die Gotteserkenntnis oder das Sein in Gott wirklich stattfindet. Jesus ist hier Vorbild nicht im Sinne eines ethischen Ideals, sondern so, daß er, indem er seinen Lebensweg ging, den Ort und das Müssen vorbildet und vorgibt, woran das Handeln des Christen sich zu orientieren hat. Seine Lebenshingabe orientiert darüber, daß dieser Ort *bei den Brüdern* ist, in der Wirklichkeit ihres Lebens. Und sie bildet das Müssen vor: es ist die unumgängliche Orientierung des Handelns an dem, was in der Bruderliebe notwendig wird. Dieser Zusammenhang zwischen dem Ort, an dem die Glaubenden die Liebe erkannt haben, also der Lebenshingabe Jesu für uns, und dem in der Liebe Gottes verstandencn, nicht aufgezwungenen Müssen, wird in 3,16 und 4,11 aufs klarste deutlich. Eingeschärft werden weder heroische Opferbereitschaft noch Nachahmung des Sterbens Jesu, wohl aber letzte Konsequenz im Einverständnis mit Jesu Lebenshingabe, die die eigene Lebenshingabe für die Brüder mit sich bringen kann (3,16; 4,11).

2,7–11   Das Gebot der Stunde

7 Geliebte, kein neues Gebot schreibe ich euch, sondern ein altes Gebot, das ihr von Anfang an hattet. Das alte Gebot ist das Wort, das ihr gehört habt.
8 Andererseits schreibe ich euch ein neues Gebot; das ist wahr bei ihm und bei euch, weil die Finsternis vergeht und das wahre Licht schon scheint.
9 Wer sagt, er sei im Licht,
**   und seinen Bruder haßt,**
** ist bis zur Stunde in der Finsternis.**
10 Wer seinen Bruder liebt,
**   bleibt im Licht, und ein Anstoß ist nicht in ihm.**
11 Wer aber seinen Bruder haßt,
**   ist in der Finsternis und geht seinen Weg in der Finsternis,**
und er weiß nicht, wohin er geht, denn die Finsternis machte seine Augen blind.

Wirklich und völlig verstanden hat Gottes Liebe, wer sein Wort hält. Damit ist indirekt von Jesus die Rede; denn das konkrete Kriterium rechter Gotteserkenntnis wird nun an Jesu Verhalten «ablesbar». So erreicht die Argumentation über V. 6 in V.7–11 ihre Konkretion. Ethisches und Christologisches, praktisches Verhalten und Orientierung an Jesus sind zusammenzusehen: konkretes Kriterium ist das Gebot Jesu, den Bruder zu lieben. Ist dieses Gebot das Gebot der Stunde, so wird an der Bruderliebe evident, was an der Zeit ist: das wahre Licht scheint schon.
Die Bruderliebe hat christologische wie eschatologische Bedeutung; das Gebot der Bruderliebe ist der tradierbare Inhalt des sog. «eschatologischen Geschehens». Die Paradoxie des Historischen, im Altüberlieferten das eschatologisch Neue wirklich zu haben, wird in V.8b begründet. Die Verse 9–11 entfalten in der Aufnahme sowohl des Argumentationsstils wie der kritischen Terminologie der Auseinandersetzung mit den Gegnern den Verstehenszusammenhang zwischen der Bruderliebe und der Wirklichkeit des Seins im Licht. V.9 ist strukturiert wie 1,6. Die Behauptung, im Licht zu sein, die wieder ein Zitat darstellen wird, kontrastiert mit einem widersprechenden Verhalten und erweist sich als ihr Gegenteil. Und ähnlich wie in 1,7 wird das antithetisch ins Positive gewendete Verhalten mit der bleibenden und unanstößigen Zusage verbunden, im Licht zu bleiben. V.11 ist mehr als bloße Wiederholung von V.9; die Gegner werden an der Wirklichkeit des Seins im Licht mit ingrimmiger Ironie ihrer eigenen Wirklichkeit, dem Sein in der Finsternis, konfrontiert.
Die Anrede «Geliebte» in **V.7** markiert, daß der Verfasser neu und konkreter anhebt, weil in der Zusage, geliebt zu sein, eröffnet wird, was nun an der Zeit ist. Ohne Zweifel hat er Jesu Wort Joh. 13,34 im Sinn: «Ein neues Gebot gebe ich euch, daß ihr einander liebt, wie ich euch geliebt habe, damit auch ihr einander liebt.» Hier gibt die Liebe Jesu, seine Hingabe an das Werk, das ihm der Vater zu tun gegeben hat, den Grund und den Raum für die den Seinen gebotene Liebe zueinander. Dieses Gebot ist eschatologisch neu – also nicht deshalb, weil Jesus es als erster dem

ethischen Bewußtsein der Menschheit einprägte, sondern weil er mit seinem Werk dafür einstand, daß einzig und stets dieses Tun dem Kommen Gottes zum Heil entspreche und genüge. Im Prädikat «neu» schieben sich zwei Bedeutungen ineinander, eine kritische und eine überlieferte. Kritisch, weil der Verfasser betonen muß, dies Gebot Jesu sei kein neu aufgebrachtes Gebot, sondern eines, das die Gemeinde von Anfang an hat. Ob die Gegner das «neue Gebot» im Zuge eines Erkenntnisfortschrittes funktionalisierten, mag man fragen; immerhin hielten sie sich, folgt man 2. Joh. 9, einen Fortschritt zugute, der in ihren Augen vielleicht gerade das «neue Gebot» erfüllte. Ist das überlieferte Gebot das von Anfang an gehörte Wort, so ist mitzuhören, was darin gesagt ist: die Botschaft, daß Gott Licht ist (1,5), die Zusage der Sündenvergebung (1,10), das Wort, das Leben schafft (1,1). Eben diese überlieferte Bedeutung des Gebots ist das eschatologisch Neue, nämlich das Wort und Gebot, in dem auf Jesus, dem vom Vater her erschienenen Leben, Gehör zu geben ist. Diese Paradoxie des Historischen – das überlieferte, alte Gebot weist in den Glauben an die gegenwärtige Wirklichkeit der Liebe des Vaters ein, indem es die Liebe zu den Brüdern gebietet – zeigt nicht nur den historischen Abstand des 1. Joh. zum Johannesevangelium (und zum Anfang der johanneischen Gemeinde); V. 7f. belegt auch, daß der Verfasser sich dieses Abstands bewußt ist. Klingt jenes bis in die Neuzeit wirksame Wahrheitskriterium in der Auseinandersetzung zwischen Rechtgläubigkeit und Irrlehre an, daß das Altüberlieferte das Wahre sei, so gilt dies hier nur, weil das Überlieferte die immer neue Zumutung der Bruderliebe ist und das fortschrittlich Neue nichts anderes als der Rückfall ins Alte, nämlich die Verweigerung der Bruderliebe. Der Verfasser versteht so die historisch qualifizierte Situation der Gemeinde als eschatologisch bestimmte, d. h. er sieht sie im Licht der verkündigten Wirklichkeit Gottes. Das neue Gebot ist Erweis und Einweisung in die eschatologische Situation. Als Gebot hat es den Charakter einer Zeit-Ansage, an der sich die Gemeinde in ihrer geschichtlichen Existenz orientiert. Die «Neuheit» des Gebots – darauf bezieht sich das neutrische Relativpronomen in **V. 8** – trifft wahrhaft zu bei ihm, Christus, und bei den Lesern. Erneut zeigt sich, daß der Verfasser im Gebot Jesu Werk mitdenkt. Der Relativsatz vergewissert die Gemeinde, daß das Gebot sie in ihre Wirklichkeit als Gemeinde einweist, weil es «in ihm» verwirklicht worden ist. Der Nachsatz V. 8b nennt nicht – was grammatisch möglich wäre – den Inhalt des Gebots, sondern begründet und erläutert die Wirklichkeit, in der die Gemeinde ihre Geschichte hat. Die Ausdrucksweise erinnert an Taufsprache, d. h. an die Auslegung des Getauftseins (vgl. 1. Thess. 5,4; Röm. 13,12; Eph. 5,8; 1. Petr. 2,9). Den religionsgeschichtlichen Hintergrund bilden apokalyptische Vorstellungen vom Vergehens des alten im Kommen des neuen Äons. Im Johannesevangelium ist «Licht» Prädikat des Offenbarers (Joh. 3,19; 8,12; 8,5; 12,36). Der 1. Joh. geht in zweierlei Hinsicht über das Johannesevangelium hinaus: (1) indem im Glauben an den Offenbarer das Licht als die verkündigte Wirklichkeit Gottes erkannt ist, lebt die Gemeinde ihre Geschichte in der Gegenwart des Lichts, d. h. das «Scheinen des Lichts» geschieht in der aus der Überlieferung des Glaubens kommenden Verkündigung; (2) in diese Gegenwart des Lichts wird die Gemeinde durch das Gebot Jesu eingewiesen; ihre Geschichte ist also Auseinandersetzung mit der vergehenden Finsternis, ist «Kampfgeschichte» (Wengst).

Dieses wirkliche, geschichtliche Leben der Gemeinde präzisiert der Verfasser in **V. 9–11** wiederum in Antithesen. Erstmals wird klar gesagt, was Inhalt des Gebots ist: seinen Bruder zu lieben. In der Bruderliebe lebt die Gemeinde ihr Sein im Licht und ist am Vergehen der Finsternis beteiligt. Das Gegenteil, seinen Bruder zu has-

sen, ist ein «diabolischer Rückfall» in Vergangenes und dokumentiert, daß die in der verkündigten Wirklichkeit Gottes veränderte Situation bis jetzt geleugnet wird. Damit sind die so vielfältigen und komplizierten Verhaltensweisen zwischen Menschen in sozialen, politischen, wirtschaftlichen und seelischen Beziehungen auf eine bestürzend einfache Alternative gebracht: entspricht es der verkündigten Wirklichkeit Gottes, seinen Bruder zu lieben, dann ist jede Praxis, die diese einzig zeitgemäße Orientierung mißachtet, Bruderhaß. Weil die Bruderliebe die einzige Alternative zum Bruderhaß ist, ist sie radikaler und realistischer als jede Forderung humanistischer und revolutionärer Brüderlichkeit. Ihren konkreten Ort und ihre zumutbare Wirklichkeit hat die Bruderliebe in der Gemeinde Jesu Christi. Beschränkt sie sich auf die Gemeinde, auf namentlich bekannte Brüder? Mag hier in der Schwebe bleiben, ob nur der sich zur Gemeinde und zum Glauben Bekennende oder auch der Bruder im Nächsten, im Mitmenschen, gemeint ist, so wird aus 3,15 deutlicher und unzweideutig in 4,9 klar, daß Bruder ist, wer in Gottes Liebe aus dem Tod ins Leben hinübergeschritten ist; der Kreis der Brüder ist also der offene Kreis kommender Brüder Jesu. So wenig Bruderliebe im 1. Joh. ein konventikelhaftes «in-group»-Verhalten ist, so ist sie doch auch nicht mit Nächstenliebe gleichzusetzen. Bruderliebe sagt mehr als Nächstenliebe. Denn seinen Bruder zu lieben, heißt, ihn im Glauben als Bruder, als Geschenk der Liebe Gottes verstehen zu können (vgl. 3,1).
Eben deshalb kann auch gesagt werden, daß in dem, der seinen Bruder liebt, kein Anstoß ist. So fragwürdig und anstößig die Motive und die Praxis menschlichen Liebens sind – weiß der andere sich in der Bruderliebe als Bruder angenommen, so kann der Liebende gewiß sein, ihm keinen Anstoß (zum Zweifel an der Liebe Gottes?) zu geben.
V. 11 bekräftigt, daß Bruderliebe die einzige Alternative bleibt. Wer seinen Bruder haßt, führt sein Leben in der Finsternis; ohne Orientierung an Gottes Wirklichkeit weiß er nicht, wohin er geht. Indem Joh. 12,35 direkt zitiert wird und dahinter die Heilsmaxime des Gnostikers anklingt, «zu wissen, wohin wir eilen», hält der Verfasser den Gegnern schneidend vor, wie «wirklichkeitsblind» und haltlos ihre Position ist. Kann man unschlüssig sein, wie es zugehen mag, daß die Finsternis ihre Augen blind gemacht hat – die Parallelität zu V. 8b zeigt, daß die Finsternis in der Mißachtung der Bruderliebe, d. h. des Seins im Licht, ihr subjektives, unwirklich-wirkliches Schicksal geworden ist.

2,12–17   Vergewissernder Zuspruch und Mahnung

Der theologischen Argumentation V. 3–11 folgt, ähnlich wie in 2,1f., ein Abschnitt, der die Leser in direkter Anrede und Zusage ihrer gewonnenen Gemeinschaft mit Gott vergewissert (V. 12–14) und sie ermahnt, die Welt nicht zum beherrschenden Inhalt ihres Liebens zu machen (V. 15–17). Der Abschnitt macht den Eindruck, ein vorläufiger Abschluß zu sein; mit 2,18ff. kommt nicht nur ein neues Thema zur Sprache, mit der Sündenvergebung und der Erkenntnis des Vaters im Sohn werden auch betont Leitgedanken der vorhergehenden Abschnitte aufgenommen. Ob die Verse 15–17 ursprünglich zum Kontext gehören oder später von «kirchlicher Redaktion» angefügt wurden, ist eine Frage für sich. Das Stück ist «unangenehm», weil es so moralisch und so penetrant weltfeindlich klingt. Zweifellos enthält es Elemente urchristlicher ethischer Ermahnung mit apokalyptischem Einschlag. Die traditionell kirchliche Lehre von der Sünde als «Begierde» scheint vorstilisiert zu sein. Das Problem, wie sich die Verse mit dem Kontext vereinbaren lassen, ist «vom Tisch», wenn es sich um «kirchliche Redaktion» handelt. Andererseits erübrigt sich diese Annahme, wenn sich zeigen läßt, daß die eigenartige Intention des Stücks wie auch die aufgenommene Tradition im Einklang mit dem Kontext stehen und ihrerseits den Kontext beleuchten.

2,12–14   Gewißheit der Sündenvergebung, der Gotteserkenntnis und des Siegs über den Bösen

12 Ich schreibe euch, Kinder, weil (= daraufhin, daß) **euch die Sünden um seines Namens willen vergeben sind. 13 Ich schreibe euch, Väter, weil ihr den, der von Anfang ist, erkannt habt. Ich schreibe euch, junge Männer, weil ihr den Bösen besiegt habt. 14 Ich habe euch geschrieben, Kinder, weil ihr den Vater erkannt habt. Ich habe euch geschrieben, Väter, weil ihr den, der von Anfang ist, erkannt habt. Ich habe euch geschrieben, junge Männer, weil ihr stark seid und das Wort Gottes in euch bleibt und ihr den Bösen besiegt habt.**

Auffällig sind die eindrückliche Gliederung und die gleichartige Struktur der Sätze. Fast einem Wechselgesang gleich wird eine Gruppe von drei Sätzen durch eine zweite Gruppe von drei sinnentsprechenden Sätzen aufgenommen. Die Vergangenheitsform «ich habe euch geschrieben» entspricht antikem Briefstil und ist im Wechsel zum Präsens stilistische Variante, nicht Hinweis auf ein vorangegangenes Schreiben. Die Anrede wiederholt sich in derselben Reihenfolge: zuerst «Kinder(chen)», dann «Väter», dann «junge Männer». Eine Klärung dieser deutlich stilisierten Entsprechungen und Verschränkungen verspricht Aufschluß nicht nur über den Sinn der Aussagen, sondern auch über die Situation und den Charakter der Verständigung, der das Schreiben insgesamt gilt. Die im 1. Joh. häufige und hier sechsmal wiederholte Hervorhebung des «Schreibens» lenkt die Aufmerksamkeit auf den Akt der Verständigung, der zwischen Autor und Lesern, d. h. der Gemeinde, stattfindet. Der Verfasser will sich mit seinen Lesern offenbar gerade auch darüber verständigen, was ihn zu schreiben autorisiert. Der Sinn der einleitenden Wendung hängt davon ab, ob die nachfolgende Konjunktion eher begründend («weil, denn») oder eher explikativ («daß») zu verstehen ist. Träfe das letztere zu, wäre der Konjunktionalsatz einfacher Inhaltssatz und die einleitende Wendung hätte mitteilenden («performativen») Sinn: «ich schreibe euch ausdrücklich, daß». Hat die Konjunktion eher begründenden Sinn, dann gibt der Verfasser zu verstehen: es ist das Christsein der Leser, die Gewißheit, daß ihnen die Sünden vergeben sind, daß sie den Vater erkannt haben, was ihm Autorität und Vollmacht, Voraussetzung und Grund seines Schreibens gibt. Das Schreiben ist deshalb auch nicht Äußerung amtlicher, institutioneller Autorität, sondern Ausdruck einer Zuwendung, die theologisch autorisiert ist. Der Verfasser verantwortet mittels theologischer Verständigung den Grund der Gemeinschaft miteinander. Für diese Deutung spricht, daß sie mit der Intention der argumentativen Partien übereinstimmt, und ebenso der Vergleich mit 2,21, wo faktisches «daß» eher nichtssagend wäre.
Auch die Anrede wirft Licht auf die konkrete Gemeinschaft miteinander. Wie sonst spricht der Verfasser die Gemeinde in persönlicher, liebender Zuwendung als «Kinder(chen)» an; der Gedanke an Täuflinge oder kleine Kinder liegt fern. Eher könnte bei den «Vätern» und den «jungen Männern» an Altersstufen gedacht sein, frei-

lich nicht in physiologischem, sondern in funktionalem Sinn: wer erkannt hat, ist wie ein Vater, wer gesiegt hat, wie ein junger Mann. Denn was von den Vätern gesagt ist, gilt ebenso von den jungen Männern; von einer Haustafel ist also keine Rede.

Zur Befangenheit des Verfassers im Denken seiner Zeit gehört sicherlich, daß er Brüder sagt und von Vätern und jungen Männern redet und doch die Schwestern, die Frauen in der Gemeinde ebenso meint. Zur Befangenheit des Auslegers gehört, dies sprachlich weder anders fassen noch umkehren zu können. Ein dunkler Punkt ist, inwiefern die kommunikative, homiletische und theologische «Sprache der Liebe» hier gehemmt ist, weil in der Beziehung der (das Wort führenden) Brüder zu den (nicht zu Wort kommenden) Schwestern der Gedanke der Sexualität und soziale, kommunikative Unterordnung herrschend sind. Daß gnostisierende Gruppen sich in dieser Hinsicht emanzipierter verhalten haben, wirkte erst recht hemmend.

An erster Stelle steht der Zuspruch der Sündenvergebung, **V.12**. Vergeben sind die Sünden um seines Namens willen. Der Name steht für die Person; wird der Name aus- und angerufen, so ist die Person gegenwärtig. Der Grund der Sündenvergebung oder der, der mit seinem Namen und in Person als verantwortliches Subjekt dafür einsteht, ist Jesus. Er ist in seiner Lebenshingabe, d. h. in der Tat seiner Liebe, der Grund dafür, daß Gottes Wirklichkeit (vgl. 1,5) als Sündenvergebung verkündigt und zugesagt wird. Wieder zeigt sich, daß Gottes Wirklichkeit völlig von Jesu Person her, aus dem Erschienensein des Lebens, verstanden wird. Und so wird man auch vom Gebot Jesu aufdecken lassen müssen, was mit Sünden gemeint ist. Es sind Taten und Verhaltensweisen, in denen die Bruderliebe verweigert wird – aus erklärter, entschlossener Bosheit oder aus gedankenloser, teilnahmsloser Gleichgültigkeit. Daß sich darin Bruderhaß manifestiert, ist psychologisch oder psychoanalytisch nicht bis ins letzte evident zu machen. Aktive oder teilnahmslose Verweigerung der Bruderliebe ist Bruderhaß, weil dem Mitmenschen das Brudersein und darin der Glaube an die Liebe Gottes, die dem Bruder gilt, verweigert wird. So ist, weil zum Bruder die Liebe Gottes gehört wie das Licht zu dem, was vor Augen ist, der Bruderhaß zugleich Verleugnung der verkündigten Wirklichkeit Gottes.
An zweiter Stelle wird, in **V.13**, ausgelegt, was der Gemeinde durch Jesu Person an tätigem Sein geschenkt ist. Für die, die wie Väter erkannt haben, gilt: ihr habt den erkannt und verstanden, der von Anfang an ist: Jesus Christus. Zielt das Erkennen auf den Grund und Ursprung – vielleicht ist unter dieser Intention eine gegnerische Parole aufgenommen-, so hat es in Jesus Christus seinen zeitlichen Anfang genommen und in ihm den erkannt, der von allem Anfang an ist. Der Sache nach schwingt beides mit: zeitlicher Anfang und bleibender Ursprung. Für die, die wie junge Männer Kraft haben, gilt: ihr habt den Bösen besiegt. Siegen ist im 1. Joh. stets Sache des Glaubens, nicht Ergebnis moralischer Anstrengung des Willens, so wenig willentliche Entschlossenheit ausgeschlossen sein wird (vgl. 5,4). Den Bösen besiegt zu haben, ist also Manifestation der Kraft des Glaubens; als Glaubende haben die «jungen Männer» gesiegt.
Erkämpft aber wird dieser Sieg auf dem Feld der Bruderliebe; sie ist das, worum es in diesem Kampf, beim Sieg des Glaubens, geht. Denn so sehr der Böse die Figur des Widersachers ist, auf den der Glaubende als Täter trifft, so sehr ist das, was dem Glaubenden im Bösen widersteht, die Sünde, d. h. der Bruderhaß. «Der Böse» ist mythologische Vorstellung oder symbolische Repräsentation der abgründigen

Macht, die sich im Bruderhaß und Brudermord (vgl. 3,16) gegen den Glauben erhebt.

Wurde in V. 12 mit der Sündenvergebung um seines Namens willen aufgenommen, was den Verfasser in 1,5ff. bewegte, so nun in der bekräftigenden Wiederholung V. 14 die Thematik von 2,3ff., die Erkenntnis des Vaters im Sohn. Wieder ruft der Verfasser den Lesern die Erkenntnis des Vaters, in der sie Gemeinschaft mit dem Vater und dem Sohn haben (1,3), als Grund und Voraussetzung seines Schreibens ins Gedächtnis – und mahnt sie damit zugleich auf indirekte Weise, bei diesem tätigen Sein zu bleiben. V. 14b wiederholt, in der Anrede an die Väter, wörtlich V. 13a. V. 14c fügt in der Anrede an die jungen Männer dem in 13b Gesagten hinzu, was Grund dafür ist, daß sie den Bösen besiegt haben. Was ihre Stärke ausmacht und sie sozusagen zu jungen Männern macht, ist das Wort Gottes, das in ihnen bleibt. Ohne Zweifel ist dasselbe gemeint wie in 5,4 mit dem Glauben: nicht eine besondere Stärke der Gläubigkeit, sondern die Kraft und die Gewißheit, die ihnen im tätigen Einstehen für die Bruderliebe aus dem Wort Gottes zukommt.

2,15–17   Die Welt kann nicht Inhalt des Liebens sein

In der folgenden Mahnung V. 15–17 wird aufgenommen und ausgeführt, was in der vergewissernden Zusage implizit enthalten ist: die Zusage der Sündenvergebung und die Erkenntnis des Vaters im Sohn stehen, wie 1,5ff. und 2,3ff. zeigten, in scharfem Gegensatz zur Sünde und zur wahrheitswidrigen Gotteserkenntnis und schärfen deshalb den praktischen Vollzug dieser Unterscheidung im Kampf gegen den Bösen umso entschiedener ein.

15 Liebt nicht die Welt noch das, was in der Welt ist. Wenn einer die Welt liebt, ist die Liebe des Vaters nicht in ihm. 16 Denn alles, was in der Welt ist, die Begierde des Fleisches und die Begierde der Augen und das Auftrumpfen mit dem Vermögen, ist nicht aus dem Vater, sondern ist aus der Welt. 17 Und die Welt vergeht und ihre Begierde; wer aber den Willen Gottes tut, bleibt in Ewigkeit.

Die Mahnung ist eigenartig negativ gehalten; fast klingt es, als sollte sich das Christsein in der Abkehr von der Welt, in Weltfeindschaft und im Rückzug der Gemeinde auf einen Standort außerhalb der Welt verwirklichen und bewähren. Doch dieser Anschein trügt – und so besteht auch kein Grund, das hier zutagetretende Verständnis der Welt in allzu große Nähe zu gnostisierender Weltfeindschaft und Weltangst zu rücken und das Stück als unverträglich mit dem Kontext dem Verfasser abzusprechen. Schlüssel des Verständnisses ist, daß tätiges Menschsein im Lieben und im Grunde einzig im Lieben besteht. Bezieht sich tätiges Menschsein im Lieben auf das falsche «Objekt» des Liebens, so schlägt nicht nur das Lieben ins Negative um, sondern auch das «Objekt», die Welt und was in der Welt ist, hat damit seinen Charakter und seine Funktion verändert.

V. 15 ist die einzige Stelle im 1. Joh., an der ein Nicht-Lieben geboten ist. Objekt dieses untersagten Liebens ist die Welt und das, was in der Welt ist. Wie «Welt» hier zu verstehen ist, läßt sich nur zusammen mit dieser Negation des Liebens klären. Positiv ist stets davon die Rede, den Bruder bzw. die Brüder oder einander zu lieben. Lassen wir die merkwürdig in der Schwebe bleibende, umstrittene Frage, ob Gott zu lieben sei (vgl. 4,20f.; 5,1f.), vorerst beiseite, so schließen sich die Bruderliebe und die (negierte) Welt-Liebe schlechthin aus. Gedankenlos wäre die Annah-

me, als ginge es nur um die Alternative, ob die Welt oder die Brüder «Objekt» des
Liebens sind, während das Lieben selbst jeweils Aktivierung einer gleichbleibenden
«natürlichen», menschlichen Fähigkeit wäre, eines libidinösen Triebs, einer Re-
gung des Gemüts, solidarischen Handelns usw. So wenig bei der Interpretation der
Bruderliebe im 1. Joh. psychologische und analytische Einblicke in die Ambivalenz
menschlichen Liebens strikt ferngehalten werden können und von vornherein eine
Trennung christlicher «Agape» von natürlich-menschlichem «Eros» traktiert werden kann, darf doch nicht im Unklaren bleiben, daß wirkliche Bruderliebe im
1. Joh. Gabe und Mitteilung des Geistes und insofern keine natürliche, menschliche
Möglichkeit ist (vgl. 3,24).

Wenn menschliches Lieben kein «frei flottierendes» psychisches und ethisches Po-
tential ist, sondern pervertiert wird, wenn es sich nicht am Gebot der Bruderliebe
orientiert, dann ist entsprechend «Welt» dadurch bestimmt, woran sich das Lieben
des Menschen hält. Wie ist im 1. Joh., abgesehen von 2,15–17, «Welt» verstanden?
In 4,9.14; 2,1 ist so etwas wie die Menschheit gemeint; an den geschichtlichen Ort,
an dem die Gemeinde lebt, ist in 4,1.3, an soziale Lebenswelt, wo es Bedürfnisse,
Bedrückung, Furcht gibt, ist in 3,17; 4,17 gedacht. Klingt in 4,17 ein Gegensatz zwischen «in dieser Welt» und «in der Liebe» an, so erscheint in 3,1.3; 4,4.5; 5,4.5 Welt
als Front einer Auseinandersetzung, in der die Gemeinde steht. Sie ist Front oder
Widerpart nicht als kosmische, politische oder soziale Macht, sondern weil sie sich
im Widerspruch gegen die Erkenntnis Gottes, gegen die Bruderliebe, gegen den
Glauben als Front oder Widerpart herausstellt, konstituiert und behauptet. Gewiß
stellt sich dieses faktische, geschichtliche Wesen der Welt nicht anders als im Verhalten von Menschen heraus. Aber so wenig die Welt schlechthin mit dem Bösen
identisch ist, so wenig ist sie nur Produkt dieses Verhaltens, sondern eben zugleich
der dieses Verhalten produzierende und herausstreichende «Konsens im Sach-
zwang», die Front des Widerspruchs und Hasses gegen wirkliche Bruderliebe, gegen das Ereignis der Liebe Gottes. Treffen wir in 2,15–17 auf einen völlig anderen
Begriff dessen, was die Welt ausmacht, etwa die Vergänglichkeit? Ist das, was in ihr
ist, «alle vergänglichen Güter» – vergänglich, weil die Welt nach V. 17 vergeht?

In **V. 15b** erklärt der Verfasser, warum die Welt und was in ihr ist, nicht bestimmender Inhalt menschlichen Liebens sein kann. Wieder wird personal konkretisiert:
wenn ein Mensch sich im Lieben als tätigem Menschsein an die Welt hält, so ist die
Liebe des Vaters nicht in ihm. Grammatisch wäre auch die Übersetzung «die Liebe
zum Vater» möglich. So nahe, oberflächlich gesehen, die Parallele «die Welt lieben» – «Liebe zum Vater» läge, ist diese Deutung doch abzuweisen. So wenig die
Liebe zu Gott, als Antwort des Glaubens auf Gottes Liebe verstanden, abgetan erscheint, so ist der entscheidende Gegensatz doch, ob die Welt und das, was sie ausmacht, oder die Liebe des Vaters menschliches Lieben bestimmt und als Lieben
bleibend erhält. Dann aber ist die Welt und der sie ausmachende Inhalt – als ‹En-
semble› aller vergänglichen Güter – nicht einfach nur das falsche «Objekt» des Liebens, sondern das, was wirklichem Lieben, nämlich der Bruderliebe, den Platz, die
Zeit und den Mut nimmt, bei der Liebe zu bleiben. Ist Welt Inhalt des Liebens, dann
ist sie damit zu einer bestimmenden Macht geworden, die sich im Menschen der Liebe des Vaters widersetzt und menschliches Lieben in ein Vakuum treibt.

In V. 15 war zur Welt erläuternd hinzugefügt: «was (pluralisch) in ihr ist». Dies wird
am Beginn von **V. 16** mit einem (singularischen) «alles» aufgenommen. Das ‹En-
semble› der Verhältnisse und Inhalte, die die Welt im Gegensatz zur Liebe des Vaters
ausmachen, erscheint also nun unter einem einheitlichen Gesichtspunkt, einem al-

les bestimmenden Grundzug, der in V. 16 entfaltet wird. Genannt werden die Begierde des Fleisches, die Begierde der Augen und das Auftrumpfen mit dem Vermögen. Urchristlich ermahnende Tradition (vgl. neben Gal. 5,19ff. Eph. 2,3; 2. Petr. 2,18) legt nahe, bei der «Begierde des Fleisches» an den alle Grenzen sprengenden sexuellen Trieb zu denken. Sind «böse Regungen, die aus der leiblich-sinnlichen Natur des Menschen aufsteigen», gemeint (Schnackenburg)? Allerdings kennzeichnet «Fleisch» im Johannesevangelium die Sphäre irdisch-menschlicher Realität im Gegensatz zum Geist Gottes (vgl. Joh. 3,6; 1,13) und «Begierde» die Grundeinstellung derer, die Jesus töten wollen (Joh. 8,44; vgl. 1. Joh. 3,8), so daß es ebenso möglich ist, «Begierde des Fleisches» aus der Negation der Bruderliebe als Entleeren und Verkehren der – auch in der Sexualität lebendigen – Hingabe zu Habgier und Begier nach der Habe des Bruders zu verstehen (Wengst). Auch «Begierde der Augen» dürfte ungeachtet der Assoziation sexueller Begehrlichkeit (vgl. 2. Petr. 2,14) mißgünstige, neidische Habsucht meinen, die sich auf das richtet, was dem Bruder zukommt. In diese Linie fügt sich auch das Auftrumpfen mit dem, was zum Lebensunterhalt dient, also Angeberei mit Vermögen und darin so etwas wie «Selbstvergötzung, die den Blick auf den Menschenbruder versperrt» (Schnackenburg). In der Habgier, im Geiz, im Auftrumpfen mit dem Vermögen stellt sich heraus, was Welt ist. Ihr Grundzug ist, «mehr sein und mehr haben zu wollen als der Mitmensch» (Wengst), ihn in egoistischer Selbstbehauptung zu funktionalisieren, zu demütigen, auszubeuten. Welt ist die Normalität, zu der Menschen sich in solchem Verhalten bestimmt haben, und das System, dem sie sich so anpassen. Läßt die Gemeinde sich auf diese «Tagesordnung» der Welt ein, so hat sie aufgehört, Gemeinde zu sein, weil sie den Grund ihrer «Weltfremdheit», die Liebe des Vaters, preisgegeben hat. Worauf sich einer einläßt, woraus er ist: das macht sein Wesen und den Ursprung seines Seins aus. Mit dieser johanneischen Seinsbestimmung charakterisiert der Verfasser, woher der Haß der Welt, die egoistische Selbstbehauptung kommt: aus der «Welt» als der Vergewaltigung der Liebe des Vaters.
Ist die Welt aus sich selbst, was sie ist, so ist die Gemeinde der Welt gerade den Glauben schuldig. So ist der abschließende **V. 17** trotz des weisheitlichen Stils kein Satz allgemeiner Welterfahrung, sondern des Glaubens. Daß die Güter der Welt wie die Menschen ihre Zeit und ihr Ende haben, ist unbestreitbar; ja, die Vergänglichkeit des Irdischen ist wie eine Antriebskraft der Begierde der Welt, ihrer Ideologie, mehr sein und mehr haben zu wollen als der Mitmensch. Aber der Verfasser spricht ja nicht von der Vergänglichkeit irdischer Güter! Aus dem Zeitverständnis des Glaubens sagt er vielmehr, daß das Wesen und Prinzip der Welt, der Konsens erbarmungslosen, lieblosen Mehr-Haben-wollens vergeht. Die Übereinstimmung mit dem «Vergehen der Finsternis» (2,8) ist nicht zu übersehen. Dann ist der Grund hier wie dort derselbe: weil das wahre Licht schon scheint und auf Grund der verstandenen Liebe Gottes in der Gemeinde Bruderliebe verwirklicht wird, vergeht die Welt mit ihrer Vergewaltigung der Liebe.
Der Abschnitt schließt mit einer Verheißung. Den Willen Gottes zu tun, ist alttestamentlich-jüdisch geprägter Inhalt urchristlicher Ermahnung (vgl. Matth. 7,21). Während im Johannesevangelium Jesu Einverständnis mit dem Vater prägnant Tun des Willens dessen ist, der ihn gesandt hat, bezieht der Verfasser hier die Wendung im Sinn urchristlicher Paränese auf die Gemeinde. Wer den Willen Gottes in der Verwirklichung der Bruderliebe tut, bleibt, wie die Liebe Gottes bleibt, und deshalb da, wo die Liebe bleibt: in der Gemeinschaft mit dem Vater und dem Sohn.

2,18–3,24   Zweiter Hauptteil: Der rettende Vorsprung der Liebe Gottes in Jesus Christus

Mit 2,18 beginnt ein neuer Abschnitt. Wie in 1,5 mit dem Satz «Gott ist Licht» als dem Inhalt der Botschaft ein Grundton des ersten Abschnitts angeschlagen wurde, so wird nun, ähnlich lapidar, laut, was den Verfasser im zweiten Abschnitt bewegt: «es ist Endzeit-Stunde». Vorbereitet ist dieser neue Grundton freilich durch 2,8 und 17. Wieder legt der Verfasser das, was er zu sagen hat, im Blick auf die Situation der Gemeinde dar, in der Gegner aufgetreten sind. Während diese im ersten Abschnitt indirekt in Erscheinung treten, indem sie in ihren Parolen zitiert und in ihrem Verhalten der Lüge überführt werden, konfrontiert der Verfasser sie nun der Gemeinde in direktem Gegenüber. Die apokalyptische Figur des «Antichrist» ist in ihnen geschichtliche Realität geworden. Ein fundamentaler und totaler Widerspruch endzeitlichen Gewichts gegen das Christusbekenntnis der Gemeinde charakterisiert ihr Wesen und Auftreten. Diese Verknüpfung des Christusbekenntnisses mit·der endzeitlichen Beurteilung der Situation in der Konfrontation der Gemeinde mit den Gegnern bringt die Thematik des zweiten Abschnitts vor Augen.

2,18–27   Endzeit-Stunde als Entscheidung, beim wahren Christusbekenntnis zu bleiben

18 Kinder, es ist Endzeit-Stunde, und wie ihr gehört habt, daß ein «Antichrist» kommt, so sind jetzt viele «Antichristen» aufgetreten. Daher erkennen wir, daß es Endzeit-Stunde ist. 19 Aus unserer Mitte sind sie hervorgegangen, aber sie gehörten nicht zu uns. Denn hätten sie zu uns gehört, wären sie bei uns geblieben. Aber es sollte an ihnen (selbst) offenkundig werden, daß sie allesamt nicht zu uns gehören. 20 Ihr aber habt «Salböl» vom Heiligen und seid alle Wissende. Ich schreibe euch nicht, weil ihr die Wahrheit nicht wißt, sondern weil ihr sie wißt und weil keine Lüge aus der Wahrheit kommt.
22 Wer ist der Lügner, wenn nicht der, der leugnet, daß Jesus der Christus ist? (Genau) der ist der «Antichrist», der den Vater und den Sohn leugnet. 23 Jeder, der den Sohn leugnet, hat auch den Vater nicht. Wer den Sohn bekennt, hat auch den Vater. 24 Für euch gilt: was ihr von Anfang an gehört habt, soll in euch bleiben. Wenn in euch bleibt, was ihr von Anfang an gehört habt, so werdet auch ihr im Sohn und im Vater bleiben. 25 Und das ist die Verheißung, die er selbst uns gegeben hat: das ewige Leben.
26 Das schreibe ich euch über die, die euch verführen wollen. 27 Euch aber gilt: das «Salböl», das ihr von ihm empfangen habt, bleibt in euch, und ihr habt es nicht nötig, daß euch jemand belehrt. Vielmehr, wie euch sein «Salböl» über alles belehrt, so ist es wahr und (gewiß) keine Lüge. Und demgemäß, wie es euch belehrt hat, bleibt in ihm!

Dieses erste Stück des zweiten Hauptteils ist deutlich in drei kleinere Abschnitte gegliedert, die jeweils zwei Unterabschnitte enthalten: (1) V. 18–21 (V. 18f./V. 20f.); (2) V. 22–25 (V. 22f./V. 24f.); (3) V. 26/27. – Der erste Abschnitt befaßt sich mit dem endzeitlich qualifizierten Auftreten der Gegner und der Kompetenz der Gemeinde, in der Erkenntnis der Wahrheit Lüge kenntlich zu machen. Der zweite Abschnitt führt das Bekenntnis, daß Jesus der Christus ist, als das entscheidende Kriterium dafür an, wo und wie der Gemeinde die Gemeinschaft mit Gott dem Vater gegeben ist, und hält ihr die unerhörte Kraft der Botschaft, die sie von Anfang an gehört hat, vor Augen. Im dritten Abschnitt bekräftigt der Verfasser, innehaltend und auf das V. 20f. Gesagte zurückkommend, daß er nichts Unerhörtes geschrieben habe. Versteht die Gemeinde, was sie im «Salböl» empfangen hat, so ist sie belehrt über alles und bedarf keiner unerhörten Belehrung, sondern nur der Erinnerung an das, was sie gehört hat.

Wic durch einen Glockenschlag erfährt die Gemeinde, daß ihre Situation die der Endzeit-Stunde ist, **V. 18**. In dieser Wortfügung, die dem 1. Joh. eigentümlich ist, verbindet sich traditionell-urchristliche, apokalyptische Erwartung vom Kommen der «letzten Tage», des «Tages des Herrn» bzw. «des Gerichts» mit der spezifisch johanneischen Eschatologie, nämlich der «Stunde», die in der Passion und Erhöhung Jesu ans Kreuz gekommen ist, in der der Menschensohn und in seiner Hingabe der Vater verherrlicht werden, in der die Liebe aufleuchtet und alle, die diese Stimme der Liebe hören, ewiges Leben haben (Joh. 12,23; 17,1; 5,25). In der Endzeit-Stunde entscheidet sich alles letztlich und endgültig an der Einstellung zu Christus. Dieses eschatologische Bewußtsein expliziert der Verfasser, indem er aufnimmt, was in der überlieferten Lehre, die die Gemeinde gehört hat, mit der Endzeit verbunden ist: daß ein «Antichrist» kommt.

Der Ausdruck «Gegen-Christus» findet sich im Neuen Testament nur in den Johannesbriefen, darüber hinaus in einem Zitat von 1. Joh. 4,2; 2. Joh. 7 in Pol. 2 Phil. 7,1, häufiger und allmählich gleichgesetzt mit «Pseudochristus» erst in späteren christlich-apokalyptischen Texten des 2. Jahrhunderts. Allerdings dürfte die Erwartung eines Widersachers Gottes, der unmittelbar vor dem Ende in einer Eskalation der Gewalt auftritt, bis er gerichtet wird, ihren Ursprung in jüdischer Apokalyptik und deren Aktualisierung angesichts der Erfahrung politischer Verfolgung haben. Beachtlich ist aber, daß konkrete Züge dieser Gestalt erst in urchristlicher Apokalyptik ausgebildet wurden (in 2. Thess. 2,3ff. wird ein überlieferungsgeschichtlicher Zusammenhang mit Mark. 13 und Offb. 13 erkennbar, der auf eine Vorgeschichte dieser Erwartung in jüdisch-apokalyptischer Aktualisierung von Dan. 7 und 11 zurückweist). Ist also nicht ungewöhnlich, daß der Verfasser in V. 18 das Auftreten von Gegnern in der Gemeinde im Licht apokalyptischer Erwartung sieht und deutet, also diese Erwartung historisiert, und umgekehrt konkrete, geschichtliche Bedrohung als endzeitlichen Vorgang begreiflich macht, so ist ihm eigentümlich, daß diese Erwartung deshalb zur Erfahrung gegenwärtiger Realität geworden ist, weil die Gegner das Christusbekenntnis der Gemeinde leugnen und darin ihr «antichristliches» Wesen erweisen. Er teilt also die apokalyptische Erwartung, versteht und vergegenwärtigt sie aber «christologisch»: im Licht der Endzeit-Stunde ist das Erschienensein des Lebens in Jesus entscheidend und deshalb sind die, die diese Wahrheit des Glaubensbekenntnisses leugnen, nichts anderes als die Realität des endzeitlichen Widerspruchs gegen Gott.

Treten sie **(V. 19)** innerhalb der Gemeinde auf, also da, wo in der glaubenden Anerkennung der verkündigtcn Wirklichkeit Gottes erfahren wird, daß das wahre Licht schon scheint, sind sie ein Erweis, daß Endzeit-Stunde ist – und in ihrer großen, die Gemeinde bedrohenden Zahl ein Erweis, daß das Wesen des «Antichrist» sich in ihnen produziert und eskaliert.

Erweis heißt nun aber auch gleichsam umgekehrt, daß diese Gegner ihr «antichristliches» Wesen selbst ans Licht bringen. Treten sie innerhalb der Gemeinde unter

dem Anschein auf, zur Gemeinde zu gehören, so gehören sie doch, trotz ihrer religiösen Sozialisation in der Gemeinde, in Wirklichkeit nicht zu ihr, weil sie die Gemeinschaft aufgekündigt haben. Denn wären sie bei der Gemeinde geblieben, so würden sie die Gemeinschaft in der Bruderliebe bewahren und am Bekenntnis des Glaubens festhalten. Die Gegner scheinen sich aus der Gemeinde abgesetzt zu haben; an einen formellen Ausschluß oder an die Bildung einer eigenen Gemeinde wird nicht zu denken sein. Undenkbar wäre aber auch nicht, daß der Verfasser sich mit seinen Lesern in der Gefahr sah (oder befand), von seiten der Gegner unter dem Anspruch «rechter Lehre» in die Minderheit gedrängt zu werden. Jedenfalls kommt beginnende Auseinandersetzung mit innerchristlicher «Häresie» in den Blick; wie V. 22f. zeigen, wird das Glaubensbekenntnis im Sinn späterer «regula fidei» (Glaubensregel) zum Maßstab und Kriterium der Unterscheidung von Rechtgläubigkeit und Häresie. Die subtile und doch merkwürdig pragmatische Folgerung, die der Verfasser in V. 19c seinen Lesern einsichtig machen will, beweist, daß die Front quer durch die Gemeinde geht, durch keine institutionell oder dogmatisch abgesicherten Maßnahmen zu bewältigen ist und der klärende Erweis letztlich in den Gegnern selbst aufgesucht wird. «Aber damit sie (darin) offenbar würden, daß sie allesamt nicht zu uns gehören.» Zwei Gedanken sind in eine Aussage verschlungen: die Trennung von der Gemeinde, die Preisgabe der Gemeinschaft miteinander in der Bruderliebe erfolge, damit an diesen «Antichristen» für die Gemeinde offenbar (und faßbar!) werde, daß sie allesamt in Wirklichkeit nie zur Gemeinde gehörten; und damit sie selbst in eigener Person die Lüge, zur Gemeinde zu gehören, aufdeckten. (Möglich wäre auch die Deutung: «daß nicht alle, (die den Anspruch erheben, wirklich) zu uns gehören»; plausibler ist aber, daß das «zu-uns-gehören» von ihnen allen verneint werden soll.)
Dies zu begreifen und also selbst prüfen und beurteilen zu können, daß wirkliches Christsein Zugehörigkeit zur Gemeinde ist, ist Sache der Gemeinde. Daß sie dies kann und im Bewußtsein der Endzeit-Stunde, aus dem Zeitverständnis des Glaubens zu beurteilen vermag, versichert der Verfasser in **V. 20f**. Ganz selbstverständlich setzt er voraus, daß seine Leser wissen, was mit dem «Salböl» gemeint ist. Ist in V. 27 nochmals, ebenso unvermittelt, vom «Salböl» die Rede, muß der ganze Zusammenhang, zumal V. 22-25, für das Verständnis relevant sein. Die Gemeinde hat das «Salböl» vom Heiligen bzw. von ihm empfangen; es belehrt sie über alles, sie sind deshalb alle Wissende (diese Lesart wird der andern, ebenfalls gut bezeugten «ihr wißt alles» vorzuziehen sein!) und haben nicht nötig, daß jemand sie belehrt. Zweierlei wird deutlich: (1) Belehrt das «Salböl» über alles, so ist weder an einen Akt der Salbung gedacht noch ein Sakrament der Salbung gemeint; «Salböl» ist ein der Gemeinde vertrautes Symbol, eine religiöse Metapher. (2) Der polemisch-kritische Akzent in V. 20f. 27 macht wahrscheinlich, daß ein Anspruch der Gegner abgewiesen wird, in so ausgezeichneter Weise mit dem «Salböl» begabt zu sein, daß sie die andern, die Unbegabten, über die Geheimnisse der Gotteserkenntnis belehren können.
Wofür steht das Symbol oder die Metapher «Salböl»? Es liegt nahe, an den Geist zu denken, der in der Taufe empfangen wird. Indessen wäre es ein abstrakter Denkvollzug, das «Salböl» mit dem Geist oder, wie auch erwogen wird, mit der Lehre gleichzusetzen. Überdies ist es im religionsgeschichtlichen Vorstellungszusammenhang eher mit dem «Samen (Gottes)» (3,9) und der «Zeugung aus Gott» (2,29ff.) verbunden. Wohl aber entspricht das Werk oder die Funktion des «Salböls» dem Werk und Zeugnis des Geistes. Ob beim «Heiligen» an Gott oder an Jesus gedacht

ist, bleibt vielleicht mit Bedacht ungeschieden. Zwar ist vom Alten Testament her das Prädikat «heilig» Gott vorbehalten; im Neuen Testament wird Gott nur in 1. Petr. 1,15 und Offb. 6,10 (vgl. 4,8) der «Heilige» genannt. Andererseits wird Jesus als der «Heilige Gottes» bekannt (Joh. 6,69; Mark. 1,24/Luk. 4,34; vgl. Apg. 3,14; Offb. 3,7). Ist in V. 27 doch wohl an Jesus gedacht, so bleibt die Bezeichnung Jesu als «der Heilige» in V. 20 trotz 3,3 eigentümlich. Ist er im Einverständnis und in Gemeinschaft mit dem Vater der, dem alle in der Gemeinde – wie das Kommen des Geistes (als des Parakleten), so auch – die Gabe und belehrende Kraft des heiligen Geistes verdanken – und in diesem Sinne der Heilige? Jedenfalls ist es die besondere Bedeutung des «Salböls», daß alle geeignet und kompetent sind, mit Gewißheit und in eigener Verantwortung die Wahrheit zu kennen, weil alle gemeinsam am Geist teilhaben, der jeden belehrt, indem er das Gebot Jesu und darin das Wort Gottes erschließt und verstehen lehrt (vgl. 3,24). Mehr ist am Ende zu V. 27 zu sagen.

Wichtig ist, daß die Gemeinde nicht an Inhaber amtlicher Lehrbefugnis gewiesen wird. Dies unterstreicht der Nachsatz «und ihr wißt alle», der sicher mit Absicht das Kenn- und Reizwort «Gnosis» vermeidet (vgl. 1. Kor. 8,1). Alle verstehen sie den Grund ihres Christseins.

Wenn das so ist, erübrigt sich dann nicht, ihnen zu schreiben, **V. 21**? Der Verfasser wäre mißverstanden und in eine Reihe mit den Gegnern gerückt, wenn der Eindruck entstünde, als wolle er mit seinem Schreiben die Leser zur Erkenntnis der Wahrheit oder zu eigentlicher Erkenntnis führen. Er schreibt nicht, um ihnen etwas mitzuteilen, was sie noch nicht wissen, und ihnen damit mangelnden Fortschritt oder ein Defizit ihres Christseins zu bescheinigen, sondern um sie zu vergewissern und darin zu bestärken, daß sie die Wahrheit kennen, *weil sie sie gehört haben*. In der Botschaft ist ihnen schon die ganze Wahrheit gesagt und das Kriterium jeder Lüge überantwortet.

Erst jetzt, nach der Verständigung über die Kompetenz der Gemeinde, die Wahrheit der gehörten Botschaft zu verantworten, identifiziert der Verfasser in **V. 22** die Gegner und macht sie in ihrer Lüge am Kriterium des Glaubensbekenntnisses öffentlich kenntlich. Die Lüge kommt daran heraus, was einer in Person zu sagen und zu bekennen hat oder nicht bekennt. Die Autorität, mit der der Verfasser Stellung nimmt, hat ihren Grund im Bekenntnis. Dessen Wortlaut ist hier wie in 5,1 «Jesus ist der Christus». Sonst ist üblicherweise «Christus» nicht mehr Würdeprädikat, sondern Teil des Namens Jesu. Betont ist hier «Jesus»; Christus und Sohn Gottes sind im 1. Joh. gleichbedeutend, wie auch «Bekennen» und «Glauben» denselben Akt öffentlichen Bekundens meinen. Das Bekenntnis Jesu Christi als des Sohnes Gottes ist altes, der Gemeinde überliefertes Taufbekenntnis. So könnte das betonte Bekenntnis «Jesus ist der Christus» eine Analogiebildung zu jenem Taufbekenntnis sein, die unterstreichen soll: Jesus ist mit dem Christus, dem Sohn Gottes, eins.

Damit kommt in den Blick, worin der Verfasser das Bekenntnis verleugnet sieht. In der «Realität», in der die Gegner den «himmlischen» Christus und Sohn Gottes zu haben glauben, ist der irdische Jesus, der am Kreuz starb, ausgeschlossen, beseitigt und irrelevant geworden. Nach 4,2 verweigern sie, zu bekennen, daß Jesus Christus im Fleisch gekommen ist, und machen so Jesus zunichte (4,3 v. l.). In 5,5f., wo der Verfasser nochmals den in dieser Auseinandersetzung entscheidenden Inhalt des Bekenntnisses schärfer ins Licht rückt, wird deutlich: die Gegner haben, wohl in einseitiger Aufnahme oder Radikalisierung johanneischer Tradition von der Einwohnung des Sohnes Gottes oder des göttlichen Logos im irdischen Menschen Jesus, das Kommen des Sohnes Gottes im Wasser, seine Offenbarung in der Taufe Jesu, anerkannt, aber sein Kommen im Blut, die Offenbarung des Sohnes Gottes in seinem Tod am Kreuz, geleugnet. Bestritten wird also nicht, wie von seiten des Judentums, die Messianität Jesu, sondern die Heilsbedeutung des mit Jesus unlösbar verbundenen Todes am Kreuz. Mit anderen Worten: die Gegner haben ihre Wirklichkeit des himmlischen Christus, ihre religiös erfaßte Wirklichkeit Gottes losgerissen von dem Ort und dem Inhalt, in dem nach dem Glaubensbekenntnis der Gemeinde Gottes Wirklichkeit erschienen und gegeben ist. Indem sie leugnen, daß Jesus der Christus ist, daß der wirkliche Gott nirgendwo anders als in Jesus begegnet und anzuerkennen ist, leugnen sie faktisch, daß Gottes Wirklichkeit seine Liebe ist, die in der Hingabe seines Sohnes erschien (vgl. 4,9). Sie sind Antichristen und in ihrer Existenz als Christen Lügner, weil sie leugnen, daß die Liebe Gottes für alle Zukunft entscheidend geworden ist.

So zieht **V. 22b** eine Konsequenz letzten Ernstes, in der sich verdichtet, was für den Verfasser untrennbar ist. Den zu leugnen, der wirklich der Sohn und der Christus ist, nämlich Jesus, heißt nichts anderes als den Vater selbst zu leugnen. Sich dem Christus Jesus zu widersetzen (vgl. den Kontrast «Christus» – «Antichrist»!), ist Gegensatz und Feindschaft dem Vater gegenüber. Im Sohn hat es jeder unausweichlich mit Gott dem Vater zu tun.

Was in **V. 22b** wie ein unausweichliches und unwiderrufliches Urteil proklamiert wird, erklärt der Verfasser in **V. 23** in quasi-dogmatischen Sätzen. Bekennt jemand sich selbst darin, daß er den wirklichen Sohn leugnet, so hat er damit in Person vollzogen, keine Gemeinschaft mit Gott zu haben. Bekennt sich jemand darin, daß er Jesus, den Sohn Gottes bekennt, so hat er in Person vollzogen, daß er in Gemeinschaft mit dem Vater lebt.

Diese unerhörte Kraft des Bekenntnisses, daß jeder, der den Sohn bekennt, damit Gott den Vater und so im Sohn das Leben hat (vgl. 5,12), ruft der Verfasser in **V. 24f.** in den Sinn. Diese Kraft ist unerhört, gerade weil es nur darum geht, daß der Gemeinde das, was sie von Anfang an gehört hat, im Gehör bleibt. Das von Anfang an Gehörte ist das Glaubensbekenntnis, aber ebenso die Botschaft; ein sachlicher Unterschied besteht nicht, weil das Bekenntnis ja Anerkenntnis der Botschaft im personalen Vollzug ist. Sind die Leser aufgerufen – der Verfasser setzt betont mit «ihr» ein! –, daß das Gehörte in ihnen bleibe, so ist gemeint, daß sie ihre ganze Existenz in das Gehörte verlegen und sich dadurch bestimmen lassen sollen. Der nächste Satz ist angesichts der endzeitlichen Bedrohung und Beunruhigung durch die «Antichristen» erstaunlich und befreiend zugleich. Die unerhörte Kraft des Gehörten ist, daß es Gemeinschaft mit dem Sohn und mit dem Vater mitteilt, wenn es «nur» in den Angeredeten bleibt. Betont ist das Bleiben des Gehörten in ihnen, so wenig das Umgekehrte, daß sie in ihm bleiben, abgewiesen würde. Wie bleibt es in ihnen? Doch wohl nicht anders als so, daß sie im Vollzug des Hörens bleiben, das Gehörte im Sinn behalten. Es ist also keine andere Leistung oder Bedingung für die Gemeinschaft mit Gott gefordert als das reine Hören und Annehmen. Nicht gefordert, ja ausgeschlossen ist, daß die Gemeinschaft mit Gott durch religiöse oder intellektuelle Anstrengungen erst errungen, im Fortschritt zu unerhörten religiösen Erkenntnisleistungen erst erarbeitet oder erschaut werden muß. Zuerst hat das Bleiben den Sinn, daß es im Glauben und in der Gemeinde beim Gehörten und beim Hören der Botschaft bleibt; dann erst und daraufhin geht es um die Praxis des Glaubens und das praktische Bewahren des Gehörten im Kampf gegen das, was vom Hören der Botschaft abbringt.

Daß das Gehörte für alle Zukunft diese Kraft hat, ist die Verheißung – gerade auch jetzt, da Endzeit-Stunde ist –, von der **V. 25** spricht. In einem gewissen Unterschied zum Johannesevangelium ist der Verfasser des 1. Joh. in seinem Zeitverständnis des Glaubens auf Zukunft, auf das Kommende und für alle Zukunft Bleibende und so auf die Verheißung ausgerichtet, die im erschienenen und gehörten Wort des Lebens gegeben ist. Darin manifestiert sich, daß die gegenwärtige Situation der Gemeinde vor allem als Geschichte des Kampfes darum erfahren wird, daß die gehörte Botschaft in der Gemeinde und es wie von Anfang an beim Hören bleibt. Daß es bleibend darauf ankommt, ist die Zukunft der Gemeinde, die Verheißung des ewigen Lebens.

In den abschließenden Versen **26f.** kommt der Verfasser wieder auf das zurück, was ihn der Gemeinde gegenüber vor allem bewegt. Nun heißen die Gegner Verführer. Sie wären es nicht, wenn sie nicht verwirrende Autorität und Überzeugungskraft an den Tag gelegt hätten. Verführbarkeit setzt voraus, daß die Gemeinde gerade da in verwirrende Ungewißheit geraten konnte, wo es um ihr Christsein, um das Heil in der Gemeinschaft mit Gott geht.

War es, wie 4,20 nahelegt, ihre Liebe zu Gott, die die Verführer predigten – wie mußte es die Gemeinde in Ungewißheit stürzen, daß dies heißen sollte, höhere, tiefere Erkenntnis in religiöser Erfahrung einer unmittelbaren Schau des Göttlichen zu gewinnen, überhaupt Erkenntnis höher als alles andere stellen, sich belehren und auf den Weg solcher Erkenntnis bringen lassen zu sollen! Dem hält der Verfasser entgegen, daß diese Prediger einer «religiösen» Liebe zu Gott, bei der die Bruderliebe mißachtet wird, nichts als Verführer und Betrüger sind. Indem er so innehält und sich wieder der Gemeinde zuwendet, ruft er ihr erneut das «Salböl» in den Sinn. Nach allem, was in V. 22ff. ausgeführt wurde, könnte es sich, so ungewiß hier exegetisch manches bleibt, also ganz einfach um das im Glaubensbekenntnis Gesagte und Anerkannte handeln, und zwar in zweifach-einheitlicher Hinsicht: (1) sofern es wie die Botschaft einen sagbaren Wortlaut hat und deshalb lehrt, was damit gesagt ist; (2) weil jeder, der es bekennt, sich in der Kraft des Geistes in personalem Vollzug dazu bekannt hat und deshalb das von ihm selbst Gesagte, aber von Jesus, dem Christus und Sohn Gottes, Sprechende nicht nur in der Erinnerung, sondern im Hören auf das Gesagte – und so Belehrende – mit Gewißheit in sich hat. Diese Gewißheit spricht der Verfasser den Lesern zu: es bleibt in euch! Deshalb haben sie keine «religiöse» Belehrung nötig, weder von seiten jener Prediger unerhörter Liebe zu Gott noch von ihm selbst, als ob ihn etwas anderes bewegte als das, was im Bekenntnis schon vollauf gesagt ist. So schließt er mit der Mahnung, bei diesem Belehrtsein im Bekenntnis zu bleiben.

2,28–3,24   **Die Unterscheidung zwischen Jesus, dem Sohn Gottes, und den Kindern Gottes ist für die Hoffnung wie für die Bruderliebe notwendig**
    Die Frage nach dem einigenden Grundgedanken des Abschnitts

Zwischen 2,27 und 28 ist deutlich ein Einschnitt zu gewahren, der die Frage aufwirft, ob das Vorhergehende und das Folgende sozusagen in einem Zug geschrieben wurden oder ob der Verfasser nun Stücke hinzufügt, die in irgendeiner Weise zunächst ihren eigenen Kontext hatten. (Welcher Spielraum hier denkbar ist, zeigt Bultmanns (akademische) Überlegung, es könnte sich um Seminarprotokolle der johanneischen Schule handeln.) Irritierend sind vor allem Unstimmigkeiten im Bezug des Personalpronomens (er, ihm), als solches Indikator der Textkonstitution.

So wird die Mahnung «bleibt in ihm» in V. 28 wörtlich wiederaufgenommen, aber nun nicht mehr auf das «Salböl», sondern auf Jesus bezogen. In V. 29 wird von Jesus gesagt, daß er gerecht ist; die anschließende Wendung «aus ihm gezeugt» bezieht sich indessen eindeutig auf Gott. Auch weiterhin schwankt sozusagen der pronominale Bezug. Dies und das gedrängte Vorkommen der charakteristischen Stilform der «jeder, der ...» – Sätze in 2,29; 3,3.4–10 waren Veranlassung, gerade zu 2,29–3,10 die Hypothese zu entwickeln, der Verfasser habe eine Quelle verarbeitet (v. Dobschütz; Bultmann). Nun erweist sich diese Annahme zwar als unhaltbar; doch die Beobachtung, daß hier offensichtlich vorgeprägte, stilisierte Sätze in die Erörterung einbezogen oder diese an jenen ausgerichtet wird, verlangt nach einer Erklärung. Eine solche ergibt sich, wie sich zeigen wird, aus dem Einblick in die kritisch erörterte Thematik des Abschnitts. Diese Thematik ist freilich nicht leicht zu bestimmen. Auf den ersten Blick stellt sich eher der Eindruck einer ungegliederten Abfolge verschiedener Themen und Anliegen ein. Festgehalten wird die Situation der Endzeit-Stunde, aber nun auf den «Freimut bei seiner Parusie» und die «Hoffnung auf ihn» hin gewendet. Diese Ausrichtung auf die Zukunft wird jedoch eigentümlich verknüpft mit drei untereinander verbundenen Sachverhalten: (1) mit dem Tun der Gerechtigkeit, das zunächst in einer These V. 29 begegnet und in 3,4–10 im Gegensatz zum Tun der Sünde erörtert wird; (2) mit der Liebe Gottes des Vaters und deren Gabe, Kinder Gottes zu sein, in 3,1 zur Sprache gebracht und 3,14ff. wieder aufgenommen; (3) mit dem Sachverhalt, daß die Welt die Kinder Gottes nicht kennt, ja haßt, 3,1b, wieder aufgenommen in 3,13. Das Stück 3,18–22 sammelt sich erneut um das Stichwort «Freimut», während 3,23f. deutlich einen zusammenfassenden Abschluß bilden.

Könnte man zunächst erwägen, der einigende Zusammenhalt sei das «Bleiben in ihm», mit dem der Abschnitt beginnt und schließt, so läßt sich die die unterschiedlichen Sachverhalte einigende Thematik doch konkreter bestimmen. Deutlich ist, daß es um die Gegenwart, das gegenwärtige Sein der Kinder Gottes im Verhältnis zur Zukunft, zum künftigen Sein geht. Dieses Verhältnis ist durch ihn, Christus, bestimmt. Damit kommt zugleich eine *Entsprechung* und ein *Unterschied* zwischen Jesus Christus und den Kindern Gottes in den Blick. Das eine wie das andere ist im Ereignis der Liebe Gottes gegeben. Aus diesem Ereignis bestimmt der Verfasser das Verhältnis von Gegenwart und Zukunft, also auch den Inhalt der Hoffnung. Er tut das, indem er die Entsprechung von Christus und den Kindern Gottes wie auch den Unterschied beider am Tun der Gerechtigkeit expliziert. Dies erfolgt in einem kritischen Argumentationsgang mittels jener eigenartigen Sätze, in denen einem partizipial bestimmten Subjekt ein bestimmtes Seins- oder Urteilsprädikat zugesprochen wird, also z. B. (wörtlich): jeder die Gerechtigkeit Tuende – ist aus ihm (Gott) gezeugt (2,29) oder: der die Sünde Tuende – ist aus dem Teufel (3,8). Konnte in derartig stilisierten Aussagen das Selbstverständnis der Gegner zum Ausdruck kommen, so will der Verfasser jene Sätze mit aller Entschiedenheit als christologisch begründete Sätze verstanden wissen. Der Sinn jenes Selbstverständnisses der Gegner zeigt sich in dem Anspruch, das Sein, das ihnen aus oder in der Erkenntnis Gottes zuteil werde, komme *unterschiedslos* dem Sein des himmlischen Christus gleich, so daß eine Bestimmung über das Sein des «Sohns» zugleich eine Bestimmung ihres «himmlischen» Seins wäre und umgekehrt Seinsbestimmungen dessen, der die Gerechtigkeit tut, auch auf Jesus zu beziehen wären. Sind diese Sätze aber christologisch begründet, so gilt es, den Unterschied zwischen Christus, dem Sohn, und den Kindern Gottes, zwischen dem, in dem keine Sünde ist, der die Sünden beseitigte, und den gewesenen Sündern einzuhalten. Jene Sätze sind ihrer Form nach allgemein und für jeden (der …) gültig; in ihrem Inhalt sind sie bestimmt aus dem Ereignis der Liebe des Vaters. Dies macht sie zu indirekt christologischen Sätzen; der Satz etwa «jeder, der die Gerechtigkeit tut, ist aus Gott gezeugt» ist in Christus wahr und gilt für jeden, der sein Sein in ihm, d. h. aus der Liebe Gottes hat, und in ihm bleibt – wie denn auch der Gegensatz zu diesem Urteil «in ihm» seine Wahrheit hat. Bemerkenswerterweise wird aber nun weder das «allgemeine» Urteil «jeder, der die Gerechtigkeit tut, ist gerecht» noch das Seinsprädikat «aus Gott gezeugt sein» auf Jesus angewendet. Jesu «Gerechtsein» wird vielmehr durch die Tat der Liebe bestimmt, d. h. dadurch, daß er «die Werke des Teufels zerstörte» (3,8), daß in seiner Lebenshingabe für uns die Liebe zu erkennen ist (3,16). Das bedeutet nun: erstens, nicht das Tun der Gerechtigkeit ist (ethische oder ontologische) Grundbestimmung des Werkes und Seins Jesu, sondern Werk und Sein Jesu, die Tat der Liebe Gottes, bestimmt, was Tun der Gerechtigkeit heißt. Jesu Werk und Sein ist nicht ein Beispiel oder (realisierter) Fall der «allgemeinen» Wahrheit, daß jeder, der die Gerechtigkeit tut, aus Gott gezeugt ist. Deshalb sind, zweitens, die allgemein gehaltenen Sätze wahr und gültig auf Grund des besonderen, einzigartigen Geschehens, daß der Sohn Gottes erschien, damit er die Werke des Teufels zerstöre. Drittens, der Verfasser hält gerade in der Auseinandersetzung mit den Gegnern die Unterscheidung zwischen Jesus, dem Sohn Gottes, und den «aus Gott Gezeugten», den Kindern Gottes, und darum auch die Unterscheidung zwischen Gegenwart und Zukunft um der wirklichen Gemeinschaft mit Gott willen für entscheidend. Er kämpft gegen eine Aufhebung dieses Unterschieds und tut das hier so, daß er den den Gegnern offenbar geläufigen und wichtigen Gedanken der Zeugung aus Gott nicht nur an das Tun der Gerechtigkeit als Kennzeichen und personalen Vollzug des Gezeugtseins aus Gott bindet. Die Verknüpfung von Gerechtigkeit und Zeugung aus Gott könnte als solche durchaus noch von den Gegnern behauptet worden sein. Der Verfasser präzisiert und konkretisiert das «Gezeugtsein aus Gott» vielmehr christologisch, indem er dessen Kennzeichen und personalen Vollzug, das Tun der Gerechtigkeit, *von der Tat der Liebe Gottes her bestimmt sieht*. Das Tun der Gerechtigkeit vollzieht sich in der Bruderliebe (3,10b); erst und nur die Bruderliebe ist der personale Vollzug des Gezeugtseins aus Gott und entspricht der Tat der Liebe Gottes, weil erst und nur in der Bruderliebe anerkannt ist, daß durch Jesu Tat der Liebe die Werke des Teufels zerstört sind. Darin entsprechen die Kinder Gottes in ihrem Sein dem des Sohns. Soll diese Entsprechung aber nicht losgelöst werden von ihrer Begründung in ihm, darf sie nicht ethisch verselbständigt werden, etwa als eine Bedingung für das «Gezeugt-sein aus Gott». Denn dieses Sein kommt ja aus der Liebe Gottes. Es ist also Vollzug des Glaubens.

So stellt sich heraus, daß es im Verhältnis von Gegenwart und Zukunft um nichts anderes mehr geht als darum, daß der Unterschied zwischen dem Sohn, der ohne Sünde ist, und den Kindern Gottes, die gewesene Sünder sind, gewahrt bleibt – und zugleich, daß es im gegenwärtigen Sein der Kinder Gottes im Verhältnis zu ihrem künftigen Sein, also in der Hoffnung, um nichts anderes geht als um die Entsprechung und Bewahrung der Liebe Gottes in der Bruderliebe. «In ihm» vermittelt die Bruderliebe Erfahrung auch des künftigen Seins, wie insbesondere in 3,14ff. ausgeführt wird – und nimmt dennoch das künftige Sein nicht vorweg, sondern macht es in der Bitte, im Gebet gegenwärtig erfahrbar, wie 3,18ff. darlegen. Daß es in alledem um den einigenden Zusammenhang von Glaube und (Bruder-)Liebe geht, wird am Schluß, 3,23f. ausdrücklich gemacht.

2,28–3,3   Die Hoffnung auf die der Liebe eigene Zukunft

**28 Und jetzt, Kinder, bleibt in ihm, damit wir, wenn er erscheint, Freimut haben
und nicht beschämt werden von ihm bei seiner Ankunft. 29 Wenn ihr wißt, daß er
gerecht ist, so erkennt ihr, daß auch jeder, der die Gerechtigkeit tut, aus ihm (Gott)
gezeugt ist.
3,1 Seht, welche große Liebe uns der Vater geschenkt hat, daß wir Kinder Gottes
geheißen werden, und wir sind (es). Deshalb erkennt die Welt uns nicht, weil sie ihn
nicht erkannt hat. 2 Geliebte, jetzt sind wir Kinder Gottes, und es ist noch nicht offenbar geworden, was wir sein werden. Wir wissen, daß wir, wenn es offenbar wird,
ihm ähnlich sein werden, weil wir ihn sehen werden, wie er ist. 3 Und jeder, der diese Hoffnung auf ihn hat, heiligt sich, wie jener heilig ist.**

Die Mahnung, in ihm zu bleiben, ist in der Wiederholung **V. 28** auf Jesus Christus
bezogen; der im Bleiben nun betonte Zeitraum, der die geschichtliche Wirklichkeit
des Christseins ausmacht, ist auf eine Zukunft hin ausgerichtet, die durch das Erscheinen Jesu bestimmt ist. Zweifellos ist bei dieser «Parusie» («Ankunft») an das
Erscheinen Jesu Christi am Ende der Zeit gedacht, wenn die Welt und die Finsternis
vergangen sein werden. Diese Orientierung des Denkens wie der Mahnung an der
Parusie unterscheidet den 1. Joh. vom Johannesevangelium und verbindet ihn mit
urchristlicher Tradition. Mit der Parusie, in hellenistischer Umwelt feierliche Ankunft eines Herrschers in einem Gemeinwesen, Erscheinen von Göttern im Kult
oder in Wundern, verband urchristliches Denken die Vorstellung machtvollen Er-
scheinens zum Gericht. Worin unterscheidet sich Jesu Erscheinen bei seiner Parusie
von seinem Erschienensein (1,2; 3,5.8; 4,9)? Die Bedeutung seiner Parusie erschließt sich für die Gemeinde jetzt in dem Freimut, den sie haben kann. Nach 4,17
geht es dabei um das Vollendetsein der Liebe bei uns; die in ihm erschienene Liebe
wird für alle Zukunft und auch im Gericht ausschlaggebend sein. Verlagert sich die
Bedeutung von «Freimut» hellenistisch vom Politischen ins Moralische, in den Bereich der Freundschaft, so betont alttestamentlich-jüdische Tradition das Verhältnis zu Gott; Freimut ist Sache des Gerechten, äußert sich im Gebet (Hi. 22,26ff.;
27,9f.), im Bekenntnis des Märtyrers (4. Makk. 10,5). Freimut zu haben vor und zu
Gott und von ihm beschämt zu werden, in Furcht und Schande vor seiner Gegenwart vergehen zu müssen: dieser Gegensatz, der in der Situation des Gerichts Gottes unausweichlich wird, ist auch in 1. Joh. 2,28; 4,17 maßgebend. Einen Unterschied zwischen künftigem und gegenwärtigem Freimut (im Gebet 3,21) anzunehmen, besteht kein Anlaß, solange nicht die Voraussetzung des Freimuts hellenistisch im guten Gewissen erblickt wird (vgl. Philo, spec leg I,203f.).
Aufschlußreich ist, daß und wie Freimut im Johannesevangelium Jesus vorbehalten
und mit seiner Wirksamkeit verbunden ist. Er hat in aller Offenheit zur Öffentlichkeit der Welt geredet (Joh. 18,20; 7,26; 10,24), doch ihr ist diese Offenheit verschlossen, weil sie nicht glaubt (10,24). Auch die Jünger verstehen Jesus nicht oder
mißverstehen ihn, weil er in Gleichnissen zu ihnen spricht (11,14; 16,25.29). Aber es
kommt die Stunde, an der er ihnen in Freimut vom Vater verkünden wird (16,25).
Das ist die Zeit, in der mit Jesu Hingang zum Vater der Geist der Wahrheit kommt
und die wahre Öffentlichkeit Jesu für die Welt gekommen ist. In dieser Zusage erkennen die Jünger Jesu Freimut (16,29). Im Kommen des Geistes also ist den Jün-
gern Jesu Freimut, vom Vater zu reden, erschlossen. Zugleich ist damit der Gegen-

satz zur Öffentlichkeit der Welt definitiv öffentlich geworden. Die Jünger erfahren das eine darin, daß sie in Jesu Namen mit Freimut zu Gott beten können, das andere im Haß der Welt, weil sie ihn nicht erkannt hat. In diesem christologischen Kontext ist 1. Joh. 2,28; 3,21; 4,17 gesagt.

Die Offenheit zu Gott, der Freimut im Zugang zum Vater, kommt aus der Offenheit der Liebe, die im Sohn erschienen ist. Weil Gott im Gericht auf den Sohn blickt, werden wir vor ihm nicht zuschanden. Darum ist der bleibende Inhalt des gegenwärtigen wie künftigen Freimuts die im Sohn eröffnete und bleibende Liebe. Worum es also beim Erscheinen Jesu gehen wird, das ist, daß der Liebe nichts mehr widersprechen und im Bereich der Liebe keiner zuschanden werden wird. So erschließt sich vom Freimut her, was im Sohn vollendet erschienen und gegeben, aber in der geschichtlichen Situation der Gemeinde, die zur Bruderliebe gerufen und dem Haß der Welt ausgesetzt ist, zukünftig ist.

Die christologische, personal vollzogene Voraussetzung des Freimuts kommt in **V. 29** zur Sprache. Der Erkenntnis, daß das von Gott geschenkte Heil oder Sein personal im Tun der Gerechtigkeit vollzogen wird und darin sein Kennzeichen hat, wird vom Verfasser betont vorgeordnet und vorausgesetzt, was die Gemeinde aus der ihr überlieferten Botschaft wissen kann: daß Jesus gerecht ist. Durch diese Voraussetzung ändert sich der «Stellenwert» und Sinn jenes vom Verfasser wohl kritisch aufgegriffenen Satzes «jeder, der die Gerechtigkeit tut, ist aus ihm gezeugt». 3,9 stellt eindeutig klar, daß an ein «Gezeugtsein aus Gott» zu denken ist. Der Verfasser denkt also schon an die Kinder Gottes 3,1. Der Sinn-Kontext des bildhaften Ausdrucks – das Heil ist ein Sein, das jedem einzelnen aus Gott zukommt – kommt der Intention des Verfassers entgegen, ist aber zugleich ein Brennpunkt der Kontroverse mit den Gegnern. In späteren gnostischen Texten ist der Gedanke der Zeugung aus Gott zwar nicht nachweisbar, doch kann das Innewerden des Heils durch Erkenntnis der jenseitigen Herkunft der Seele oder des geistigen Kerns des einzelnen als Geburt im Geist, als Wiedergeburt charakterisiert werden (Poim, CH XIII); dem korrespondiert die Vorstellung vom «göttlichen Samen». (Die Vorstellung von der Wiedergeburt ist in 1. Petr. 1,23; 2,2f.; Tit. 3,5 im Zusammenhang der Taufauslegung aufgenommen.) Unmittelbarer Bezug des Gedankens der Zeugung aus Gott in V. 29 dürfte Joh. 1,12 sein. Die Kontroverse, inwiefern das Tun der Gerechtigkeit Kennzeichen oder gar Realgrund des Gezeugtseins aus Gott ist, und insofern auch das rechte Verständnis von Joh. 1,12 entscheidet sich für den Verfasser daran, daß das «Gezeugt-sein» aus Gott das Sein aus dem Wunder der Liebe Gottes ist, das im Glauben an Jesus angenommen und anerkannt wird und dessen Vollzug und Kennzeichen das Tun der Gerechtigkeit in der Bruderliebe ist. Pointe seiner Interpretation ist, daß die Erkenntnis dieses notwendigen Zusammenhangs aus dem Wissen um Jesu Gerechtsein kommt. Bemerkenswerterweise wird nämlich die von 3,7b her nahegelegte Begründung «wer die Gerechtigkeit tut, ist gerecht» nicht auf Jesus angewendet; vielmehr ist der Grund für Jesu Gerechtsein indirekt über 3,5 zu erschliessen: «er erschien, damit er die Sünden beseitige, und Sünde ist in ihm keine». Die Tat der Liebe Jesu ist Grund des «Gezeugt-seins» aus Gott wie auch jenes in der Bruderliebe anerkannten notwendigen Zusammenhangs. Der Unterschied zwischen dem Sohn und den Kindern Gottes bleibt gewahrt, wie denn auch das «Gezeugt-sein aus Gott» nie von Jesus ausgesagt wird (zu 5,18 vgl. u. S. 104f.).

In **3,1** lenkt der Verfasser nun, über die Kontroverse hinausgehend, den Blick auf das Geschehen, das Grund des «Gezeugt-seins aus Gott» ist. Es ist, im Lobpreis und Bekenntnis, dem Ereignis der Liebe des Vaters zu verdanken, daß wir Kinder Gottes heißen und es sind. Wo ist das anders zu sehen als in Christus? Während in alttestamentlich-jüdischer Tradition Gotteskindschaft verheißene Gabe der Endzeit ist (Jub. 2,14f.; vgl. auch Matth. 5,9), ist sie hier wie im Johannesevangelium als personales Sein in der Liebe Gottes gegeben. Die – mit der Taufe verbundene – Zusage und Erfahrung neuen Seins der Glaubenden wird durch das gegenwärtige Wirken des Geistes in der Gemeinde erschlossen sein (vgl. 2,20.27; 3,24), wie auch nach paulinischem Verständnis die Glaubenden aneinander im Wirken des Geistes erfahren, daß sie den «Geist der Sohnschaft» (Röm. 8,15) empfangen haben, in dem sie zu Gott als Vater rufen, durch den ihnen bezeugt ist, daß sie Kinder Gottes sind (Röm. 8,17).

Weil die Liebe des Vaters uns gegeben ist, indem sie neues Dasein schafft, das sich nicht den Gegebenheiten der Welt verdankt, sprengt sie, was in der Welt selbstverständlich ist. Bestimmt die Wahrnehmung der Liebe Gottes in Jesus die Wirklichkeit, so verändert diese Wahrnehmung der Wirklichkeit, so stört das, was in der Liebe selbstverständlich ist, die Verhältnisse, auf die die Welt sich eingerichtet hat, aufs äußerste. Auf die überwältigende Selbstverständlichkeit der Liebe, wie sie an den Kindern Gottes manifest wird, reagiert die Welt mit Unverständnis und ablehnendem Haß, weil sie den Grund dieser unerhörten Selbstverständlichkeit nicht wahrhaben will: sie hat «ihn» nicht erkannt, den in der Tat der Liebe Jesu offenbar gewordenen Vater, den die Liebe des Vaters offenbarenden Sohn.

Mit **V.2** wendet sich der Verfasser der Unterscheidung von Gegenwärtigem und Zukünftigem im Sein der Kinder Gottes zu, also einem Unterschied, den er als die Dimension der Hoffnung des Glaubens mit behutsamer Genauigkeit wieder im Hinblick auf die in Jesus erschienene Liebe des Vaters, also aus der der Liebe *eigenen* Zukunft bestimmt. Eben darum besteht ein realer Unterschied. Die in der Liebe des Vaters Geliebten sind jetzt schon Kinder Gottes; sie leben nicht erst in der Hoffnung, es zu werden. Doch in diesem «jetzt» wird eine *Grenze* erfahren, die ein noch nicht erschienenes und erfahrenes Sein vorenthält. Die Grenze der Zukunft verbirgt keinen Abgrund, in dem die Hoffnung keinen Stand mehr hätte; ebensowenig wird das jetzige Sein als Kinder Gottes durch das künftige aufgehoben. Wie V.2b zeigt, denkt der Verfasser den realen Gehalt des künftigen Seins im Hinblick auf Jesus, d.h. vom Erschienensein der Liebe Gottes her. Es handelt sich also um die *Grenze gegenwärtiger Erfahrung der Liebe Gottes.* So bescheidet sich V.2b darauf, was wir als Kinder Gottes mit Gewißheit wissen können. Dieses Wissen kommt nicht aus einem mystisch-ekstatischen Aufschwung, aus einem Künftiges vorwegnehmenden Einblick in jenseitige, göttliche Welt, sondern aus johanneischer Überlieferung. Es könnte an Joh. 17,24 gedacht sein: «Vater, ich will, daß da, wo ich bin, auch jene mit mir sind, die du mir gegeben hast, damit sie meine Herrlichkeit sehen, die du mir gegeben hast, weil du mich geliebt hast vor Grundlegung der Welt.» Der Gehalt dieses Wissens ist, daß wir ihm ähnlich sein werden dann, wenn offenbar wird, was wir sein werden. (Der griechische Wortlaut könnte auch bedeuten: «wenn er erscheint»; doch ist der Unterschied nicht erheblich, weil das Erscheinen des künftigen Seins mit Jesu Erscheinen der Sache nach verbunden ist.)

Wir werden ihm ähnlich sein, weil wir ihn sehen werden, wie er ist. Mag hier der hellenistische Gedanke Verwendung gefunden haben, daß die Schau Gottes seinem Sein gleich macht, oder auch eine Behauptung der Gegner anvisiert werden, in der Schau Gottes zu sein (vgl. 4,20) – der Verfasser denkt wohl doch eher an Christi Sein als an das Gottes, jedenfalls aber das eine wie das andere nicht isoliert vom Geschehen der Liebe Gottes. So wird der Gehalt des künftigen Seins so verstanden sein, daß die Glaubenden in ihrem Sein wie Jesus das Ziel und die Herrlichkeit seiner Liebe wahrnehmen werden. Um des Unterschieds zwischen Jesus und den Glaubenden willen ist eine Grenze gegen jeden spekulativen Versuch gezogen, sich an die Stelle Jesu zu versetzen, zugleich aber gesagt, daß es dann in Jesu Gegenwart um seiner Liebe willen nur mehr Brüder geben wird. Was über das *jetzige* Sein als Kinder Gottes hinausginge, wären die in Jesu Liebe versammelten *kommenden* Brüder. Der Gedanke an Auferstehung ist hier wie auch sonst im 1. Joh. weder erwähnt noch vorausgesetzt; was Auferstehung heißt, wird konsequent aus der Notwendigkeit der der Liebe eigenen Zukunft gedacht. Die Grenze wird durch die Bruderliebe markiert; der Gehalt des künftigen Seins ist, worum es jetzt schon empirisch in der Bruderliebe geht: daß Jesu Liebe zum Ziel gekommen sein und keiner der Brüder mehr fehlen wird.

Diese Bestimmtheit christlicher Hoffnung kommt in **V. 3** zu deutlichem Ausdruck. Die Hoffnung, von der im 1. Joh. nur hier, im Johannesevangelium überhaupt nicht die Rede ist (trotz Joh. 5,45), hat ihren Inhalt von Christus, weil sie Hoffnung auf ihn ist. Weil die Gemeinde des 1. Joh. in einer Situation des Kampfes um die Bewahrung des Glaubens steht und der rechte Vollzug des Seins aus Gott im Bleiben in Christus notwendig wird, rückt die *Grenze gegenwärtiger Freude des Glaubens* in den Blick. Darauf gilt es, sich einzustellen. Der Verfasser nennt diese Einstellung «sich heiligen». Der Ausdruck gehört alttestamentlich geprägter Kultsprache an und meint Reinigung von Sünden, um Gott nahen zu können. Hier geschieht dieses auf die künftige wie gegenwärtige Nähe Gottes sich einstellende Reinigen daraufhin, daß jener, nämlich Jesus, rein und heilig ist. Es geschieht gemäß und auf Grund der Sündenvergebung, die in der Tat der Liebe Jesu geschenkt ist. Ist es ein aktiver, personaler Vollzug, so handelt es sich nicht um rituelle Freiheit von Sünden, sondern um jenes Bleiben in ihm, von dem 2,6 redete, nun als Einübung der Hoffnung auf ihn verstanden.

3,4–10   Die Unvereinbarkeit des Christseins mit dem Tun der Sünde

4 Jeder, der die Sünde tut, tut auch die Gesetzlosigkeit, und die Sünde ist die Gesetzlosigkeit. 5 Und ihr wißt, daß jener erschienen ist, damit er die Sünden wegschaffe, und Sünde ist nicht in ihm. 6 Jeder, der in ihm bleibt, sündigt nicht; jeder, der sündigt, hat ihn nicht gesehen noch ihn erkannt.
7 Kinder, niemand soll euch betrügen! Wer die Gerechtigkeit tut, ist gerecht, wie jener gerecht ist. 8 Wer die Sünde tut, ist aus dem Teufel, weil der Teufel von Anfang an sündigt. Dazu ist der Sohn Gottes erschienen, daß er die Werke des Teufels zerstöre. 9 Jeder, der aus Gott gezeugt ist, tut keine Sünde, weil sein Same in ihm bleibt. Und er kann nicht sündigen, weil er aus Gott gezeugt ist. 10 Daran sind die Kinder Gottes und die Kinder des Teufels offenbar: Jeder, der nicht Gerechtigkeit tut, ist nicht aus Gott, und (das heißt:) wer seinen Bruder nicht liebt.

Ging es in 2,28–3,3 vor allem darum, in der rechten Unterscheidung zwischen dem Sohn und den Kindern Gottes die Unterscheidung des gegenwärtigen vom zukünftigen Sein einzuhalten, so wird nun am Gegensatz zwischen dem Tun der Gerechtigkeit und dem Tun der Sünde argumentativ herausgearbeitet, was es heißt, sich personal aus der Liebe des Vaters zu verstehen.

Die radikale Unvereinbarkeit des Christseins mit dem Tun der Sünde wird in negativer wie positiver Hinsicht argumentativ entfaltet mittels jener Partizipialsätze, die

einen unabdingbaren Zusammenhang zwischen Sein und Verhalten festhalten, der
allgemeingültig «jeden» betrifft, der aber nicht in allgemein-anthropologischen Gegebenheiten, sondern christologisch, im einzigartig besonderen Werk des Sohnes
Gottes begründet ist. Um dieser Begründung im Werk Jesu willen besteht zwischen
dem positiv und dem negativ bestimmten Zusammenhang von Sein und Verhalten
keine antithetische Entsprechung. Der Verfasser argumentiert in zwei parallel
strukturierten Schritten: In einer These V. 4 wird ausdrücklich Sünde mit Gesetzlosigkeit gleichgesetzt. Zur Evidenz kommt das im Hinweis auf die Überlieferung von
Werk und Sein Jesu Christi, V. 5. Aus diesem christologischen Sachverhalt ergibt
sich die Folgerung, daß sich das rechte Verhältnis zu Christus und das Sündigen ge-
genseitig ausschließen, V. 6. Dieser Argumentationsschritt mündet in eine zweite
These, die gegenüber V. 4 ein alternatives Sein und Verhalten zusammenbindet,
V. 7. Wieder wird am Werk Christi evident, was im Blick auf diese Alternative ausgeschlossen und unvereinbar ist. Dies entfaltet der Verfasser erneut in «dogmatischen» Sätzen V. 9 und gelangt so zur Formulierung eines Kriteriums, an das sich die
Gemeinde in der Auseinandersetzung mit den Gegnern halten kann, V. 10.
Der Sinn der ausdrücklichen Gleichsetzung von «Sünde (tun)» und «Gesetzlosigkeit (tun)» **(V. 4)** ist nicht leicht einzusehen; beide Begriffe werden in alttestamentlich-jüdischer wie urchristlicher Tradition öfter sinngleich verwendet (Ps. 31,1
(LXX) = Röm. 4,7; Hebr. 10,17). Gesetzlosigkeit scheint das evident Vorausge-
setzte, Sünde das Thematisierte zu sein.
Will der Verfasser das Sündenbewußtsein seiner christlichen Leser schärfen? Oder
steckt die Brisanz der Gleichsetzung in einer unausgesprochenen Voraussetzung
auf seiten der Gegner? V. 7 zeigt, daß die Erörterung eindeutiger Klarheit und
Wachsamkeit gegenüber der Verführung der Gemeinde gilt. Die Gleichsetzung soll
einen Betrug aufdecken, den Betrug einer Position, die beides sehr wohl auseinan-
derzuhalten wußte. Sachparallelen im Neuen Testament wie in jüdisch-apokalyptischer Überlieferung zeigen, daß Gesetzlosigkeit endzeitliches Gewicht haben konnte und um des ausbrechenden Gegensatzes zur Gerechtigkeit willen als Bosheit der
Welt mehr und mehr zur endzeitlichen Qualität dieser Welt gegenüber dem kommenden Neuen wurde (vgl. 2. Thess. 2,3ff.; Matth. 7,23; 24,12; 13,41; Röm. 6,19;
2. Kor. 6,14; Hebr. 1,9; Barn. 15,7; 18,2). Kann man annehmen, daß die Gegner
sich von dieser endzeitlichen, gottlosen Bosheit der Welt, dem «Äon der Gesetzlosigkeit», radikal geschieden und in der Sphäre der Gerechtigkeit wußten und deshalb meinten, als «Gottgezeugte» mit Sünde nichts mehr zu tun zu haben, und
nimmt man hinzu, was im Sinne des Verfassers nach V. 10b Tun der Sünde eigentlich heißt, wird die Pointe in V. 4 deutlich. Das Tun der Sünde, das Nicht-Tun der
Gerechtigkeit in der Verweigerung der Bruderliebe, ist nichts anderes als aktive Beteiligung an der endzeitlichen Bosheit der Welt; Sünde zu tun hat endzeitliches Gewicht. Im Tun und mehr noch im Nicht-Tun, der Verweigerung der Bruderliebe,
Sünde für bedeutungslos zu halten (vgl. 1,8.10), erweist die Gegner als geheime
Verbündete satanischer Bosheit, als Betrüger im Namen Jesu. Sich in dem endzeitlichen Gegensatz von Gerechtigkeit und gottloser Bosheit auf die Seite der Gerechtigkeit zu stellen, ist frommer Betrug, wenn dies nicht konkret als Gegensatz zwischen Christus und der Sünde begriffen wird.
Das evident zu machen, ist Sinn von **V. 5**, in dem der Verfasser auf eine der Gemeinde bekannte und überlieferte Bekenntnisaussage zurückgreift. Im Blick ist wohl eine Aussage wie Joh. 1,29: «Siehe, das Lamm Gottes, das die Sünde der Welt wegträgt.» Übereinstimmend mit 1. Joh. 2,2; 1,7 akzentuiert die im übrigen singuläre

Aussage V. 5, daß die, die Sünder waren, weil sie Sünden begingen, nun durch ihn und in ihm von allen Sünden geschieden sind. Im präsentisch formulierten Nachsatz wird mit nicht leicht zu durchdringender Dichte der Unterschied zwischen Jesus und uns und mit diesem Unterschied Jesu Sein für uns bezeichnet: er ist ohne Sünde, ist die Ausnahme – wir sind um seinetwillen die Sünden los, sind gewesene Sünder. Wie hängt das eine, daß er die Sünden wegschafft, mit dem andern, daß Sünde in ihm nicht ist, zusammen? Müßte nicht der, der die Sünden wegträgt, wenn nicht voller Sünde sein, dann doch den Anblick von Sünde bieten und die Konsequenz der Sünden in sich austragen? So etwa versteht Paulus in 2. Kor. 5,21. Was heißt hier in V. 5 Sünde, wenn im Nachsatz nicht bloßes Bekenntnis zur Sündlosigkeit Jesu wie in Hebr. 4,15; 7,26; 1. Petr. 2,22 gemeint ist? Sünde wird aus dem Verhältnis zur Tat Jesu bestimmt, so sehr Jesus in seiner Tat der Liebe nicht durch Sünde bestimmt ist. Nach 3,16 ist in Jesu Hingabe seines Lebens für uns die Liebe zu erkennen, nach 4,10 ist in der Sendung des einzigartigen Sohnes die Liebe Gottes zu uns erschienen. Sind dadurch die Sünden weggeschafft worden, so ist im Erscheinen der Liebe Gottes offenbar geworden, daß Sünde *grundlos* ist und in der Liebe Gottes keinen Grund hat. Sie ist also der grundlose Gegensatz zur Liebe Gottes, die in Jesus erschien. Im Verhältnis zum Gebot Jesu ist sie die Verweigerung der Bruderliebe, aber *darin* (!) die Verweigerung des Glaubens, daß die Verweigerung der Bruderliebe um der Wirklichkeit Gottes als Liebe willen grundlos ist. Jesus ist ohne Sünde, weil er nicht nur von Anfang an der Liebende ist, sondern in der Tat seiner Liebe uns aus dem Bannkreis unserer Taten befreit, in denen wir uns der Anerkennung der Wirklichkeit Gottes als Liebe im Glauben wie in der Bruderliebe – grundlos! – verweigert haben. So haben wir als gewesene Sünder im Bekenntnis unserer Sünden in ihm den bleibenden Anfang und Grund unseres Seins aus Gott; im Sündenbekenntnis halten wir den Unterschied zwischen ihm, dem Liebenden, und uns, den gewesenen Sündern, ein.

Aus dieser Unterscheidung, die erst das Sein Jesu für uns in seiner Heilsbedeutung eindeutig macht, zieht **V. 6** die Konsequenz. Die Logik und Notwendigkeit dieser Sätze kommt aus der Ortsangabe «in ihm» und ist deshalb eine in ihm begründete Logik und Notwendigkeit der Glaubenserkenntnis. Weil in ihm Sünde nicht ist, hat jeder, der in ihm bleibt, mit Sünde nichts zu tun. In 2,4 hieß, in ihm zu bleiben, das Leben in der Entsprechung zu seiner Hingabe des Lebens zu führen, seine Gebote zu halten, d. h. die Brüder zu lieben. Den Nächsten als Bruder anzunehmen, ist mit unaufhebbarer Gewißheit Nicht-Sündigen, weil darin bezeugt wird. daß Jesus die Sünden weggeschafft und Sein aus der Liebe Gottes geschenkt hat, das wir «in uns» haben, indem sein Geist in uns bleibt.

Daß es beim Bleiben in ihm gerade auch um das verstehende Bezeugen der Liebe Gottes geht, zeigt die radikale Umkehrung des Gesagten in **V. 6b**. Jeder, der sündigt, hat sich Jesus in dessen (!) Wirklichkeit derart entzogen, daß er ihn gar nicht wahrgenommen und verstanden hat (vgl. o. zu 1,1!). («Ihn» dürfte sich dem Kontext entsprechend primär auf Jesus beziehen.) Erweist Sündigen, sei es aktive Mitwirkung an der Bosheit oder geringschätzige Distanzierung von der Bosheit in der Verweigerung der Bruderliebe, unausweichlich, ihn nicht verstanden, das Sein aus der Liebe des Vaters nicht angenommen zu haben und es dem Nächsten zu verweigern, so ist Sündigen, in radikaler Umkehrung jenes positiven, in «ihm» begründeten Zusammenhangs, ebenfalls eine Art Bekenntnis und Zeugnis, ein willentlich abgegebenes oder willentlich verweigertes, aber gleichwohl gültiges Urteil über ein Sein, das im (grundlosen, nichtigen) Gegensatz zum Sein aus Gott steht. Diesem im Sündigen selbst vollzogenen Urteil oder Zeugnis gibt der Verfasser dann in V. 10 in Gestalt eines «dogmatischen» Kriteriums Ausdruck.

Mit **V. 7** beginnt ein zweiter Argumentationsschritt. Daß die Erörterung nicht ins Allgemeine zielt, sondern auf das wachsame christliche Selbstverständnis der Gemeinde gegenüber jenen, die in 2,26 Verführer und Betrüger heißen, zeigt die direkte Anrede zu Beginn. V. 7b ist ein positives Gegenstück zu V. 4a und Ausgangsthese für das Folgende. Betont wird, wohl im Blick auf den Anspruch der Gegner, auf der Seite der Gerechtigkeit zu stehen, daß gerecht ist, wer sie tut. So sehr das von den Gegnern als Kennzeichen der Gottgezeugten beanspruchte Kennwort «Gerechtigkeit» festgehalten wird – deren personale Wirklichkeit im Gerechtsein vollzieht sich im Tun der Gerechtigkeit in der Weise und auf Grund des Gerechtseins Jesu. Entsprechend ist auch das Sündigen unausweichlich Vollzug eines personalen Seins, **V. 8a.** Damit kommt so etwas wie ein Seinsgrund des Sündigens in den Blick. Dieser Grund taucht trotz der Formulierung «aus dem Teufel sein», die Gegensatzbildung zu «aus Gott (gezeugt) sein» (3,9a.10b) ist, in der personalen Dimension menschlichen Seins und Verhaltens auf und stellt den direkten Gegensatz zum Gerechtsein um Jesu willen dar. Im Sündigen setzt sich der Teufel an die Stelle Christi, sündigt er doch von Anfang an. Müßig ist, zu rätseln, ob bei diesem «Anfang» doch an anderes gedacht ist als an den Gegensatz zu jenem Anfang, von dem das Wort des Lebens herkommt (1,2f.). Indem im Sündigen das, was von Anfang an war, bestritten und mißachtet wird, setzt sich darin der dem Sündigen eigene Anfang durch, der den, der Sünde tut, wie ein Sein bestimmt, aber durch nichts anderes als das Sündigen gesetzt ist. Bedient sich der Verfasser in der Rede vom Teufel auch einer mythologischen Vorstellung, so ist diese Seinsbestimmung des Sündigenden wegen des Gegensatzes zu dem in Christus begründeten Sein aus Gott dennoch ein realer Sachverhalt und ein notwendiger Gedanke. Indessen ist der Teufel nicht dualistisch der metaphysische Gegenpol Gottes; er gehört nicht zur Wirklichkeit Gottes, sondern ist aus dieser Wirklichkeit ausgeschlossen und in ihr unwirklich. Die Antithetik zwischen dem «Sein aus Gott» und dem «Sein aus dem Teufel» ist von vornherein nicht gleichsinnig, sondern durchbrochen. Der Verfasser kennt kein «Gezeugt-sein aus dem Teufel»; dem Teufel kommt keine schöpferische, Leben schaffende Kraft zu. Es ist der Sünder, der sich im Sündigen zum «Sein aus dem Teufel» bestimmt hat. Wer die Sünde tut, ist durch ein Geschick bestimmt, das seinen Anfang im Sündigen genommen hat. Symbolisiert der Teufel dieses Geschick, ist er zu einer durch das Sündigen definierten geschichtlichen Macht geworden. Diese Macht ist nach Joh. 8,44 die der Lüge der Menschen gegeneinander, die mörderisch ist und Tod wirkt. Die Wirklichkeit dieser Macht ist die Geschichte von Haß und Mord unter Menschen (3,11ff.) – eine Art «Gegengeschichte» (Wengst) des ewigen Lebens. So ist diese Geschichte ein Geschick, das jeder, der Sünde tut, selbst übernimmt, weiterträgt und über andere bringt, eine Geschichte, zu der jeder sich im Sündigen «bekennt».

Der Gegensatz, in dem das Sündigen von Anfang an gegen das in Christus eröffnete Geschehen steht, wird in **V. 8b** offenkundig. Fehlt auch ein Hinweis auf Gemeindeüberlieferung (vgl. V. 5 «ihr wißt»), so steht hinter dieser im Neuen Testament singulären Heilsaussage deutlich ein Gedankenzusammenhang, wie er sich in Joh. 8,41ff. findet. Es sind nicht Marionetten des Teufels, die seine Werke tun, sondern Menschen; die Werke sind teuflisch, weil sie aus abgründigem Haß kommen und Haß zur Herrschaft bringen – Haß, der es nicht ertragen und dulden will, daß Liebe unter Menschen wirklich erscheint. Der Kampf zwischen denen, die Jesus, den Liebenden, zu töten suchen und töteten, und Jesus, der – nicht sie, sondern – ihre Werke, die stets auf Haß und Lüge zurückkommende und verfallende Geschichte beseitigt und überwunden hat, ist entschieden, wie die Gemeinde des Glaubens und die Zeugen bekennen. Denn der Tod Jesu, Produkt des Hasses, ist im Licht der Wahrheit Gottes liebende Hingabe des Lebens, in der Jesus den Vater verherrlicht hat. So ist dieses Geschehen das Gericht dieser Welt, durch das der Herrscher dieser Welt hinausgeworfen wird (vgl. Joh. 12,31; 16,11). Denn nun ist offenbar geworden, daß das Sündigen von Anfang an keine Zukunft hatte.

So zieht der Verfasser in **V. 9** eine Folgerung, die zunächst klingt, als reflektiere sie exakt die Position der Gegner. «Jeder, der aus Gott gezeugt ist, tut keine Sünde, denn sein Same bleibt in ihm.» Konnte das für die Gegner heißen, ihrer wesensmäßigen Zeugung aus Gott, die sie mit dem «himmlischen Christus» verbindet, im Akt der Erkenntnis innezuwerden und deshalb der Sünde enthoben zu sein; konnten sie außerdem den Geist als göttlichen Samen in sich namhaft machen, der von dort keimhaft entsandt, hier zur Vollendung gelangt und in die vollendete Fülle hineinführte, wie es im Zitat einer gnostischen These bei Irenäus (Haer [Gegen die Irrlehren] I,6,4) heißt: «Denn nicht die Taten führen in die (jenseitige) Fülle hinein, sondern der Same, der von dort keimhaft entsandt, hier vollendet wird», dann gewinnt die Aussage für den Verfasser durch die Begründung und Bedeutung, die das Gezeugt-sein aus Gott im Werk Christi erfährt, einen andern Sinn.

Und deshalb stehen die Aussagen vom Nicht-sündigen (-können) des aus Gott Gezeugten auch keineswegs in Widerspruch oder unausgeglichener Spannung zu der Argumentation in 1,6–10, die die Notwendigkeit der Sündenvergebung und des Eingeständnisses der Sünden einschärft. Subjekt und Täter des Nicht-sündigens ist jeder, der aus Gott gezeugt ist. Die aus Gottes Liebe geschaffene Person sündigt nicht – und «ich» bin es, indem ich mir sagen lasse und im Glauben an den Namen Jesu bejahe, daß ich aus der in Jesus erschienenen Liebe Gottes und also «in ihm» aus Gott gezeugt bin. Das Sündenbekenntnis ist dann nicht nur kein Widerspruch dazu, sondern Antwort und Anerkenntnis, daß die Liebe Gottes das Ereignis ist, in dem ich als gewesener Sünder aus Gott gezeugt bin.

Menschlicher Vollzug dieses Seins ist die Freiheit, sich im Nächsten dem Bruder auszusetzen und in der Bruderliebe Gottes Wirklichkeit zu bezeugen. Das ist kein Rückzug in Weltverneinung, sondern aktive Verneinung der Sünde, Beteiligung am Kampf gegen den Haß und jene Passivität und Verneinung der Sünde, die die Dinge treiben läßt und Liebe für hoffnungslos hält.

Die Freiheit und Gewißheit der aus Gottes Liebe geschaffenen Person, nicht zu sündigen, ist darin gegeben, «daß sein Same in ihm (ihr) bleibt». Mag der Gedanke im Bildfeld der «Zeugung» angesiedelt sein – hier ist wohl an den Geist gedacht (3,24; 4,13 vgl. Joh. 3,8!), dessen zeugende Kraft das beständige Zeugnis von der Liebe Gottes in uns ist.

Der Schritt vom Nicht-sündigen zum Nicht-sündigen-Können **(V. 9c)** wendet den Gedanken in eine Zusage und faßt, als Zusage, die Gewißheit des Bleibens und damit die *Zukunft* der aus Gottes Liebe geschaffenen Person in den Blick. Das Nicht-können verheißt, daß auch in Zukunft um der Wirklichkeit Gottes in der Welt willen eine Situation unmöglich ist, die zum Sündigen überwältigen könnte. Es ist also keine Rede von einem ethischen Ideal oder einer moralischen Qualität, die faktisch immer wieder desavouiert würde.

Ist nun verstanden, was es heißt, als aus Gottes Liebe geschaffene Person nicht zu sündigen, kann der Verfasser in **V. 10** abschließend ein Kriterium formulieren, an dem die Kinder Gottes im Unterschied zu den Kindern des Teufels offenbar sind. Obwohl die Gegenüberstellung an die Grenze dualistischer Vorherbestimmtheit rührt, ist klar, daß «Kinder des Teufels» Kennzeichnung menschlicher, personaler Realität ist, die ausschließlich in der Verneinung der Wirklichkeit Gottes, im Beharren auf der Hoffnungslosigkeit der Sünde besteht. Dieses existentielle Beharren auf der grundlosen, nichtigen Realität der Sünde erweist sich in Werken, in einem Tun, das nicht nur unterläßt, die Gerechtigkeit zu tun, sondern in seiner Aktivität oder Passivität leugnet, daß im Gerechtsein Jesu Gottes Wirklichkeit als Liebe offenbar geworden ist. Es ist personales Sein, das auf dem Widerspruch gegen Gott besteht und nicht aus Gott ist. Daß das Tun der Gerechtigkeit und so auch das abschließende Kriterium durch Jesu Gerechtsein bestimmt ist, wird durch den erläuternden Nachsatz völlig klar. Offen und gezielt und keineswegs als Anhängsel wird gesagt, was für die ganze Erörterung maßgebend war: wie das Tun der Gerechtigkeit in der Tat der Liebe Jesu begründet ist und ihr entspricht und deshalb konkret heißt, seinen Bruder zu lieben, so ist dessen Negation, also das Kriterium dafür, nicht aus Gott zu sein, die Verweigerung der Bruderliebe.

3,11–17   Erfahrung des Lebens aus Gott in der Bruderliebe

Der Abschnitt 11–17 rückt ins Zentrum, was Beweggrund und Resultat des vorhergehenden Abschnitts war. Jenes Kriterium und dessen Konkretion in V. 10c und damit die Unterscheidung zwischen dem Sohn und den Kindern Gottes wird nun an der – von Anfang an gehörten – Botschaft namhaft gemacht. Die Botschaft lautet hier, einander zu lieben. Dieser Wortlaut und Gehalt der Botschaft wird in vier Hinsichten ausgelegt: zunächst (V. 12) an Kain als dem Gegenbild des Liebenden; sodann wird die Bruderliebe als die Erfahrung dargelegt, die den Glaubenden aneinander vermittelt, daß sie aus dem Tod ins Leben hinübergeschritten sind (V. 14); der Grund für diesen Überschritt wie diese Erfahrung ist die Liebe, wie sie in Jesu Hingabe offenbar geworden ist (V. 16); schließlich wird aufgewiesen, wie selbstverständlich und notwendig sich die Liebe Gottes an der Not des Bruders erschließt (V. 17).

11 Denn das ist die Botschaft, die ihr von Anfang an gehört habt, daß wir einander lieben sollen. 12 Nicht wie Kain (der) aus dem Bösen war und seinen Bruder hinschlachtete. Und weshalb hat er ihn hingeschlachtet? Weil seine Werke böse waren, die seines Bruders aber gerecht. 13 Wundert euch nicht, Brüder, wenn euch die Welt haßt! 14 Wir wissen, daß wir aus dem Tod in das Leben hinübergeschritten sind, weil wir die Brüder lieben. Wer nicht liebt, bleibt im Tod. 15 Jeder, der seinen Bruder haßt, ist ein Menschenmörder, und ihr wißt, daß kein Menschenmörder ewiges Leben bleibend in sich hat. 16 Daran haben wir die Liebe erkannt, daß jener für uns sein Leben hingegeben hat; auch wir müssen für die Brüder das Leben hingeben. 17 Wer immer sein Auskommen in der Welt hat und seinen Bruder Not leiden sieht und (doch) sein Herz vor ihm verschließt – wie bleibt die Liebe Gottes in ihm?

Es verdient gespannte Aufmerksamkeit, daß in **V. 11** als Inhalt der Botschaft angegeben wird, «daß wir einander lieben», während es in 1,5, fast gleichlautend eingeführt, hieß, daß «Gott Licht ist». Nun scheint die ethisch-praktische Seite der Botschaft betont und das in ihr gebotene und geforderte Tun hervorgehoben zu werden. Indessen wäre bei einer derartigen Aufteilung der Botschaft in einen Verkündigungsgehalt und einen ethisch-praktischen Inhalt verkannt oder nur oberflächlich schematisiert, daß die verkündigte Wirklichkeit Gottes und die Bruderliebe oder, allgemein, Sein und Verhalten einander so «bedingen», daß notwendigerweise beides Gehalt der einen Botschaft, des einen Gebotes (3,23) ist. Die Darlegungen des Verfassers zeigen, daß eine Aufteilung des Christseins in den Glaubensvollzug und in ethisch-praktische Folgerungen im Handeln nur scheinbar plausibel und sachgemäß ist, und ebenso zeigt sich, daß das in diesem Zusammenhang gern gehandhabte Schema der Unterscheidung von Erkenntnis- und Realgrund verfehlt ist, weil es aus abstrakt bleibender Erkenntnismetaphysik stammt.

Um das abgrenzend Gesagte positiv auszudrücken: Bruderliebe, d. h. einander zu lieben, wird in V. 11 in den Rang der Offenbarung erhoben, gleichbedeutend mit dem Inhalt der Botschaft, daß Gott Licht ist, und doch als Zweites in diesem Ersten begründet. Die Botschaft ist das Gebot Jesu, das die Gemeinde von Anfang an, nämlich von ihm (1,5), gehört hat, das von ihm nicht ablösbar und deshalb kein reiner Befehlssatz, gar ein «kategorischer Imperativ» ist, der in abstrakter Allgemeinheit immer und überall gelten soll. Selbstverständlich ist das Gebot nicht soziologisch eingeschränkt auf eine kirchliche, innergemeindliche Gruppen- oder Cliquen-Solidarität. Es ist Orientierung und Einweisung in das neue Zusammensein von Menschen, das durch Jesu Erscheinen eröffnet ist. Wo Jesus ist, kann es nur noch Brüder geben, die einander Brüder werden und einander um des Sohnes willen als kommende Brüder behandeln sollen. Erstmals spricht der Verfasser von der Liebe «zueinander»; darin erscheint die jede ethische Richtlinie übertreffende Vorgabe Jesu, nämlich lieben zu *können* und so einander zu vermitteln, was jeder im Glauben empfangen hat. Das wird vor allem in V. 14 deutlich. Doch ist der Gedanke, daß die Liebe zueinander notwendig und selbstverständlich aus der Botschaft von der Liebe Gottes folgt, sie auslegt, vermittelt und aneinander zur Erfahrung bringt, weil das Christsein als Gottes Werk zur Folge hat, lieben zu können, schon von V. 11 ab bestimmend. Dem Verfasser steht vor Augen, daß das Gebot, einander zu lieben, der Tat Jesu entspricht und deshalb in den Raum oder den Lebenszusammenhang einweist, wo wir einander als Brüder vorfinden.

Nicht zufällig ist das Exempel Kains in **V. 12** als Gegensatz und Verneinung der Entsprechung eingeführt, die im Blick auf Jesus gilt: wie und weil jener gerecht ist (3,7; vgl. 2,6; 3,3) – und nicht wie Kain! Kain ist also Gegenbild der Bruderliebe und darin Verneinung des Liebenden, als der Jesus erschien, weil in ihm die Liebe zu erkennen ist (V. 16). Kain ist nicht einfach das Gegenbeispiel zu Jesus, dem Liebenden, weil der Sohn nicht in den Brüdern aufgeht, obwohl dieser Gedanke mitschwingen mag, wie denn die Glaubenden zu Brüdern des Sohns werden. Kain ist der Repräsentant und die Person dessen, der sein Sein aus den Werken des Teufels bezieht, und die verneinte, ausgeschlossene Verneinung des Liebenden, weil Jesus die Werke des Teufels zerstörte. Dieser Umriß der Bruderliebe durch die Geschichte von Kains Brudermord ist der einzige Hinweis auf das Alte Testament im 1. Joh. Sie dürfte dem Autor wichtig geworden sein, weil sie von einem Verhältnis zwischen Brüdern handelt, das durch einen, Kain, mörderisch wurde. Indessen wird weder Abel genannt noch werden die Umstände und der Beweggrund von Kains Tat erzählt. Die Geschichte wird aufs äußerste verdichtet: Kain war aus dem Bösen und hat seinen Bruder hingeschlachtet. Unter dem Vollzugszwang seines Seins aus dem Bösen stehend kam es zum Mord; Kain konnte nicht anders, weil er seinen Bruder nicht lieben konnte. Dieses Nicht-(anders-)Können als Vollzug des Seins aus dem Bösen ist für den Verfasser offenbar die Pointe der Geschichte – im Gegenüber zu

V. 11 und V. 9! Die Frage stellt sich, aus welchem Grund Kain seinen Bruder ermordete. Die Antwort schneidet jeden Versuch ab, den Grund in einem verhängnisvoll vorherbestimmten Sein außerhalb des geschichtlichen Handelns, jenseits der Autorschaft oder Verantwortung Kains für seine Werke zu suchen. Im Gegenhalt und Vergleich mit seines Bruders Werken, die gerecht waren, d. h. aus dem Einverständnis mit Gott kamen, ist der Grund, aus dem Kains Tat kam, daß seine Werke böse waren und Kain sich in seinem Mord auf den Zwangszusammenhang seiner bösen Werke im Gegensatz zur Bruderliebe festlegte. Zu erklären und zu rechtfertigen ist hier nichts; dem Verfasser liegt vielmehr daran, im Hinweis auf die Geschichte Kains zu zeigen, daß der aus Gott Gezeugte – weil Jesus die Werke des Teufels zerstörte – in einer neuen Situation ist, in der es für Brüder nichts anderes gibt als einander zu lieben, obgleich sie wie Kains Bruder den Haß der Welt gewärtigen müssen.

So mahnt der Verfasser **V. 13** denn auch die Leser, sich nicht zu wundern, wenn die Welt sie haßt, also darauf gefaßt zu sein, daß ihnen aus der Welt anstelle brüderlichen Verhaltens und gleichsam als Antwort auf das Gebot, einander zu lieben, Haß entgegenschlägt. Einzig hier wählt der Verfasser die Anrede «Brüder», die sonst in urchristlicher Briefliteratur häufig begegnet. Darin soll sicherlich aufscheinen, daß die Leser in einem neuen Sein miteinander verbunden sind, in dem sie füreinander nur Brüder sein können. Da sie es sind, weil sie einander im Raum der Liebe Gottes vorfinden und so zwar in der Liebe zueinander zu Brüdern werden, aber sich nicht selbst zu Brüdern gemacht oder erklärt haben, als wäre die Bruderliebe der Grund oder das Instrument für das Sein im Raum der Liebe Gottes, kann es sich streng genommen nicht um einen soziologisch aus- oder eingegrenzten, beschränkten Kreis handeln. Die Bruderschaft gewesener Sünder ist offen für die kommenden Brüder. Ebenso ist umgekehrt die Welt eine Größe, die gerade im Haß gegen solche Bruderschaft besteht, wie auch die Kameraderie im Haß das einzige ist, was übrigbleibt, wenn die «Welt» sich solcher Bruderschaft verschließt.

Der Härte dieser Erfahrung hält der Verfasser in **V. 14** ein Wissen entgegen, das ihm gemeinsam mit der Gemeinde in überlieferter Verkündigung und im Bekenntnis gegenwärtig ist. Im Wir-Stil des Bekenntnisses formuliert ist der Vers Antwort des Glaubens auf die Zusage Jesu in Joh. 5,24: «Wahrlich, ich sage euch, wer mein Wort hört und dem glaubt, der mich gesandt hat, hat ewiges Leben, und er kommt nicht ins Gericht, sondern ist hinübergeschritten aus dem Tod in das Leben.» Die Art und Weise, wie Joh. 5,24 in 1. Joh. 3,14 aufgenommen und in sachlich wie personal neu bestimmter Bezogenheit wiederholt wird, läßt die Übereinstimmung und den Unterschied zwischen 1. Joh. und Johannesevangelium beispielhaft hervortreten. Jesu Zusage ewigen Lebens ist dem gegeben, der sein Wort hört und dem Vater im Sohn glaubt; erläuternd ist hinzugefügt, daß dieser nicht ins Gericht kommt, sondern aus dem Tod in das Leben hinübergeschritten ist. Der Überschritt hat sich in dem auf Jesu Wort hörenden Vollzug des Glaubens ereignet. Wenn nun der Verfasser diese Erläuterung der Zusage ewigen Lebens in V. 14 aufnimmt, so sagt er damit zunächst, daß die Gemeinde den Schritt des Glaubens in der Antwort auf Jesu Wort vollzogen hat. Den Tod hinter sich und das ewige Leben zu haben – das könnte zu einem enthusiastischen Mißgriff werden, wenn dieser Überschritt nicht *bleibend im Glauben und in der Bindung an Jesus* ergriffen wird. Möglicherweise haben die Gegner eben dies, die bleibende Notwendigkeit des Glaubens und die Bindung an Jesus, hinter sich gelassen. So bekommt die Begründung, die der Verfasser hinzufügt, eine für die Existenzwahrheit des Überschritts aus dem Tod in das Leben entscheidende

Bedeutung. «Denn wir lieben die Brüder»: darin ist nun, in der theologisch wie geschichtlich veränderten Situation des 1.Joh., die Bindung an Jesus im Glaubensbekenntnis (!) festgehalten. *Die Bruderliebe vermittelt, daß der vollzogene Glaube Glaube bleibt.* Sie ist nicht «Realgrund» – weder Ursache oder Instrument des Überschritts noch das, was die Brüder schafft. Ebensowenig trifft es den Sachverhalt, von «Erkenntnisgrund» zu reden, so sehr der begründend angefügte Nachsatz sich sprachlich auf die im Bekenntnis zutagetretende *Gewißheit* des Überschritts bezieht. Die Bruderliebe ist gegenüber dem ersten, der Liebe Gottes im Sohn, die sich in der Gabe des «Gezeugt-seins aus Gott», in der Sündenvergebung mitteilt, das Zweite, aber im Vollzug doch schon Leben, Erfahrung des ewigen Lebens aneinander, weil zu liebende Brüder da sind. Tod ist dann die Beziehungslosigkeit, in der keine Brüder da sind, weil Haß jede Beziehung beherrscht oder sie nur herstellt, um sie zu zerstören. Wie das Leben in der Bruderliebe vermittelt ist und diese Erfahrung des Lebens aneinander im Glauben als ewiges Leben verstanden und ergriffen ist, weil Bruderliebe an der Wirklichkeit, am Leben Gottes teilhat, so entleert das Fehlen von Liebe auch das leibliche und soziale Leben zur Beziehungslosigkeit des Todes. Das Hinübergeschrittensein ist eine reale, nämlich auf der Ebene der Existenz reale Ortsveränderung, aber nicht eine Bewegung, die durch das Lieben verursacht wäre, sondern die Bewegung der Liebe Gottes. Bewegt von dem, was Gott in sich bewegt, finden wir uns an diesem neuen Ort, in diesem neuen Raum des Lebens vor, und die Bruderliebe ist die Bewegung des irdischen, geschichtlichen Lebens, die anzeigt und vermittelt, daß wir an diesem neuen Ort existieren. Sie ist ein soziales, aber kein empirisch-pragmatisches Kriterium, weil sie nur an diesem neuen Ort, im Horizont der im Glauben erkannten Liebe Gottes eindeutig zu identifizieren ist. Die Verheißung in Joh. 13,35 «daran werden alle erkennen, daß ihr mir (zuliebe) Jünger seid, wenn ihr Liebe untereinander habt» ist paradox und zielt auf eine Öffentlichkeit, die in der Welt unterdrückt wird. Bruderliebe kann nicht nur unscheinbar sein und in der Öffentlichkeit verkannt werden; indem sie Anstoß erregt, ja in der Welt Haß provoziert, wie der Verfasser seinen Lesern vor Augen hält (vgl. 3,13; 3,1), muß die Gemeinde diese Weltfremdheit der Bruderliebe akzeptieren lernen. Die Öffentlichkeit, in der gilt, was der Verfasser in V. 14 sagt, ist die im Glauben zu verantwortende Gegen-Öffentlichkeit der Liebe. Hier gilt auch, daß der, der nicht liebt, im Tod bleibt. Denn er läßt dem keinen Raum bei sich und würgt in sich und gegenüber anderen ab, was vom Leben Gottes bewegt Leben vermittelt: die Bruderliebe. Das Gericht, von dem in Jesu Zusage Joh. 5,24 die Rede war, konkretisiert und vollzieht sich nun darin, daß der Nicht-Liebende sich dem Leben verweigert hat. Er hat sich dem Überschritt versagt und bleibt zurück im Tod.

Daß dies Vollzug des Gerichts ist, begründet der Verfasser in **V. 15**, erneut in jener gleichsam dogmatischen, an einen Rechtssatz erinnernden Form eines apodiktischen Urteils, das christologisch begründet und in Kraft gesetzt ist. Weil jeder, der im Bekenntnis zum Sohn den Vater hat (2,23), im Glauben an den Sohn das Leben hat, gilt mit Notwendigkeit in kritischer Negation, daß «jeder, der seinen Bruder haßt, ein Menschenmörder ist.» Um der christologischen Begründung willen ist der Haß nicht lediglich ein seelisches Motiv, das zum Mord führen kann; der seinen Bruder Hassende ist schon ein Mörder. Er ist in seinem Dasein angetrieben und in seinem Verhalten bestimmt von der Macht, die (von Anfang an) die Stelle Christi zu besetzen sucht, von jenem, der von Anfang an ein Menschenmörder ist (Joh. 8,44), dessen Werke Christus zerstört hat (1. Joh. 3,8). Daran wird nun umgekehrt auch deutlich, worin das Un-Wesen des Teufels von Anfang an besteht: er gewinnt sein

Dasein und seine überwältigende Macht im Menschen dadurch, daß der Bruderhaß jede menschliche Beziehung überwältigt und verfinstert.

Erinnert der Verfasser die Leser an ein Wissen, daß kein Menschenmörder ewiges Leben bleibend in sich hat, so dürfte kaum an einen aus dem Alten Testament oder im hellenistischen Rechtsleben überlieferten Satz apodiktischen Rechts gedacht sein (etwa 1. Mose 9,6 oder die Ahndung von Mord durch die Todesstrafe). Vielmehr wird an überlieferte Verkündigung Jesu erinnert, wie sie in Joh. 3,19; 5,24ff. zur Sprache kommt. Mit der etwas eigenartigen Formulierung wird ähnlich wie in Joh. 5,35 eingeschärft sein, daß das Leben gar nicht anders als bleibend da ist, weil es im Sohn bleibend gegeben ist, oder negativ gesagt: jeder Menschenmörder hat sich definitiv vom ewigen Leben ausgeschlossen, weil er sich im Haß der Bruderliebe verweigert, die Leben als Teilhabe am ewigen Leben Gottes vermittelt.

Der Zusammenhalt der ganzen Erörterung seit 2,28 wie auch die Evidenz und Notwendigkeit der einzelnen, bekenntnishaft oder quasi-dogmatisch formulierten Urteile werden nun in **V. 16** ausdrücklich kenntlich gemacht. Geht es dabei um so etwas wie theologische «Logik» oder Evidenz der Liebe, so ist es die Tat der Liebe Jesu, die das Wesen der Liebe in Wirklichkeit fassen läßt. «Daran haben wir die Liebe erkannt, daß jener für uns sein Leben hingegeben hat.» Die Aussage von der Lebenshingabe Jesu erinnert ihrer Struktur nach und in der Wendung «für uns» an die in neutestamentlicher Überlieferung öfter begegnende sog. Dahingabeformel, d. h. an Bekenntnisaussagen wie Röm. 4,25; 8,32; Gal. 1,4. Darin bekennt der urchristliche Glaube die Heilsbedeutung des Todes Jesu am Kreuz als Ereignis der Befreiung aus der Macht der Sünde oder der Mitteilung der Gerechtigkeit Gottes für den Glauben. Der als Heilsereignis verstandene Tod Jesu ist ein Geschehen, das Jesus zum Autor hat und deshalb seine Tat ist. Daß die Tat Jesu das Heilsereignis ist, durch das die Befreiung aus der Macht der Sünde geschah, in dem die Gerechtigkeit Gottes für den Glauben geschenkt ist, ist Erkenntnis des Glaubens, der sich durch Gottes Ja zum Gekreuzigten, durch das Evangelium, hervorgerufen weiß und deshalb im Tod Jesu den Grund des Heils bekennt und erkennt. Die Aussage von der Lebenshingabe Jesu für uns ist also nicht nur ihrer Form wegen, sondern in ihrem Inhalt Bekenntnis und Erkenntnis des Glaubens, wenngleich nicht Produkt des glaubenden Bewußtseins, vielmehr Antwort des Glaubens auf Gottes Ja zur Tat Jesu, in der er mit der Hingabe seines Lebens Gott für Sünder in Anspruch nahm. Die Lebenshingabe Jesu für uns, woran «wir die Liebe erkannt haben», ist also schon deshalb mehr als «Erkenntnisgrund» der Liebe, weil es die vom Glauben verstandene und im Bekenntnis beantwortete Tat Jesu ist; das «Erkannt-haben» ist verstehendes Beteiligtsein an der Liebe, wie denn das «Gott-Erkannt-haben» (2,4) Gemeinschaft mit ihm ist.

Daß der Verfasser mit seiner Gemeinde bekennt und verantwortet, in der Lebenshingabe Jesu für uns die Liebe erkannt zu haben, besagt also weit mehr als nur, darin ein Exempel erkannt zu haben für das, was Liebe ihrem Wesen nach ist, mehr auch als dies, daß die Liebe ihren Grund der Hingabe Jesu verdankt. Spricht der Verfasser absolut und ohne Genetivbestimmung von «der Liebe», meint er zweifellos vor allem, aber eben nicht nur das Ereignis der Liebe Gottes im Sohn, sondern auch das zum Glauben bewegende und in der Bruderliebe einigende «Wesen» der Liebe. Kam in der Bekenntnisaussage von der Dahingabe Jesu für uns Gott zum Tod Jesu hinzu, indem er sich, wie im Auferstehungsbekenntnis laut wird, mit dem Gekreuzigten identifizierte, so wird hier deutlich, wie sich der Verfasser anschickt, Gottes Wesen in Wirklichkeit christologisch, nämlich aus der vom Glauben verstan-

denen Tat der Liebe Jesu zu bestimmen – ähnlich wie in 1,5 ein Prädikat des Offenbarers zur Bestimmung der verkündigten Wirklichkeit Gottes geworden ist. Das
Perfekt «wir haben erkannt» sagt aus, daß die personale Beziehung zur Liebe in der
Wirklichkeit ihres Wesens in der Tat Jesu begründet und derart erschlossen ist, daß
wir sie – nicht in einer Idee oder Theorie der Liebe, auch nicht in einem biographisch gegebenen Bewußtseinsakt, sondern – als erkannte bleibend in ihm, dem
Liebenden, haben. Daß es sich um die Liebe in der Wirklichkeit ihres Wesens handelt, also um die einigende Bewegung vom Autor der Liebe zu denen, die sie brauchen und in ihr gebraucht werden, zeigt das Folgende.
Mit verstandener Liebe verbindet sich eine Notwendigkeit, nämlich die, daß der
Liebende im Lieben nicht allein bleiben kann. Aus dem Erkannthaben der Liebe an
der Lebenshingabe Jesu für uns ergibt sich, daß «auch wir für die Brüder das Leben
einsetzen müssen». Die Eindeutigkeit und Kompromißlosigkeit dieses «Müssens»
entspricht wie in 2,4 der Tat der Liebe Jesu. Weil und wie Jesus sein Leben für uns
gab, deshalb und so haben auch wir unsere «Lebensenergie» für die Brüder einzusetzen. Die eben gebrauchte modifizierte Formulierung könnte abschwächend klin-
gen. Der Sinn ist zunächst durchaus, im Gegensatz zum Menschenmörder, der das
Leben nimmt, in kompromißloser, der Liebe gewissen Solidarität mit den Brüdern
das leibliche, soziale Leben für sie hinzugeben. Doch unterscheidet sich das mit
«Leben» wiedergegebene griechische Wort («psyche»), das der Verfasser hier wie
bei der Lebenshingabe Jesu verwendet, von jenem, das «ewiges Leben» meint. Es
handelt sich um so etwas wie leibliche und seelische Lebendigkeit, um Lebensenergie. Das in V. 16b Gesagte kann – nicht nur philologisch – heißen, für die Brüder in
den Tod zu gehen, kann aber auch heißen, die Lebensenergie für die Brüder einzusetzen. Der Gedanke ist aber nicht der, daß dem Vorbild Jesu heroische Gefolg-
schaft in den Tod entsprechen müsse; die Notwendigkeit, das Leben für die Brüder
einzusetzen, ergibt sich aus der der Liebe eigenen Selbstverständlichkeit, daß nun
die Bruderliebe Sinn und Inhalt leiblicher und sozialer Lebendigkeit ist.
So kann der Verfasser in **V. 17**, sozusagen im selben Atemzug, zu einer scheinbar
ganz alltäglichen Situation übergehen, wo es darum geht, mit den verfügbaren Mitteln dem Bruder in seinen Bedürfnissen beizustehen. Der verbindende Gedanke
muß nicht sein, daß die johanneische Gemeinde staatlicher Verfolgung ausgesetzt
und es deshalb lebensgefährlich war, verfolgte Mitchristen bei sich aufzunehmen
oder sie zu unterstützen. Vielmehr scheint die einzige soziale Konkretion der Bruderliebe, die sich im 1. Joh. findet, durch ein Verhaltensmuster provoziert zu sein,
das die Gegner an den Tag legten, wie auch die Form der rhetorischen Frage, die auf
selbstverständlich Evidentes zielt, einen kritischen Akzent hat. Wenn nirgends im
1. Joh. das Gebot der Bruderliebe in Einzelgeboten expliziert wird oder auf bestimmte Fälle oder Situationen hin angewendet erscheint, so ist das nicht mangeln-
de Konkretion. Eher wäre (oder ist) eine Auffächerung in Einzelgebote ein Schritt
ethischer Abstraktion und Kasuistik. Die wirkliche Konkretion ist der Bruder selbst
in seinen durch die Bruderliebe wahrnehmbaren Bedürfnissen und Hoffnungen. Eine andere Frage, vielleicht die eigentliche ethische Aufgabe ist, was durch die Bruderliebe wahrnehmbar wird: daß Sensibilität geweckt wird für das, was Brüder und
wobei und womit sie einander brauchen.
Wird in V. 17 eine konkrete Situation vorgestellt, gleichsam in drei Strichen skiz-
ziert, so handelt es sich eher um ein ethisches Verhaltensmuster, an dem Bruderhaß
evident wird – ein Verhalten, mit dem Bruderliebe sich unmöglich verträgt. Über
die Güter und Lebens-Mittel zu verfügen, die in der Welt ein gutes Auskommen er-

lauben, seinen Bruder, den im Glauben an Gottes Liebe als Bruder erkannten Mitmenschen in Mangel und Not existieren zu sehen und sein Herz vor ihm zu verschließen, sich ihn in seiner offenkundigen Angewiesenheit auf Solidarität und Hilfe aus dem Sinn zu schlagen – in dieser Weise den Anruf und Anspruch und damit die Offenbarkeit und wie selbstverständliche Evidenz der Liebe im Bruder zu überhören und zu übersehen, läßt der Liebe Gottes keinen Platz. Positiv gibt der Verfasser also zu verstehen, daß schon materielle Hilfe für den Bruder, mit den verfügbaren Mitteln geleistet, nicht nur konkrete Bruderliebe, sondern Zeugnis der bleibenden Liebe Gottes ist. Oder nochmals negativ: wer solche selbstverständliche Hilfe und Solidarität verweigert, verweigert nichts Geringeres als Gottes Liebe.

3,18–24   Was in der Bruderliebe nötig wird

In dem Abschnitt 3,18–24, der den zweiten Teil des Schreibens abschließt, weist und sammelt der Verfasser die Leser mahnend, tröstend und vergewissernd auf die Erfahrung, in die die Zumutung der Bruderliebe bringt, auf den Freimut, der in dem durch die Bruderliebe vermittelten «Innenraum» der Liebe geboten und im Gebet eröffnet ist, und auf die Kraft der Liebe, die den Glauben nötig macht.

18 Kinder, laßt uns nicht mit zungenfertiger Rede lieben, sondern in tatkräftiger Wahrheit! 19 Daran werden wir erkennen, daß wir aus der Wahrheit sind; und vor ihm werden wir unser Herz beschwichtigen, 20 worin immer das Herz uns verurteilt, denn Gott ist größer als unser Herz und erkennt alles. 21 Geliebte, wenn das Herz nicht verurteilt, haben wir Freimut zu Gott, 22 und was immer wir bitten, empfangen wir von ihm, weil wir seine Gebote halten und das vor ihm Wohlgefällige tun. 23 Und das ist sein Gebot, daß wir dem Namen seines Sohnes Jesus Christus glauben und einander lieben, wie er uns als Gebot aufgetragen hat. 24 Und wer seine Gebote hält, bleibt in ihm und er in ihm; und daran erkennen wir, daß er in uns bleibt: aus dem Geist, den er uns gegeben hat.

Mit der Anrede «Kinder» wendet sich der Verfasser in **V. 18** wieder in direkter Zurede an seine Leser, indem er, sich selbst einbeziehend, die Folgerung aus dem Dargelegten zieht. Unverkennbar hat die «korrektive» Gegenüberstellung eine Spitze, die auf die Gegner zielt und durchscheinen läßt, daß der Verfasser auch zuvor schon religiöser Beredsamkeit und intellektueller Zungenfertigkeit auf den Grund ging, indem der Anspruch religiöser Gottinnigkeit an der Verweigerung der Bruderliebe als Verleugnung der Wirklichkeit Gottes enthüllt wurde. Der Gegensatz, den der Verfasser meint, ist nicht einfach der geläufige, sozusagen seit Olims Zeiten ethisch artikulierte Gegensatz von bloßem Wort und wirklicher Tat. Es ist hier, überspitzt gesagt, nicht von Ethik, sondern vom Lieben die Rede. Es wäre doppelt Unsinn, zu behaupten, es gälte, nicht durchs Wort zu lieben, sondern durch die Tat. Einmal kann beim Lieben das Wort durchaus gerade die Tat sein; zum andern weiß der Verfasser, wie das Folgende zeigt, daß die Bruderliebe gerade im Freimut des Gebets, im Zeugnis und Bekenntnis des Glaubens münden und bestehen kann. Gemeint ist also, nicht mit Worten zu lieben, die auf «Rhetorik» – und sei es religiöse Zungenrede – hinauslaufen, sondern mit der der Wahrheit und Wirklichkeit Gottes entsprechenden und genugtuenden, den Bruder erreichenden Tat. Wer so liebt, läßt sich auf eine *Geschichte* mit den Brüdern ein, in der die materielle Wirklichkeit mit der Wahrheit Gottes in der Liebe zusammengehört.

Ebenso wird, wer in dieser Realität liebt, auf seine zukünftige Existenz, auf die *Zu-kunft* seiner Existenz zusammen mit den Brüdern verwiesen. So kommt in **V.19**, das einzige Mal im 1. Joh., ein zukünftiges Erkennen in den Blick. Das Lieben «in Tat und Wahrheit» wird das Kennzeichen sein, daß wir aus der Wahrheit sind, d. h. in der durch Jesus eröffneten Wirklichkeit Gottes zu Brüdern bestimmt sind. Inner-halb der durch die Bruderliebe bestimmten Geschichte ist die Liebe – im Tun und im Sein aus der Wahrheit – das Gegenwärtige, das Brudersein das Kommende.

In dieser Geschichte gibt es, wenn wir auf uns blicken, das Versagen von Liebe – ob in der Situation der Verfolgung und Anfeindung Versagen aus Furcht (vgl. 4,18) oder im Alltäglichen aus Schwermut und Trägheit. Unser Herz, das Urteil unseres Gewissens, verklagt uns, das Brudersein verfehlt zu haben. So ist jenem Erkennen eine zweite Aussage zeitlich und logisch zugeordnet: «und vor ihm werden wir unser Herz beschwichtigen, worin immer das Herz uns verurteilt, denn Gott ist größer als unser Herz und erkennt alles.» **(V.19b.20)**

Übersetzung und logisch-syntaktische Zuordnung der Konjunktionalsätze sind um-stritten. Statt «beschwichtigen, beruhigen» könnte lexikalisch auch übersetzt wer-den «überzeugen, überreden»; die Konjunktion «hoti», die beide Nebensätze ein-leitet – von der Lesart, die das zweite «hoti» erleichternd ausläßt, ist abzusehen –, könnte beidemale mit «daß» übersetzt werden. Das würde die Übersetzung des Verbs im Hauptsatz durch «überzeugen, überreden», begünstigen, doch gäbe es ei-nen kaum zumutbaren Sinn, daß wir unser Herz, wenn es uns verurteilt, zur Über-zeugung bringen könnten, daß Gott größer als unser Herz ist, wenn zudem das letz-tere noch drohende, schreckende Bedeutung haben sollte. Eine andere Möglich-keit, das erste «hoti» kausal zu verstehen («denn, wenn ...»), das zweite explikativ mit einem dann zu ergänzenden «wissen wir, daß ...» aufzufassen, bleibt erwägens-wert. Am besten wird man das erste «hoti» relativisch auflösen, den Nebensatz als verallgemeinernden Relativsatz und das zweite «hoti» begründend oder zitativ ver-stehen, so daß der tröstende Grund und Inhalt des Beschwichtigens genannt ist.

Der 1. Joh. kennt den schon im Hellenismus sich entwickelnden Begriff des Gewis-sens nicht. Der Sache nach ist aber der Einwand des Herzens gegen uns, in dem es, von der Not des Mitmenschen betroffen und bewegt, uns auf Grund einer unterlas-senen, versagten Tat der Bruderliebe nicht nur verklagt, sondern verurteilt, nichts anderes als das Urteil des Gewissens, das uns schuldig spricht. Es ist im Grunde die Stimme des Todes, weil das Herz nichts mehr zu sagen hat als das Versagen der Lie-be, das vor Augen liegt und der Bestimmung unserer Existenz zum Leben im Bru-dersein widerspricht. Was *zu* unserem Herzen zu sagen ist, ist nicht, daß Gott beim Gericht auch die Taten unserer Liebe anschauen oder aufrechnen werde; der Ver-fasser denkt nicht moralisch, sondern christologisch: Gott blickt auf den Sohn, der für uns spricht (2,1f.). Gott ist größer als unser Herz und erkennt alles, weil sein Wort der Liebe das, was unser Herz gegen uns sagt, übertrifft und unserem Versa-gen der Liebe zuvorgekommen ist. Beschwichtigen des Herzens vor ihm geschieht also, indem da, wo durch die Offenbarung der Wirklichkeit Gottes in der Liebe das Gewissen geschärft und Versagen und Verleugnen unübersehbar zutagetreten (vgl. Joh. 21,17!), das Wort von der Liebe und Vergebung Gottes aufgeboten wird, der alles und so auch uns in Jesus, dem Liebenden, erkennt.

Weil es darum geht, vor Gott und mit Gott auf Jesus den Liebenden zu blicken, ist V. 19b.20 schon aus dem Freimut des Gebets heraus gesprochen, der in **V.21** aus-drücklich zur Sprache kommt. Weit entfernt, daß nun der gegenteilige oder gar der

Normalfall gesetzt würde – als wäre der Verfasser Jurist, der Fälle diskutierte! –, wird in V.21 mit betonter Anrede «Geliebte» die Folgerung daraus gezogen, daß Gott größer ist als unser Herz. Der den Schuldspruch unseres Herzens übertreffende und dagegen aufzubietende Freispruch Gottes, das Wort seiner Liebe und Vergebung, schafft den Freimut und bekundet sich in uns im Freimut, den wir zu Gott haben. Es ist die aus Gottes Liebe kommende Freiheit, gegen das uns verurteilende Herz Gott bei seinem Wort zu nehmen und jetzt schon von der «Freiheit zum Wort» Gebrauch machen zu können, die den Glaubenden nach 2,28 bei der Parusie Christi, nach 4,17 aus der Vollendung der Liebe, die alle Furcht austreibt, zukommt. Man wird kaum scharf zwischen gegenwärtigem und zukünftigem Freimut unterscheiden können. Gerade weil das Herz uns gegen Gott nicht mehr verurteilen darf und kann, besteht Freimut darin, das Sein aus der Wahrheit, das Gott in Christus schon geschenkt hat, für alle Zukunft im Brudersein wahrzunehmen.

Freilich, Freimut zu Gott ist nicht Enthusiasmus; er kommt im Gebet zu Gott zur Sprache, und die Zeit zum Gebet ist gekommen, wenn Furcht auszutreiben, wenn Hilfe gegen die Furcht nötig ist, wenn es um die mit den Brüdern gemeinsame Zukunft, um das Brudersein geht. Mit **V.22** nimmt der Verfasser Aussagen aus Joh. 14,13f.; 15,7; 16,23f. auf. Die unerhörte Selbstverständlichkeit, daß wir von Gott empfangen, was immer wir bitten, die ähnlich auch in Mark. 11,24/Matth. 21,22; Matth. 7,7–11/Luk. 11,9–13 und Matth. 18,19 begegnet, kann nicht ohne den Nachsatz verstanden werden, der zunächst wie eine Vorleistung klingt. Aber im Vergleich mit sachlich entsprechenden Begründungen, so vor allem in 3,14 und Joh. 15,7 (vgl. mit V.10), zeigt sich bei genauerem Zusehen, daß das Halten seiner Gebote wie der Freimut eben das ist, worum es im Gebet geht. Ist die Zeit zum Gebet gekommen, geht es um das, was für das Halten seiner Gebote, für das Tun des vor ihm Wohlgefälligen notwendig ist: Hilfe gegen die Furcht, die sich mit der (Bruder-)Liebe nicht verträgt (4,17), Kraft des Geistes, in ihm und in der Liebe zu bleiben, Glauben an den Sohn, in dem erschienen ist, was Gott wohlgefällig ist (3,23f.). Und so empfangen wir im Halten seiner Gebote das, worum wir bitten, und erfahren im Tun des vor Gott Wohlgefälligen, daß wir empfangen, was immer – oder nun vielleicht besser: so oft wir bitten. Zwischen beidem besteht ein innerer Zusammenhang: gerade wer sich auf das Brudersein im Tun der Bruderliebe einläßt, wird bittender und bedarf um so mehr der Kraft des einen Gebots, von dem der Verfasser abschließend spricht.

Hier, in **V.23**, wird nun ausdrücklich und zusammenfassend gesagt, daß seine Gebote und das Gott Wohlgefällige in allem Wechsel der Situationen und Wirklichkeitsbezüge in einem einzigen Gebot bestehen, das in Jesus, seinem Sohn, begegnet und gewissermaßen der tradierbare Gehalt des Gekommenseins Jesu ist. Es ist ein zweifach-einheitliches Gebot, weil um Jesu willen Glaube und Liebe zusammengehören. Nachdrücklicher Ausdruck dieser Zusammengehörigkeit von Glaube und Liebe und keineswegs nachlässige Unbestimmtheit theologischen Denkens ist es, wenn im Sprachgebrauch des Verfassers Begriff und Inhalt der Botschaft und Begriff und Inhalt des Gebots bzw. der Gebote ineinander übergehen. In 1,5 war Inhalt der Botschaft, daß Gott Licht ist, in 3,11 lautete sie, einander zu lieben; in 2,7 war das alte und zugleich neue Gebot Jesu das Wort, das nach 1,10 Vergebung der Sünden mitteilt und durch das Gottes Liebe in dem, der es hält, vollendet ist (2,5). In 3,23 ist nun zum ersten Mal ausdrücklich vom Akt und Vollzug des Glaubens die Rede. Dieser Glaube ist dadurch charakterisiert, daß er sich zum Namen Jesu Christi, des Sohnes Gottes, bekennt. Daß hier, wie in 5,10, im Dativ formuliert ist und nicht wie sonst, geprägtem urchristlichen Sprachgebrauch entsprechend, «glauben an ·Jesus Christus bzw. den Namen Jesu Christi (vgl. Joh. 1,12; 2,23; 3,18) bzw. «glauben, daß ...» (vgl. 1. Joh. 5,1.5.10.13) gesagt wird, macht keinen wesentlichen Unterschied. Der Name Jesu Christi, der für seine Person steht, ist dem Glauben vorgegeben; Glaube und Bekenntnis zum Namen Jesu Christi ist Anerkennung, daß in Jesus, dem im Fleisch Gekommenen, dem Sohn Gottes, und einzig in ihm Gott offenbar und Gottes Leben erschienen ist. Steht Jesus in Person für das Ereignis der Liebe Gottes ein, also dafür, daß Gott Liebe ist (4,8.16), so ist der Glaube an den Namen Jesu Christi Glaube an Gott als Liebe, der sich an das Wort der Liebe und darin an Gott hält. Ist Glaube im 1. Joh. stets zugleich öffentlich bekennender und den Namen Jesu Christi anerkennender Glaube, so ist dieser Glaube immer und im Kern zugleich Akt des Liebens, Vollzug der Bruderliebe, weil darin der Grund, die Wahrheit und die Hoffnung der Liebe bezeugt werden. Liebe hat Glauben wie Hoffnung nötig, und Glaube wie Hoffnung haben in Gottes Liebe ihren Grund und Inhalt. Für die Gewißheit dieses Zusammenhangs steht Jesus in Person ein und darum ist der Glaube an ihn gerade um der Bruderliebe willen geboten.

In V. 23 dürfte besonders betont sein, daß der Glaube geboten ist, weil die Situation vor Augen steht, in der um des Bruderseins willen gegen Furcht und Versagen aufgeboten werden muß, was in der Bruderliebe nötig ist. Das Gebot im Gebot heißt, einander zu lieben; eben dazu ist der Glaube an den Namen Jesu Christi geboten. Denn Glaube ist ja nichts anderes als Anerkennung der Tat der Liebe Jesu, in der Gottes Liebe als Grund und Hoffnung menschlichen Liebens erschienen ist. So ist die uns aufgetragene Bruderliebe das Zweite, weil um ihretwillen der Glaube notwendigerweise das Erste ist.

Das Gebot meint die Person und ist die Form, in der die überlieferte Verkündigung als überlieferte dem Menschen zunächst und unmittelbar begegnet und ihn in Anspruch nimmt. Weil es sich aber nicht um Ethik handelt, sondern um Einweisung in den «Innenraum» der Offenbarung Gottes oder um die Erschlossenheit der Wirklichkeit Gottes durch Glaube und Bruderliebe, sagt der Verfasser das «Beieinander von Gott und Mensch» in V. 24 wieder so aus, daß – in spezifisch johanneischem Sinn – vom wechselseitigen Bleiben die Rede ist: «wer seine Gebote hält, bleibt in ihm und er in ihm». Syntaktisch ist nicht eindeutig auszumachen, worauf sich die Personalpronomina beziehen; zudem erscheint die dem «Bleiben in ihm» korrespondierende Aussage grammatisch unbekümmert angefügt. Obwohl sich vom Subjekt des Nachsatzes in V. 23 her ein Bezug auf Jesus nahelegte, wird doch sowohl bei «seinen» Geboten als auch beim Bleiben «in ihm» und entsprechend bei «seinem» Bleiben in dem, der seine Gebote hält, an Gott zu denken sein. In 3,22; 4,21; 5,2f. sind «seine» Gebote eindeutig Gottes Gebote, in 2,3.4 ist das vom Sachzusammenhang her klar. Daß auch das Bleiben auf die Gemeinschaft mit Gott bezogen ist, ergibt sich unzweideutig aus der Sachparallele in 4,12f., die auch für das Verständnis von 3,24b aufschlußreich wird. Ebenso bestätigen 4,15.16b, daß das wechselseitige Bleiben in der Gemeinschaft mit Gott stattfindet, während in 2,6; 3,6 der Bezug auf Gott durch den Kontext eindeutig wird und einzig die Mahnung in 2,28 sich auf Jesus beziehen dürfte.

Nach dem in V. 23 Gesagten leidet es keinen Zweifel mehr, daß es beim Halten seiner Gebote um nichts anderes geht als um das eine Gebot, das durch Jesus gegeben ist. So vereinigen sich Glaube und Bruderliebe als personaler Vollzug der Gemeinschaft mit Gott im «Bleiben»; eine mystische Ausdeutung des wechselseitigen Blei-

bens wäre wiederum abwegig. Gott hat im Ereignis seiner Liebe und im Hören auf die verkündigte Botschaft seine Bleibe bei uns genommen und wir haben im personalen Vollzug des Glaubens und der Bruderliebe unsere Bleibe in Gott. Überraschend kommt der Verfasser zum Abschluß in V. 24b auf den Geist zu sprechen. Ungewöhnlich ist auch, daß die Teilhabe am Geist als Ermöglichungsgrund dafür genannt ist, Gottes Bleiben in uns erkennen zu können. Die parallele Aussage in 4,13 nennt gleichermaßen als Ermöglichungsgrund dafür, Gottes Bleiben in uns und unser Bleiben in Gott erkennen zu können, daß Gott uns von seinem Geist gegeben hat. Zuvor ist in 4,12 gesagt, daß Gott in uns bleibt, wenn wir einander lieben. Bestätigt sich so erneut, daß es beim Halten seiner Gebote darum geht, einander zu lieben, erhebt sich die Frage, inwiefern der Geist Erkenntnis der so vollzogenen Gemeinschaft mit Gott ermöglicht. Die Formulierung, daß Gott uns von seinem Geist gegeben hat, lehnt sich an geprägte, urchristliche Gemeindeunterweisung an. Der Geist ist mit Taufe und Bekenntnis allen Getauften geschenkt. So wird die verheißene eschatologische Heilsgabe des Geistes gegenwärtige Erfahrung des Heils Gottes in der Gemeinde der Glaubenden. Geist ist wunderbare Kraft Gottes; neben außergewöhnlichen heilenden und erbauenden Tätigkeiten, neben geisterfülltem, prophetischen Reden ist es vor allem das dem Glauben zugesagte Leben, das vom Geist gewirkt wird. Kennzeichnend für johanneisches Verständnis ist, daß der Geist der Geist der Wahrheit ist, der «euch alles lehren wird und euch an das erinnern, was ich euch gesagt habe» (Joh. 14,26), daß er die nach dem Weggang Jesu in seinem Namen der Gemeinde von Gott gesandte Kraft der Erkenntnis des Glaubens und der gegenwärtige, die Gemeinde festigende und tröstende und die Welt überführende Zeuge der Wahrheit Jesu ist. Diese Kraft des Geistes, die die Gemeinde der in der Liebe Gottes geschenkten Gemeinschaft mit Gott und des bleibenden Seins aus der Liebe Gottes vergewissert, ja dies sogar erfahren läßt, wird wohl in V. 24 gemeint sein – so knapp der Verfasser sich hier und in 4,13 auch äußert. Wie zu 2,20.27 dargelegt, sind Wirkung und Funktion des Geistes der des «Salböls» benachbart, ohne daß Salböl und Geist einfach gleichzusetzen wären.
Wo und wie wirkt also die Kraft des Geistes? Sie äußert sich im Glaubensbekenntnis (4,2) und im Vollzug des «Einander-Liebens» (4,12), worin Gemeinschaft mit Gott oder das wechselseitige Beieinander-Bleiben von Gott und Mensch vermittelt und erfahren wird. So erscheint der Geist als die im Glauben erkannte Kraft der Liebe. Darum wird man in der Tat realisieren müssen, was R. Bultmann aus der etwas gewagten Verknüpfung von 3,24 mit 4,12f. folgert: «daß das Lieben keine allgemeine menschliche Möglichkeit ist, sondern ein Geschenk», also ermöglicht durch die im verstehenden Glauben zu fassende Kraft der Liebe. Mit anderen Worten: Glaube ist notwendig, damit es in der Spannung von Hingabe und Selbstbehauptung, Triebbefriedigung und Fürsprache, Nähe und Distanz bei der Liebe bleibt, d. h. zur Erfahrung kommt, daß wir aus dem Tod ins Leben hinübergeschritten sind (3,14). Indem zum Abschluß in V. 24 der Geist, an dem Gott uns teilgegeben hat, als Ermöglichungsgrund dafür genannt wird, die Gemeinschaft mit Gott und das gemeinsam zu verantwortende Sein aus der Liebe Gottes zu erkennen, leitet der Verfasser zum dritten und abschließenden Teil seines Schreibens über und bezeichnet vielleicht sogar vorausweisend das Thema, um das es im folgenden geht.

4,1−5,12   Dritter Hauptteil: Das Zeugnis des Geistes im Bekenntnis des Glaubens

4,1−6   Geist und Glaube

1 Geliebte, glaubt nicht jedem Geist, sondern prüft die Geister, ob sie aus Gott sind; denn viele Falschpropheten sind in die Welt ausgegangen. 2 Daran erkennt ihr den Geist Gottes: jeder Geist, der Jesus Christus als im Fleisch Gekommenen bekennt, ist aus Gott; 3 und jeder Geist, der Jesus nicht bekennt, ist nicht aus Gott. Und das ist der (Geist) des «Antichrist», von dem ihr gehört habt, daß er kommt, und jetzt ist er schon in der Welt. 4 Ihr seid aus Gott, Kinder, und habt sie besiegt, weil der in euch größer ist als der in der Welt. 5 Sie sind aus der Welt; deshalb reden sie aus der Welt und die Welt hört auf sie. 6 Wir sind aus Gott; wer Gott erkennt, hört uns; wer nicht aus Gott ist, hört uns nicht. Daraus erkennen wir den Geist der Wahrheit und den Geist der Täuschung.

Im neuen Abschnit 4,1−6 des dritten und abschließenden Teils 4,1−5,12 scheint ein neues Thema angeschlagen zu werden: der Geist Gottes spricht sich im Bekenntnis des Glaubens aus und so hat der Glaube im Zeugnis des Geistes die Gewißheit, daß Gott in den Glaubenden bleibt und diese in ihm. Freilich, diese Gewißheit des (wechselseitigen) Bleibens erschien bereits in 3,24 in Gottes Teilgabe am Geist verankert. Darüber hinaus verknüpfen die Darlegungen in 4,7ff., die sich auf die Erkenntnis sammeln, daß Gott im Sohn als Liebe offenbart ist, den neuen Abschnitt mit dem Vorhergehenden. Es handelt sich also nicht um ein gänzlich neues Thema. Wohl aber rückt nun der Schwerpunkt auf die Beziehung zwischen Glaube und Geist, und in dieser Beziehung gelangt der Zusammenhang von Gotteserkenntnis, ewigem Leben und der Bruderliebe zu eindeutiger Klarheit. Denn aus dieser Beziehung von Glaube und Geist ergibt sich dem 1. Joh. die tiefste Einsicht in das «Wesen» Gottes: daß Gott selbst Liebe ist.

Zunächst allerdings wird dieser neue Schwerpunkt, die Beziehung zwischen Glaube und Geist, wieder in kritischer Auseinandersetzung mit den Gegnern eingeführt und erörtert. Die Erörterung zielt sogleich auf ein Kriterium, und zwar ein Kriterium, das nicht von außen, gleichsam als dritte Größe, an diese Beziehung herangebracht wird. Vielmehr ergibt sich dieses Kriterium aus der rechten Beziehung, in der Geist und Glaube einander entsprechen. Und gerade deshalb ist dieses Kriterium geeignet, zwischen dem Geist der Wahrheit und dem Geist der Täuschung unterscheiden zu lehren (4,6), also Kriterium rechter Lehre zu sein, und ebenso auch als Kriterum wahren Glaubens zu dienen (5,1ff.). Gleichermaßen ist dieses Kriterium nicht willkürlich an die Gegner herangebracht, werden sie doch in ihrem eigenen Anspruch getroffen, im Geist über den Inhalt des Glaubens, d. h. für den Verfasser über das Bekenntnis zum Sohn, zu verfügen.

Kriterium ist, daß der Geist, der aus Gott und darum der Geist Gottes ist, sich im Bekenntnis zu Jesus Christus *als dem im Fleisch Gekommenen* ausspricht. Und im Gegenzug dazu erweist sich jeder Geist, der den Inhalt dieses Bekenntnisses verneint, als gottloser Geist des «Antichrist» (V. 2f.). Die Eindeutigkeit, mit der das Glaubensbekenntnis den Geist der Wahrheit vom Geist der Täuschung zu unterscheiden ermöglicht, gibt dem Verfasser die Freiheit, die Leser der Zusage zu vergewissern, daß sie aus Gott sind und im Glauben den Sieg über die Falschpropheten errungen haben. Denn in ihnen ist das Wort und der Geist dessen, der größer ist als jener, der sich in der Welt Gehör verschafft (V. 4). Der Geist des «Antichrist», der sich in jenen Falschpropheten ausspricht, ist nichts anderes als die Öffentlichkeit, in der die Welt sich auf das einstellt, was aus ihr kommt (V. 5). Die Gemeinde hingegen, also die Hörer der Botschaft wie auch deren Zeugen, hat ihr Sein aus Gott; denn sie ist in der Erkenntnis Gottes, indem sie im Hören auf den sich im Glaubensbekenntnis aussprechenden Geist Gottes, den Geist der Wahrheit, existiert (V. 6).

Mit der Anrede «Geliebte», die im Schlußteil 4,1–5,12 gegenüber der sonst eher verwendeten Anrede «Kinder» bemerkenswert überwiegt, werden in **V. 1** Warnung wie mahnende Aufforderung eingeleitet, «nicht jedem Geist zu glauben, sondern die Geister zu prüfen, ob sie aus Gott sind». Obgleich in V. 1a von «glauben» sozusagen warnend gesprochen wird, als könne man diesem oder jenem Geist «glauben», ist keineswegs beiläufig, unbetont und formal von «glauben», etwa im Sinne von «trauen», die Rede. Vielmehr wird in der Warnung bzw. in der Verneinung schon der Glaube in seiner christologischen Bedeutung als Anerkenntnis und Bekenntnis thematisch, ohne daß dieser eindeutige und einzige Sinn von «glauben» in V. 1a bereits geltend gemacht werden könnte. Der Schlüssel für diese merkwürdige Unstimmigkeit liegt im johanneischen Verständnis des Geistes und seiner Beziehung zum Glauben.

Der Geist äußert und bekundet sich im Zeugnis. Im Zeugnis des Geistes ist zu hören und zu erkennen, woher der Geist kommt, – ob er aus Gott ist. Auch wenn diese entscheidende Näherbestimmung des Geistes, nämlich daß er bezeugt, erst in 5,6 ausdrücklich zur Sprache kommt, ist sie bereits hier mitzudenken. Im Geist kommt es auf das Zeugnis an, woher er ist und wohin er – als Kraftwirkung – die bewegt, die er angeht und die «seine Stimme hören» (vgl. Joh. 3,8). *Deshalb* geht es Geistäußerungen gegenüber einzig und allein um Glauben. Dazu kommt zweitens: Weil es einzig und allein um Glauben geht, sind Geistäußerungen niemals neutral; sie können den Glauben in Beschlag nehmen, so daß die Warnung notwendig wird: liefert den Glauben – im einzig angemessenen Sinn des christologischen Bekenntnisses – nicht jedem Geist aus! Schließlich drittens: Weil es einzig und allein – negativ wie positiv – um Glauben geht, ist es Sache der Glaubenden bzw. der Gemeinde, die Geister zu prüfen. Dafür ist ein Kriterium notwendig. Wiederum ist eine Unstimmigkeit auch in der Mahnung enthalten, als gäbe es unter den zu prüfenden Geistern auch solche, denen Glauben zu schenken ist, während es doch in Wahrheit nur den einen Geist Gottes gibt, dem Glauben zukommt. Schlüssel ist wieder, daß dieser eine, wahre Geist sich im Zeugnis äußert, das aus Gott selbst kommt. So treffen wir auf folgenden, nicht leicht zu verstehenden Sachverhalt: Es ist in der Tat Sache des Glaubens bzw. der Glaubenden, die Geister zu prüfen – und doch ist der prüfende Glaube auf den Geist Gottes angewiesen, weil er im Zeugnis des Geistes das Kriterium zur Prüfung der Geister hat.

Auf der Ebene der konkreten Auseinandersetzung stellt sich dies so dar: Veranlassung der Warnung wie der Mahnung ist, daß viele Falschpropheten in die Welt ausgegangen, d. h. in der Öffentlichkeit hervorgetreten sind. Die «Falsch- oder Lügenpropheten» sind zweifellos mit den aus der johanneischen Gemeinde hervorgegangenen «Antichristen» identisch, wie 4,3 beweist. Spricht ihnen der Verfasser ab, wirklich Propheten zu sein, wird man annehmen können, daß sie sich für geistbegabte Propheten hielten – wie entsprechend in 2,18ff. ihre Kennzeichnung als «Antichriste» nicht ohne Anhalt an ihrer endzeitlichen Selbstdarstellung war. Worin die geisterfüllten, prophetischen Äußerungen näherhin bestanden – ob enthusiastisches Reden im Geist, Sprüche endzeitlich-rechtlichen Charakters oder andere außerordentliche Wirkungen religiös-existentieller Kraft –, läßt sich aus dem Text nicht weiter erschließen.

Das Auftreten von Propheten in urchristlichen Gemeinden ist im Neuen Testament mehrfach bezeugt. Dabei ist selbstverständlich, daß sie in ihren prophetischen Worten (und Taten) vom Geist Gottes inspiriert und ermächtigt sind. Paulus etwa kennt und nennt von Gott in der Gemeinde eingesetzte Apostel, Propheten und Lehrer (1. Kor. 12,28). Die Gabe der Prophetie, worin sich wie in Heilungsgaben, Wunderwirkungen, Zungenreden usw. die der Gemeinde geschenkte Gegenwart des Geistes Gottes offenbart (vgl. 1. Kor. 12,7ff.), dient nach paulinischer Auffassung der Erbauung der Gemeinde und besteht vor allem darin, den in seinem Herzen verborgenen Menschen vor Gott aufzudecken. Ist vom Geist gewirkte Prophetie stets mehr oder weniger eschatologisch ausgerichtet, so kann anderwärts das Gewicht auch, anders als bei Paulus, auf die Aufdeckung verborgener Zukunft fallen. Vollmacht und Autorität des prophetischen Auftretens ist in der Gabe der Prophetie selbst begründet. Freilich, wie schon in alttestamentlicher Zeit, haben auch das Urchristentum und stärker noch die Gemeinden des 2. Jahrhunderts mit dem Auftreten von Falsch- oder Lügenpropheten zu kämpfen gehabt. Jene waren Falschpropheten, weil sie sich fälschlich anmaßten, in der Kraft des Geistes Gottes zu reden, oder weil sie Falsches bzw. Lügen in prophetischer Vollmacht behaupteten. Um wahre und falsche Propheten und um in prophetischem Auftreten die Vollmacht des Geistes Gottes und einen «Geist der Lüge und des Betrugs» voneinander unterscheiden zu können, bedurfte man immer dringlicher eines Kriteriums. In Matth. 7,15; Luk. 6,26 werden als Falschpropheten solche namhaft gemacht, die im Namen des Herrn zu sprechen vorgeben, aber seinen Willen mißachten; Mark. 13,22/Matth. 24,11.24 erscheinen Falschpropheten neben betrügerischen «Messiassen» als Kennzeichen eschatologischer Unheilszeit (vgl. auch Offb. 16,13; 19,20; 20,10). In der «Lehre der Apostel» (Anfang 2. Jahrhundert) ist zwar die kritische Stellungnahme gegenüber einem Propheten, der im Geist redet, geradezu unvergebbare Sünde (11,7); doch wenn ein Wanderapostel länger als drei Tage bleibt, wenn er Geld nimmt, dann hat er als Falschprophet zu gelten (11,3–6). Rein moralischer Art sind die Kriterien zur Unterscheidung wahrer von falschen Propheten im «Hirten des Hermas» (um 130/140).

Im 1. Joh. sind die «Falschpropheten», nimmt man 2,18ff. hinzu, dadurch charakterisiert, daß sie in Person eine «antichristliche» Lehre endzeitlichen Gewichts vertreten. Der darin zutagetretende «Geist des Antichrist» bzw. der «Täuschung» hat sich in ihnen gleichsam vervielfacht und vereinzelt. Warnung wie Mahnung zur Prüfung der Geister bezieht sich also auf die Massivität und Aufdringlichkeit dieses einen «Geistes der Täuschung» in menschlichen Geistäußerungen. Die Gemeinde ist ebenso aufgerufen wie befähigt zu dieser Prüfung. Zu prüfen ist, ob der «Geist», der sich prophetisch äußert, aus Gott ist. Genau genommen ist also der Geist Gottes, der aus Gott kommt, nicht Gegenstand, sondern orientierender Anhalt des Prüfens. Prophetisch sich äußernder Geist ist aber gerade umstritten, und zwar grundsätzlich; er ist nicht schon als solcher Erweis der Herkunft aus Gott.

Woran orientiert und hält sich also die Gemeinde? Darauf antwortet **V. 2**; das Kriterium zur Prüfung der Geister kommt in der Tat aus dem Geist Gottes. Aber eindeutiges, gewisses Kennzeichen des Geistes Gottes ist nicht schon die Tatsache prophetisch auftretender Rede. Eindeutig und gewiß ist der Geist Gottes daran zu erkennen, worin er sich selbst ausspricht und seine Herkunft bezeugt. Der Geist Gottes spricht sich aus und bezeugt sich im Bekenntnis des Glaubens. An diesem Zeugnis des Geistes ist zu erkennen, daß er aus Gott ist. «Jeder Geist, der Jesus Christus als im Fleisch Gekommenen bekennt, ist aus Gott.» Sprecher sind auch hier Menschen, nämlich die glaubende Gemeinde. Entscheidend ist aber, daß sich im Glaubensbekenntnis eindeutig der Geist Gottes ausspricht; er ist sozusagen Subjekt und Autor dieses Sprechens. Weil dieses Bekenntnis das Zeugnis ist, an dem sich der Geist Gottes zu erkennen gibt, ist das Glaubensbekenntnis das Kriterium, woran jeder Anspruch zu prüfen ist, prophetisch im Geist zu sprechen.

Ist der Geist in gleicher Weise wie die Liebe «aus Gott» (4,7), so unterscheidet er sich von der Liebe darin, daß er die Liebe im Bekenntnis zu Jesus kritisch zu verantworten nötig macht, weil es «Geister» gibt, die das Sein und Reden aus Gott in der Mißachtung dieses Bekenntnisses in Anspruch nehmen. Das eigenartige Verhältnis von Gottes Geist und Bekenntnis zu Jesus – Gottes Geist läßt sich an diesem Bekenntnis prüfen und spricht sich eben in diesem Bekenntnis aus – verwehrt, in der Bekenntnisaussage nur eine dogmatische Formel zu sehen, und schärft ein, daß dieses Bekenntnis in Wahrheit nur aus dem Geist der Wahrheit gesagt werden kann. Eine vergleichbare Zuordnung findet sich in 1. Kor. 12,3: niemand kann in den Ruf «Herr ist Jesus» einstimmen außer im heiligen Geist; die jenem Ruf schlechthin widersprechende Devise «Verflucht ist (der irdische, gekreuzigte) Jesus» ist unvereinbar mit einem Reden im Geist Gottes. So ist in jenem Ruf und provoziert durch die Devise ein Kriterium gewonnen, das ein Reden im Geist ausschließt.

Ähnlich kritisch ausschließende Bedeutung hat auch das Bekenntnis in **V. 2b**. Zweifellos ist hier so etwas wie eine «Glaubensregel» formuliert. Aber es ist wichtig, zu sehen, daß eine solche knappe «Formel» nicht primär positiv den eigentlichen Inhalt des Seins aus Gott entfaltet, sondern in der Situation, die eine Prüfung der «Geister» in ihrem Anspruch, aus Gott zu sein, unausweichlich macht, die entscheidende, gleichsam «exklusive» Orientierung markiert. Die griechische Formulierung (in der Verknüpfung eines Objekts- mit einem Prädikatsakkusativ) soll betonen! – aber nun nicht das Bekenntnis, daß Jesus der im Fleisch gekommene Christus ist; eine solche Frontstellung gegen die Messianität Jesu ist im 1. Joh. nirgends erkennbar. Vielmehr wird betont: Jesus Christus, und das heißt der im Fleisch Gekommene.

Erweis des Geistes aus Gott ist das Bekenntnis, daß Jesus Christus, der Sohn Gottes, wesentlich und bleibend der im Fleisch Gekommene, der «Inkarnierte», ist, nicht nur vorübergehend Fleisch wurde, um den Menschen Göttliches begreiflich zu machen. Daß in Jesus ein Heilsbringer, ein Sohn Gottes gekommen ist – ein solches «Bekenntnis» wäre nicht nur nichtssagend und alles andere als Grundlage einer immerhin möglichen Beilegung der Kontroverse, sondern nun geradezu «antichristlich», weil die Wirklichkeit Jesu Christi, auf die es ankommt, beseitigt ist. Man muß sich also bewußt halten, daß der Verfasser den Gegensatz verschärft oder gar einen Gegensatz überhaupt erst ans Licht bringt.

«Im Fleisch» bezeichnet den Bereich irdischer, geschichtlicher Wirklichkeit menschlichen Daseins; präzisiert wird das Gesandtsein des Sohnes Gottes in die Welt (4,9). Solche formelhaft abgekürzte Fassung des christologischen Bekenntnisses ist dem 1. Joh. eigentümlich; eine nähere Parallele bieten nur die Ignatiusbriefe. Wohl dürfte der Verfasser bekenntnishafte Aussagen aus dem Johannesevangelium aufgenommen (vgl. Joh. 3,2; 8,42; 7,28; 11,27; 16,28; 12,46; 3,19; 5,43) und V. 2b. nicht ohne Bezug auf Joh. 1,14 formuliert haben. Doch ist die Formulierung als sol-

che nicht Überlieferung, sondern Neufassung des Bekenntnisses in der Auseinandersetzung mit den Gegnern. Sie macht deutlich, was auch schon im Bekenntnis «Jesus ist der Christus» (2,22) gemeint und gesagt ist. Schärfer ausgeprägte Umrisse erhält die Auseinandersetzung und damit auch das christologische Bekenntnis in 5,6. Ist dort hervorgehoben, daß zur Geschichte Jesu, des Sohnes Gottes, auch sein Tod am Kreuz gehört, so gilt das Bekenntnis gerade dieser Realität der Geschichte Jesu Christi. In der Realität des im Tod am Kreuz sich vollendenden Geschehens ist Gottes Sohn gekommen. Deshalb ist der eigentliche «Inhalt» des Bekenntnisses, daß Gott sich zu dem im Fleisch gekommenen, am Kreuz gestorbenen Menschen Jesus bekennt und sich in dieser Wirklichkeit Jesu offenbart. Diese geschichtliche Wirklichkeit Gottes ist dem Denken des Glaubens vorgegeben; indem menschliches Bekennen sich dazu bekennt, entspricht es dem Geist, der aus Gott ist. Die Überzeugung, menschliche Realität sei unverträglich mit dem, was aus Gott ist, ist nicht nur falsche Lehre von Gott, sondern – in ihrer Überzeugungskraft! – Erweis des antichristlichen Geistes der Täuschung. «Im Fleisch gekommen» ist nun nichts weniger als das entscheidende Kriterium der Wirklichkeit Gottes.
Die Funktion dieses Kriteriums wird in **V. 3** geltend gemacht. Nun wird schärfer beleuchtet, inwiefern die Gegner leugnen, daß Jesus der Christus ist, und damit den Vater und den Sohn leugnen (2,22).

Eine textkritische Bemerkung ist vorauszuschicken. Als Randscholie einer griechischen Handschrift des 10. Jahrhunderts sowie in der Vulgata, in altlateinischen Übersetzungen und bei einigen Kirchenvätern findet sich die Lesart «(jeder Geist, der Jesus) beseitigt» («lyei») anstelle der in allen übrigen Handschriften gebotenen Wendung «nicht bekennt». Diese relativ früh, wenn auch nicht sonderlich gewichtig bezeugte Lesart wird von den meisten Auslegern wegen ihrer Prägnanz bevorzugt; daß an ihre Stelle das («farblose») «nicht bekennt» tritt, erscheint eher vorstellbar als das Umgekehrte – obgleich die Negation «me» beim Indikativ in einem konditionalen Relativsatz so ungewöhnlich nicht ist. Als *sachliches* Bedenken bleibt bestehen, daß ein Geist, der nicht aus Gott ist, doch wohl den, der die Werke des Teufels «beseitigt» (3,8) nicht beseitigen kann; zudem erscheint es möglich, obgleich Belege fehlen, daß «beseitigen» («lyein») ein Begriff des «antignostischen Kampfes» oder dogmatischer Kirchensprache geworden war. Andererseits könnte die «Beseitigung» Jesu in der Tat «das eigentliche Geschäft des Antichrists» (v. Harnack) sein, weil im Bekenntnis der Gegner zum Gottessohn die menschliche Realität des «historischen» Jesus zunichte gemacht und außer Kraft gesetzt worden ist. Mag die textkritische Frage in der Schwebe bleiben – sie beleuchtet die Schärfe der Kontroverse.

Die Gegner haben wohl nicht bestritten, daß Jesus ein wirklicher Mensch gewesen ist, wohl aber eine Trennung zwischen Jesus und dem himmlischen Christus vollzogen. Der Mensch Jesus war ihrer Auffassung nach für das Heil, für ihre «Gemeinschaft mit Gott» unerheblich geworden. Sie verweigerten (oder beseitigten) das Bekenntnis, daß Gottes Heil und Leben untrennbar mit dem Menschen Jesus, mit der Menschlichkeit Jesu verbunden ist. Das ist eine Vorstufe ausgeprägter doketischer Vorstellungen, wonach Christus nur einen Scheinleib hatte, sich nur zum Schein auf die menschliche, irdische Realität des Leidens und Todes eingelassen hatte, während das göttliche Wesen in ihm davon unberührt blieb. So wird aus dem Sohn Gottes, aus Gott selbst eine «übermenschliche» religiöse Idee und die Gemeinschaft mit dem menschlichen, im Fleisch gekommenen Gott zu einem unmenschlichen, lieblosen Prinzip, das wirkliche Gemeinschaft mit den Brüdern aufhebt und ausschließt. Mag dieses Prinzip noch so überzeugend sein – in ihm spricht sich Geist aus, der nicht aus Gott ist.

Weil es gegenüber diesem «übermenschlichen» Gottesprinzip keine tolerante Neutralität gibt, wird die Folgerung in **V.3b** notwendig. In einer solchen prinzipiellen Überzeugung von Gott ist der Geist des «Antichrist» wirksam. Wie in 2,18ff. nimmt der Verfasser die Überlieferung vom Kommen des «Antichrist» auf. War ihm dort das Auftreten der Gegner zur geschichtlichen Realität jener Erwartung und deren Auftreten zum endzeitlichen Phänomen geworden, so wird nun der in den «Lügenpropheten» wirksame Geist, der sich in der Verweigerung (oder Aufhebung) des rechten christologischen Bekenntnisses äußert, mit dem Geist oder der Wirklichkeit des «Antichrist» gleichgesetzt. Wieder wird deutlich, daß die Irrlehre endzeitliches Gewicht hat und in ihrer Wirksamkeit die Figur des «Antichrist» gegenwärtige Wirklichkeit in der Welt geworden ist.

Das «Sein aus Gott», das in V. 2f. dem im Bekenntnis sich aussprechenden Geist zukommt, wird in **V.4** den Lesern zugesagt: «Ihr seid aus Gott.» Grund und gleichsam Bedingung dieser Zusage ist das im Bekenntnis Gesagte. In der Anerkennung, im Bekenntnis Jesu Christi als im Fleisch Gekommenen ist die «Bedingung» eingelöst und das Sein aus Gott begründet. Dieses Sein kommt nicht eigentlich aus dem Geist; vielmehr vermittelt der Geist im Bekenntnis die Gewißheit und das Kriterium dafür, aus Gott zu sein. Einzuräumen ist, daß die Aussagen fast zu knapp gehalten sind, um das Verhältnis zwischen dem Geist, dem Bekenntnis und dem Sein aus Gott unzweideutig fassen zu können. Jedenfalls wird nun in V. 4–6 sowohl das Kriterium, woran der Geist Gottes zu erkennen ist, als auch der Geist selbst, der aus Gott ist, in personales Sein oder in Existenzvollzug übersetzt. Wie in der Leugnung und Aufhebung des rechten Bekenntnisses der Geist des «Antichrist» ans Licht kommt, so kommt am Gegensatz zum Sein aus Gott erst eigentlich das gegensätzliche «Sein aus der Welt» zum Vorschein. Entscheidend ist, daß der Gegensatz wie auch das gegensätzliche Sein in der Überlegenheit der Tat Gottes überwunden, aber dennoch im Sein aus Gott zu erfahren und zu gewärtigen sind – wie ebenso Wahrheit und Verführung (V. 6) ein nicht aufzuhebender und doch in der Wahrheit überwundener Gegensatz sind.

Das den Lesern zugesagte Sein aus Gott besagt, daß sie die Gegner besiegt haben. Ist der Sieg Sache des Glaubens (5,4), so ist also die Anwendung des im Bekenntnis gegebenen Kriteriums nichts anderes als Glaubensvollzug. Dabei geht es um die Stärke und Kraft des Wortes Gottes (2,14) und somit im Kampf gegen den «Geist der Täuschung» (4,6) auch darum, die Macht, die sich gegen das Wort Gottes erhebt, in der ihr eigenen Wirksamkeit ins Auge zu fassen.

Grund des Siegs über die Falschpropheten ist, daß «der in euch größer ist als der in der Welt». 3,20.24 entsprechend ist mit dem «Größeren» Gott gemeint. Gott, aus dem sie sind, ist in ihnen der Überlegene; in seiner Kraft haben sie gesiegt, nicht aus einer Überlegenheit, die sie aus sich selbst entwickelt haben. Der Sieg wäre also mißverstanden, wenn er in dogmatisch begründeten Maßnahmen gegen die Irrlehrer, in deren Ausschluß aus der Gemeinde vollzogen würde.

Welcher Art ist der Kampf, in dem der Sieg errungen ist? Dem «Größeren» steht nicht, wie man erwarten könnte, «der in ihnen», sondern «der in der Welt» gegenüber. Der in Gottes Überlegenheit überwundene Widersacher ist der Vorstellung nach wie in 3,8.10 der Teufel. Von ihm kann nicht nur nicht gesagt werden, er wirke in denen, die aus ihm sind, in derselben «Unmittelbarkeit» und Souveränität wie

Gott. Weder gibt es eine prinzipielle «Ausgewogenheit» zwischen Gott und dem
Teufel noch kann davon die Rede sein, daß aus «vorherbestimmtem» Sein die «Entscheidung zu Glauben oder Unglauben gefolgert» würde; vielmehr wird vom «praktischen Verhalten, dem Reden und Hören, auf die zugrundeliegende Seinsweise geschlossen» (Schnackenburg). Darüber hinaus gilt eben deshalb, daß personales
«Sein aus Gott» auf andere Weise wirklich ist als «Sein aus der Welt», so sehr der
Verfasser gewisse gleichsinnige Strukturen anführt. Sind die Glaubenden aus Gott,
so jene aus der Welt. Darum vollzieht sich das Sein jener, indem sie aus der Welt reden und die Welt sie hört, **V. 5**. Dem entspricht auf der andern Seite nun nicht: der,
der Gott erkennt, ‹redet aus ihm›, sondern: «hört uns», d. h. er läßt sich *im Bekenntnis* das Sein aus Gott gesagt sein und hört deshalb «uns», nämlich die, die im Bekenntnis ihr Sein aus Gott aussprechen und bezeugen, während der, der nicht in dieser Weise wahrhaft aus Gott ist, «uns» im Sein aus Gott nicht hört. Es gibt also in gewisser Weise eine gleichsinnige Struktur des «Seins aus Gott» und des «Seins aus der
Welt»: beides vollzieht sich wesentlich im Hören; und doch gilt zugleich, daß im
Hören der Gegensatz aufbricht, ja vollzogen ist. Wer aus Gott ist, lebt im Hören auf
das im Bekenntnis Gesagte; wer aus der Welt ist, lebt, indem er auf die Welt hört.
In den «Falschpropheten», in denen der Geist des «Antichrist» gegenwärtige, öf-
fentliche Wirklichkeit wurde, ist wirksam, was sich in der Welt im Widerspruch und
Gegensatz zu Gott behauptet. Der «Antichrist» ist nicht in ihnen; «sie selbst *sind*
Antichristen» (Bultmann). Dieses «antichristliche» Sein aus der Welt besteht nach
Joh. 8,23 im Widerspruch der ungläubigen Juden gegen den Offenbarer, in dessen
Kommen der Herrscher dieser Welt gerichtet ist (Joh. 12,31; 16,11). Er ist gerichtet
in dem Geschehen, in dem die Liebe des Vaters in der Hingabe Jesu Christi den Haß
überwunden hat. So wird deutlich: der, der in der Welt ist, der Teufel und Geist des
«Antichrist», hat seine Wirklichkeit in denen, die aus der Welt sind, weil sie – im
Widerspruch zum rechten Bekenntnis – sich zu dem in der Welt herrschenden Haß
‹bekennen› und darin durch die Welt auch bestätigt werden.
Daß der Verfasser in **V. 6** plötzlich wieder auf das «Zeugen-Wir» zu sprechen komme, also die Zeugen von 1,1−4; 4,14 und nur sie im Sinn habe, ist unwahrscheinlich,
wiewohl nicht ausgeschlossen. Der Sache nach ist freilich gesagt, daß auf das Zeugnis und Bekenntnis der Gemeinde gehört wird, wo Gott erkannt wird. Im Zeugnis
und Bekenntnis ist die Gemeinde in ihrem Sein aus Gott zu hören. Natürlich ist
nicht nur das Hören mit den Ohren gemeint; gemeint ist vor allem, sich im Hören
auf das Bekenntnis einzulassen, im Zeugnis das Sein aus Gott ‹herauszuhören›.
Entsprechend hört der, der nicht aus Gott ist, «uns» nicht; er hört nicht, woher das
Sein kommt, in dem die Glaubenden gesiegt haben. So fällt nochmals Licht auf die
Art und Weise des Siegs wie auch auf die Prüfung und Unterscheidung der Geister.
Im Zeugnis und Bekenntnis zu Jesus Christus als dem im Fleisch Gekommenen den
Geist, der aus Gott ist, herauszuhören, sich im Hören darauf einzulassen, kurz: dem
einen Gebot im Glauben und im Tun der Bruderliebe Gehör zu geben – darin haben
die Leser gesiegt. Und ebenso gewinnen sie aus dem Hören auf das Zeugnis und das
Bekenntnis die Erkenntnis des Geistes, der Gottes Wirklichkeit erschließt, des Gei-
stes der Wahrheit – wie auch im aufbrechenden Gegensatz derjenige Geist ins Auge
zu fassen ist, der in den «Falschpropheten» dazu verführt, sich auf das Sein aus der
Welt einzulassen und sich zu dem in der Welt herrschenden Haß zu ‹bekennen›.

4,7–16   Der Beweggrund der Liebe in Gott selbst

Im folgenden Abschnitt 7–16 bleibt die Auseinandersetzung mit den Gegnern im Blick, ist aber nicht mehr unmittelbar Thema. Thematisch wird vielmehr das Sein aus Gott. Es ist geschaffenes («gezeugtes»), hervorgerufenes und tätiges, praktisches Sein. So geht es zunächst um den Grund dieses Seins aus Gott in Gott selbst, sodann um die Betätigung und den Vollzug des Seins aus Gott. Es ist der im Bekenntnis sich aussprechende, ans Bekenntnis gebundene Geist Gottes, worin personales Sein aus Gott erschlossen ist. Darin ist erschlossen, wovon Gott selbst im Innersten bewegt ist: der Liebe, die Gott ist. Ist die Liebe Gottes darin erschienen, daß Gott seinen Sohn in die Welt sandte, so ist damit bestätigt und ans Licht gebracht, daß und wie schon im Bekenntnis von Gott selbst die Rede ist. Dieser Einblick in Gottes «Wesen», den der Geist im Bekenntnis verschafft, ist nichts Theoretisches, sondern ein Bezug auf Gott selbst – ein Gottesverhältnis, das aus dem Zug der Liebe kommt, die Gott selbst bewegt, und das in der Erkenntnis des Glaubens vollzogen wird, eine Erkenntnis, in der nichts anderes wahrgenommen wird als das, was in dem durch den Geist erschlossenen Zeugnis von Anfang an gesagt ist.
Weil solcher, im personalen Sein aus Gott vollzogenen Gotteserkenntnis sich Gottes Liebe, ja Gott als Liebe zeigt, kann Sein aus Gott gar nicht anders betätigt und praktisch vollzogen werden als so, daß die von Gott Geliebten einander lieben. Dieses «Einander-lieben» wäre nicht Vollzug des Seins aus Gott, wenn es nicht bleibend aus Gottes Liebe käme und dadurch bewegt und bestimmt bliebe, daß Gott Liebe ist. Somit ist klar, daß dieses «Einander-lieben» auch und gerade im Bekenntnis des Glaubens besteht, daß Jesus der Sohn Gottes ist, und umgekehrt Bruderliebe praktisches Zeugnis des Glaubens an Gottes Liebe ist.

4,7–10   Die Liebe Gottes als Grund der Liebe untereinander

7 Geliebte, laßt uns einander lieben, denn die Liebe ist aus Gott, und jeder, der liebt, ist aus Gott gezeugt und erkennt Gott. 8 Wer nicht liebt, hat Gott nicht erkannt, denn Gott ist Liebe. 9 Darin ist die Liebe Gottes unter uns erschienen, daß Gott seinen Sohn, den einziggezeugten, in die Welt gesandt hat, damit wir durch ihn das Leben empfingen. 10 Darin besteht die Liebe: nicht daß wir Gott geliebt haben, sondern daß er uns geliebt und seinen Sohn als Sühnung für unsere Sünden gesandt hat.

V. 7 klingt, im Griechischen deutlicher als im Deutschen, als würde die Bewegkraft der Liebe in der ihr eigenen Reichweite sprachlich ermessen und erwirkt. Sagt der Verfasser neu anhebend «Geliebte», so ist das zweifellos Anrede an die Leser wie zuvor in 4,1; 2,7; 3,21. Doch zugleich verdichtet sich in dieser Anrede die Zusage von V. 4 («ihr seid aus Gott») und darüber hinaus das Sein, das die Leser in der Liebe empfangen haben, die der Vater uns gegeben hat, Kinder Gottes zu heißen (3,1f.). Schließt daran unmittelbar die Aufforderung «laßt uns einander lieben!», in die der Verfasser sich mit der Gemeinde, mit allen einbezogen weiß, die im Hören der Botschaft und des Zeugnisses aus Gott sind, dann wird dazu aufgerufen, das aus der Liebe des Vaters empfangene, personale Sein zu betätigen. Gemeint ist nichts anderes als die Bruderliebe; aber über eine Mahnung oder ein ethisches Gebot hinaus ist mitgesagt, daß von Gott geliebte und zu liebende Brüder da sind.

Begründet wird die Aufforderung im Rückbezug auf die verkündigte Wirklichkeit Gottes. Damit ist zugleich – im Licht des Bekenntnisses, in dem sich der Geist Gottes ausspricht – erschlossen und ans Licht gebracht, was der Gehalt des einen Gebots im Grunde ist und inwiefern darin beides geboten ist: dem Namen seines Sohnes Jesus Christus zu glauben und einander zu lieben (3,23). Der Beweggrund, einander zu lieben, kommt aus Gott selbst; denn die Liebe ist aus Gott. Man kann fragen, was betont werden sollte: daß die Liebe und nichts anderes aus Gott ist, oder: daß die Liebe nirgendwo anders herkommt als aus Gott selbst. Diese Frage berührt sich mit der andern, vielverhandelten Frage, ob der Satz «Gott ist Liebe» umkehrbar ist. Wird so etwas wie ein «Prinzip Liebe» mit Gott gleichgesetzt?

In der konkreten Situation des Schreibens, in der die Verweigerung der Bruderliebe Kennzeichen dafür wird, Gott nicht erkannt zu haben, ist es durchaus naheliegend, Liebe – im Erfahrungshorizont der Bruderliebe verstanden – als Gottes Wirklichkeit namhaft zu machen. Ist Liebe Seinsbestimmung Gottes, so wird, da dies ja nicht losgelöst sein kann von menschlichem Verständnis von Liebe, gewissermaßen ein Vorverständnis geltend gemacht, das mit der Bruderliebe verbunden ist. Das muß nicht heißen, daß Gott zum «Prinzip Liebe» erklärt würde und ebensowenig, daß eine Umkehrung des Satzes «Gott ist Liebe» sich christlich nicht verantworten ließe. Aber im entscheidenden ist es doch die Tat Gottes in der Sendung seines Sohns, in der Hingabe Jesu, woran «wir die Liebe erkannt haben» (3,16). Entscheidend ist es *Gott selbst als der Liebende*, der Liebe erschließt.

Man kann sich den inneren Zusammenhang zwischen der Liebe untereinander, also menschlich verstandener, tätiger Liebe, und der Bestimmung, daß Gott als der Liebende Liebe ist, an dem spezifisch johanneischen Gedanken des «Seins aus …» verdeutlichen. Daß die Liebe aus Gott ist, kennzeichnet zunächst ihre Herkunft. Dieser Herkunft folgend ergibt sich aber, daß die Liebe in das *zieht,* was Gott selbst bewegt. Von diesem «Ziehen» spricht der johanneische Jesus: «Niemand kann zu mir kommen, wenn ihn nicht der Vater, der mich gesandt hat, zieht.» (Joh. 6,44; vgl. 12,32) So heißt, einander zu lieben, sich in den Zug oder in die Bewegung der Liebe hineinziehen zu lassen, die aus Gott kommt und dem folgt, was Gott in sich selbst bewegt. Und deshalb ergibt sich im «Sein aus Gott», das nichts anderes ist als sich in die aus Gott kommende Liebe hineinziehen zu lassen, Einblick in Gottes «Wesen»: daß er als der Liebende Liebe ist.

Menschlicher Beweggrund dafür, Gott als Liebe bestimmen zu können, ist also das Sein aus Gott, nämlich von Gott geliebt zu sein. Und deshalb ist das Sein aus Gott auch Beweggrund, einander zu lieben.

Daß die Liebe untereinander Betätigung des Seins aus Gott ist, zeigt die Fortsetzung in **V. 7b**, die wieder im Stil der «jeder, der …»-Sätze formuliert ist. Der Verfasser greift auf den in 2,29 eingeführten Ausdruck «aus Gott gezeugt sein» zurück, der dort in kritischer Weise klären sollte, was es heißt, aus der Liebe des Vaters geschaffene Person, nämlich Kind Gottes zu sein. Der Gleichklang zu 2,29 bestätigt, daß auch dort schon mit dem Tun der Gerechtigkeit das einander geltende Lieben, die Bruderliebe, gemeint war. Nun wird vollends deutlich, daß jeder, der liebt, deshalb aus Gott gezeugt ist und Gott erkennt, weil er im Lieben sich auf den aus Gott selbst kommenden, in Jesus Christus offenbar gewordenen «Zug» der Liebe eingelassen hat und so Gemeinschaft mit Gott hat. Auch **V. 8** ist erneut im Stil der Argumentation von 1,6ff. gehalten, sozusagen im Nachklang der Auseinandersetzung. Wer nicht liebt, hat sich damit in fundamentalen Widerspruch zur verkündigten Wirklichkeit Gottes gesetzt und preisgegeben, daß er Gott von Grund auf nicht erkannt hat. Indem er sich in eigener Person der Liebe verweigert, hat er sich Gott verschlossen und sich aus dem Licht der Erkenntnis ausgeschlossen, in dem Gott sich zu verstehen gibt. Begründet wird dieses für die ganze Argumentation des Verfassers grundlegende Urteil durch die tiefste, sozusagen ins Innerste Gottes reichende Wesensbestimmung Gottes, die sich in johanneischen Schriften findet. «Gott ist Liebe» ist zweifellos noch weniger eine abstrakte Wesensdefinition Gottes wie jene, daß Gott Licht ist (1,5). Denn Liebe ist ja «nur» Liebe, indem sie sich in Liebe und als Liebe mitteilt. Allerdings – gerade weil Liebe unscheinbar, ja verborgen oder tief zweideutig sein kann, ist auf das besondere Moment und den eigentlichen Sinn dieser «Wesens»-aussage «Gott ist Liebe» zu achten. Es ist nicht nur die kritische Auseinandersetzung mit jener «diabolischen» Alternative der Irrlehre, die diese positive Aussage hervorbringt und notwendig macht. Vielmehr wird damit zum Ausdruck gebracht und dem entsprochen, daß Gott als Liebe erschienen und verstanden sein *will,* wie **V. 9** sogleich ausführt. Hypothetisch und zur besseren Verständigung ließe sich fragen: warum genügt es nicht, daß Liebe unter Menschen geschieht? Verschleiert nicht allzuoft das Wort ‹Liebe› oder der Satz «Gott ist Liebe», daß Liebe nicht geschieht? Warum gehört zur Liebe notwendigerweise, daß sie sich nicht nur zeigt, sondern daß Gott als Liebe zu Wort kommt? Indem Liebe Gott zugesprochen wird, wird Gott der Liebe zugesprochen; anders gesagt: die Wesensbestimmung «Gott ist Liebe» ist notwendig, weil Gott als der Liebende erschienen sein will, der das Wesen der Liebe in der Hingabe seines Sohnes, des Einziggezeugten und Geliebten, erfüllt hat und darin sich selbst – als Liebe – für den Glauben offenbar gemacht hat. Der Satz «Gott ist Liebe» ist also ein für den Glauben und für die Erkenntnis Gottes in Jesus Christus, dem im Fleisch Gekommenen, notwendiger Satz. Der Satz ist insofern nicht umkehrbar, als Liebe genau da erschienen ist, wo Gott sich als Liebender in der Hingabe seines Sohnes offenbart hat. Daß Gott Liebe ist, macht den Glauben unumgänglich; eine Umkehrung des Satzes etwa in dem Sinne, daß Gott einem «Prinzip Liebe» gleichgesetzt würde, hätte zur Konsequenz, daß die Tat der Liebe Gottes in Jesus Christus und damit auch der dieses einzigartige Geschehen anerkennende Glaube gleichgültig würden.

Der Satz ist umkehrbar, wenn und weil Liebe, wo immer sie geschieht, den Ort der Offenbarung Gottes «im Fleisch» markiert. Daß aber Liebe der Erfahrungsort der Wirklichkeit Gottes ist, ist Inhalt der Botschaft und Bekenntnis des Glaubens. In diesem Sinne wird Bruderliebe in den Rang der Offenbarung erhoben. Anders gesagt: der Satz «Gott ist Liebe» wie auch dessen mögliche Umkehrung ist ein Satz der Verkündigung, Zeugnis der Liebe Gottes.

Ist Gott als der Liebende «Autor» der Liebe, der Anfang und Urheber wie der Vollender der Liebe, dann ist eine Verneinung der Liebe aus Gottes Sein ausgeschlossen. Gott ist «nur» Liebe, wie er voller Licht und Finsternis in ihm keine ist (1,5). Wer nicht liebt, hat also Gott in dem Geschehen, in dem seine Liebe erschienen ist, nicht anerkannt.

In V. 9 wird nun das Geschehen zur Sprache gebracht, in dem die Liebe Gottes erschienen ist. Sie ist «unter» oder «bei uns» erschienen, wie – vielleicht im Anklang an Joh. 1,14 («das Wort wurde Fleisch und wohnte unter uns») – zu verstehen sein wird, während dieselbe Wendung in 4,16 die Liebe näher bestimmt, die «Gott zu uns hat». Unverkennbar hat der Verfasser aufgenommen, was in Joh. 3,16f. gesagt ist: «Denn so hat Gott die Welt geliebt, daß er den Sohn, den einziggezeugten, dahingab, damit jeder, der an ihn glaubt, nicht verlorengehe, sondern ewiges Leben habe. Denn nicht sandte Gott den Sohn in die Welt, damit er die Welt richte, son-

dern damit die Welt gerettet werde durch ihn.» Wie oft im Johannesevangelium ist
der Sohn der, den der Vater (in die Welt) sandte. Im Gesandtsein ist das ganze
Heilsgeschehen von seinem Ursprung bei Gott her charakterisiert, aber nicht lediglich beschreibend zusammengefaßt. Hervorgehoben ist, daß der Offenbarer sich als
vom Vater gesandt versteht (vgl. Joh. 5,36; 6,57 u.ö.); hervorgehoben ist das den
Offenbarer in seinem Gesandtsein anerkennende Zeugnis des Glaubens
(vgl. Joh. 17,3; 17,8.21.25). So gehört zum Erschienensein der Liebe Gottes, daß
das Ereignis, in dem sie offenbar wurde, im Glauben an den Offenbarer anerkannt
wird.

In demselben Sinn wird das Heilsgeschehen im ganzen durch die Aussage charakterisiert, daß Gott seinen einzigen Sohn (dahin-) gab (Joh. 3,16). Daß Jesus der ein-
ziggezeugte Sohn ist, unterstreicht die Einzigartigkeit des Geschehens. Er ist es,
weil er der geliebte Sohn ist, in dem Gottes Liebe von Anfang an ihr Gegenüber hatte und in dem die Herrlichkeit der Liebe des Vaters erscheint, weil einzig er das Innere Gottes auszulegen und zu offenbaren vermochte (Joh. 1,14.18). So ist allein Jesus der Offenbarer; allein in Jesu Person hat Gottes Liebe sich geschichtliches Dasein geschaffen.

Wohl mit Absicht vermeidet der Verfasser die für ihn mißverständliche Formulierung, daß Gott die Welt liebte (Joh. 3,16 vgl. mit 1. Joh. 2,15). Doch in der Sendung
und Dahingabe des einzigen Sohns hat die Liebe Gottes diejenigen erreicht, die sie
annehmen sollten, die Menschen in der Welt. Wie der Sohn deshalb der «Retter der
Welt» heißt (1. Joh. 4,14), so empfangen die Menschen, die ihn im Glauben aufgenommen haben, durch ihn das Leben, das aus Gott kommt. Eben dies ist der Heilssinn seines Gesandtseins; durch ihn am Leben aus Gott teilgewinnen zu können, ist
der geschichtliche Sinn der in Jesu Dasein erschienenen Liebe Gottes.

Diese Bedeutung des geschichtlichen Daseins Jesu wird in **V. 10** erläutert. Erschien
die Liebe Gottes im Dasein Jesu, so hat sie ihre Wirklichkeit nicht darin, daß Menschen immer schon Gottes Wirklichkeit erreicht und seiner Liebe in der Welt Raum
verschafft haben – etwa so, daß menschliches Liebesvermögen ins Übermenschliche
gesteigert und zu einem «Prinzip Liebe» gemacht wird. Bewegkraft und Wirklichkeit der Liebe kommen aus Gott selbst, der sich in der Sendung seines Sohns als
Sühnung für unsere Sünden zur Liebe für uns bestimmt hat. Wiederholt der Verfasser mit dem Hinweis auf die Sünden sühnende Kraft des Todes Jesu, was er schon in
2,2 und 1,7 ausgeführt hat, so betont er, daß allererst Gottes Liebe unsere Sünden
wegschafft und vergibt und erst in der Dahingabe des geliebten Sohns der Haß, der
Tod wirkt, überwunden ist.

**4,11–16   Die Liebe untereinander als Antwort auf die Liebe Gottes im Be-
                 kenntnis des Glaubens**

**11 Geliebte, wenn Gott uns so liebte, müssen auch wir einander lieben. 12 Niemand
hat Gott je geschaut; wenn wir einander lieben, bleibt Gott in uns, und seine Liebe
ist vollendet in uns. 13 Daran erkennen wir, daß wir in ihm bleiben und er in uns,
daß er uns von seinem Geist gegeben hat. 14 Und wir haben geschaut und bezeugen,
daß der Vater den Sohn als Retter der Welt gesandt hat. 15 Wer bekennt, daß Jesus
der Sohn Gottes ist, in dem bleibt Gott und er in Gott. 16 Und wir haben die Liebe
erkannt und geglaubt, die Gott zu uns hat. Gott ist Liebe; und wer in der Liebe
bleibt, der bleibt in Gott, und Gott bleibt in ihm.**

Nachdem nun eindeutig gesagt ist, worin die Liebe ihren Beweggrund, ihr Dasein und ihre Wirklichkeit hat, kommt der Verfasser mit **V. 11** auf die Betätigung des Seins aus Gott, d. h. des Christseins in der Gemeinde zurück. Mit der nun bekräftigten Anrede «Geliebte» folgert er aus Gottes Tat der Liebe, daß auch wir einander lieben müssen. Wie in 2,6 und 3,16 deutlich wurde, daß Christsein gar nicht anders möglich ist als in der unumgänglichen Orientierung an Jesu Dasein, so wird nun eingeschärft, daß der Tat der Liebe Gottes einzig entsprechen kann, einander zu lieben. Es ist, wie die Entgegensetzung in V. 10 zeigte, durchaus im Blick, wie Menschen ins Leben schaffende Verhältnis zu Gott gelangen können. Soll dabei nicht Gottes Wirklichkeit verfehlt werden, muß Gott selbst die Orientierung geben. **V. 12** ist deshalb sachlich keine Abschweifung, sondern Absage an das Unterfangen, Gott anders wahrnehmen zu wollen als so, wie er sich in Jesus, dem geliebten Sohn, sozusagen diesseits aller jenseitigen Verborgenheit und Transzendenz «auslegen» und wahrnehmen ließ (vgl. Joh. 1,18). Der Verfasser streift andeutend einen Sachzusammenhang, der in V. 20 eindringlicher ausgeführt wird. Er gibt der Unsichtbarkeit Gottes gegenüber der Sichtbarkeit des Bruders hier aber den besonderen Akzent, daß liebende Wahrnehmung Gottes und Vertrautsein mit Gott vom Menschen nicht ohne Gott zu erreichen ist.

Wohl aber ist einem Verhalten, das der Tat der Liebe Gottes entspricht und ihr Folge leistet, Gott vertraut, V. 12b. Daß der, der seine Gebote hält, in Gott bleibt und Gott in ihm, war in 3,24 gesagt; in 2,5 hieß es sozusagen vorgreifend, daß die Liebe Gottes wahrhaft vollendet ist in dem, der sein Wort hält. Nun wird – in der Bekräftigung, daß die, die einander lieben, sein Wort bzw. seine Gebote halten – deutlich, daß Gottes Bleiben in uns, d. h. unser Vertrautsein mit Gott, die Vollendung seiner Liebe in uns ist. Einander zu lieben ist also wiederum nicht als Voraussetzung oder als Vervollkommnung der – sonst unvollständigen – Liebe Gottes gemeint; einander zu lieben heißt, der Liebe Gottes so in uns Raum zu geben und ihr Folge zu leisten, daß ihr alles in uns überantwortet und anvertraut ist und sie darin verstanden und zum Ziel gekommen ist.

Diese Vertrautheit mit dem Ziel der Liebe Gottes in uns und diesen Einblick in Gottes Liebe eröffnet und vermittelt der Geist Gottes. **V. 13** bündelt, was indirekt seit 4,1 ein Leitmotiv der ganzen Darlegung war: daran, daß Gott uns von seinem Geist gegeben hat, erkennen wir, daß wir in ihm bleiben und er in uns. Wie in 3,24 ist der Geist auch hier nicht der – etwa im Sakrament der Taufe übermittelte – Grund des Seins aus Gott; dieser Grund ist die verkündigte Wirklichkeit Gottes. Aber wir erkennen das in der Liebe Gottes geschenkte und lebendige Vertrautsein mit Gott an der Gabe des Geistes. Der Geist vermittelt also so etwas wie existentiell-praktisches Verstehen Gottes. Dieses Verstehen hat, so sehr es existentiell erfahren und praktisch gelebt wird nur dann, wenn wir einander lieben, seine Voraussetzung und seinen Grund in der Liebe Gottes, die in der Sendung seines Sohns geschichtliches Ereignis wurde, in der Botschaft bezeugt und verkündigt wird und im Bekenntnis zu Jesus Christus als im Fleisch Gekommenem ihr eindeutiges Kriterium hat.

So kommt der Verfasser, geleitet durch das «Motiv» des Geistes, in V. 14–16 nochmals abschließend und zusammenfassend auf das Zeugnis und Bekenntnis des Glaubens zu sprechen – und zwar nun mit dem Akzent darauf, daß wir in diesem Zeugnis und Bekenntnis die Liebe Gottes erkannt und geglaubt haben. Die Verse sind also keine Abschweifung. Die Formulierung in **V. 14** «wir haben geschaut und bezeugen» erinnert an die Eingangsverse in 1,1–4. Der Verfasser spricht wieder im «Zeugen-Wir», d. h. im Sinne und als Repräsentant jenes Kreises von Zeugen, die

Jesus Christus, den Sohn Gottes, in seiner, nämlich der durch ihn bestimmten Wirklichkeit geschaut und wahrgenommen haben. Wie V. 16 klarstellt, ist diese seine Wirklichkeit gerade «empirisch» die Wirklichkeit der Liebe, die aus Gott ist, die Gott ist und die Gott für uns hat. Das «Empirische» ist diejenige Erfahrungs- oder Wirklichkeitsdimension, in der Jesus Christus als im Fleisch Gekommener wahrzunehmen ist und in der zu liebende Brüder da sind.

Was die anfänglichen Zeugen geschaut haben und bezeugen, ist für den Verfasser im Johannesevangelium, zumal in Joh. 3,16 und 4,42 zur Sprache gebracht. Dieses Heilsgeschehen wird in V. 14b sprachlich aufs äußerste und fast formelhaft verdichtet: «der Vater hat den (geliebten) Sohn als Retter der Welt gesandt». Die den Heilssinn dieses Geschehens bezeichnende Wendung «Retter der Welt» findet sich bereits in Joh. 4,42, dort als Zeugnis der Glaubenserkenntnis, die die Samaritaner aus eigenem Hören gewonnen haben. Die Erwartung eines Retters und Heilands für den Erdkreis ist heidnisch-hellenistischer Religiosität nicht fremd; vor allem im späteren Kaiserkult ist solche religiöse Begrüßung und Verehrung eines Kaisers üblich. Unwahrscheinlich ist aber, daß der Verfasser sich hier kritisch-abgrenzend mit dem Kaiserkult auseinandersetzt. Weder geben die Gegner gerade dafür Veranlassung noch ist etwas anderes im Blick als das johanneische Zeugnis, daß Gott den Sohn in die Welt sandte, damit die Welt durch ihn gerettet werde (Joh. 3,17).

V. 15 lenkt zurück auf das rechte, im Geist ausgesprochene christologische Bekenntnis. War nach V. 13 das Bleiben in Gott und Gottes Bleiben in uns daran zu erkennen, daß Gott uns von seinem Geist gab, und ist in 3,24 dem, der Gottes Gebote hält, jenes wechselseitige Bleiben zugesagt, so gilt nun dasselbe von dem, der bekennt, daß Jesus der Sohn Gottes ist. Nicht als ob jeder Unterschied zwischen dem Bekenntnis des Glaubens, dem Halten der Gebote und der Gabe des Geistes verwischt würde! Wie der Geist sozusagen diesseits aller spekulativen Begriffe von Gott das Vertrautsein mit Gott vermittelt und sich im rechten Bekenntnis ausspricht, ja, daran sein Kriterium hat, so besteht auch das Halten seiner Gebote darin, sich im Glauben an den Namen seines Sohnes Jesus Christus in die Bruderliebe hereinziehen zu lassen und in ihr die Liebe Gottes zu bezeugen. Keinesfalls geht aber das Bekenntnis des Glaubens in der Bruderliebe auf oder darin unter, als verwirkliche sich Glaube in der Bruderliebe. Weil die Liebe aus Gott ist, weil Gott uns zuerst liebte, indem er seinen Sohn als Retter der Welt sandte, bedarf es notwendig des Glaubens. Und zwar nicht nur um der Gewißheit des Heils willen, sondern wegen der Ehre und des sich schenkenden Überflusses der Liebe, die Gott selbst bewegt! Der Glaube anerkennt und bekennt im Namen Jesu gerade auch die Ehre, d. h. die Herrlichkeit und Gnade der Liebe Gottes.

Wenn es in **V. 16** zusammenfassend heißt «und wir haben erkannt und haben geglaubt die Liebe, die Gott zu uns hat», so ist nicht mehr von den Zeugen allein die Rede; es ist die Gemeinde, die sich in diesem «Wir» zusammenfindet. Die Vergangenheitsform meint nicht einen einmaligen, vergangenen Akt, sondern das Bewahren des Erkannten und Geglaubten im Erkennen und Glauben, zielt also auf den Inhalt. Daß Gottes Liebe Inhalt des christlichen Glaubens ist, ist eine im Neuen Testament ungewöhnliche Aussage; sonst ist in der Regel das Christusgeschehen Inhalt des Glaubensbekenntnisses (vgl. 4,2.15). Es wird also im Namen Jesu gewissermaßen die Summe des christlichen Glaubens gezogen. Aber dieser Inhalt des Glaubens wäre völlig verfehlt, wenn er vom Namen Jesu Christi losgelöst würde.

Waren V. 9–16 eine Entfaltung der Aussage, daß Gott Liebe ist, so klingt die Wiederholung in V. 16b, als wolle der Verfasser auf das zurückkommen, worin alles ge-

sagt ist. Ähnlich zusammenfassenden Ton und Sinn hat die anschließende, wieder
personal formulierte Zusage. Nach 3,24; 4,12.13.15 ist nun das Vertrautsein mit
Gott, das wechselseitige Bleiben dem Bleiben in der Liebe zugesagt. Dieses Bleiben
in der Liebe umfaßt also Glauben und Bruderliebe. Letztlich kommt es nur darauf
an! Alles, was in der – im Glauben an Jesus verstandenen! – Liebe geschieht, macht
mit Gott vertraut und ist Gott vertraut.

4,17–18   Die Vollendung der Liebe im Freimut

**17 Darin ist die Liebe bei uns zur Vollendung gelangt, daß wir Freimut haben am
Tag des Gerichts; denn wie jener ist, sind auch wir in dieser Welt. Furcht ist nicht in
der Liebe, 18 vielmehr treibt die vollkommene Liebe die Furcht aus, denn die
Furcht hat Strafe vor sich; wer sich aber fürchtet, ist nicht vollendet in der Liebe.**

Der kleine Abschnitt gibt den Darlegungen in V. 7–16 eine neue Wendung; erneut
wird der Freimut Thema – nun freilich im Gedanken daran, daß die Gemeinde mit
der Liebe Gottes vertraut ist. Auffällig ist, wie wichtig dem Verfasser die Vergewisserung ist, «daß wir Freimut haben». Begründung (V. 17c) und kritische Erläuterung am Gegensatz zur Furcht (V. 18) sind freilich so knapp gehalten, daß nach unausgesprochenen Zwischengedanken zu fragen ist – wenn man nicht mit Eingriffen
kirchlicher Redaktion rechnen will. Auch die Fortsetzung in V. 19–21 zeigt, daß der
Verfasser sich nach wie vor im Sachzusammenhang des «Bleibens in der Liebe» bewegt. Denkt er aus dieser Erfahrung des Bleibens in der Liebe, so daß für ihn selbstverständlich zusammengehört, was die Auslegung erst zusammenreimen muß:
Vollendung der Liebe, Freimut, der Anspruch «ich liebe Gott» und die Liebe zum
sichtbaren Bruder?
Nach allem, was in V. 7ff. gesagt wurde, ist klar, daß von Gott die Rede ist, wenn in
V. 17 (wie in 2,5 und 4,12) von der Liebe die Rede ist. Ebenso klar ist, daß dies ein
Geschehen ist, an dem «wir» durch den Geist im Glauben und in der Liebe zueinander beteiligt sind. Wieder wäre der Gedanke an eine von Menschen zu leistende
oder erst noch zu erwartende Vervollkommnung der Liebe Gottes verfehlt. Allerdings scheint eine Gegenposition oder eine Einrede im Blick zu sein, die zwar nicht
direkt zu fassen ist, aber im kritischen Eingehen auf die Parole «ich liebe Gott» V. 20
ebenso aufgenommen sein dürfte wie darin, daß die endzeitliche Bedeutung des
Freimuts betont und zugleich Freimut wie Furcht vergeschichtlicht werden. Mit anderen Worten: mit allem Vorbehalt ist eine Position der Gegner denkbar, wonach
die Liebe zu Gott erst Gottes Liebe endzeitlich vollendet und Freimut schafft.
Wie Gottes Liebe nach 2,5 und 4,12 in uns zur Vollendung, d. h. an ihr Ziel gekommen und verstanden ist, wenn wir uns durch sie zur Liebe zueinander bewegen lassen und im Glauben den Mitmenschen als Bruder annehmen, so nun darin, daß wir
Freimut haben am Tag des Gerichts. Zweifellos denkt der Verfasser an das künftige, endzeitliche Gericht Gottes. Ein zwingender Grund, die traditionelle, aus jüdischer Überlieferung stammende und im Urchristentum aufgenommene Vorstellung
einem Eingriff kirchlicher Redaktion zuzuschreiben, besteht nicht. Betont wird der
äußerste, uns entzogene Horizont des Urteils Gottes, das freilich mit Gottes Liebe
bis zum letzten übereinstimmen wird. Freimut zu haben heißt, sich mit Zuversicht
dem Urteil Gottes anvertrauen und sich vor Gott verantworten zu können. Kommt
diese Zuversicht aus der im Sohn erschienenen Liebe, weil Gott im Gericht auf den

Sohn blickt, dann wird vor Gott gelten, was jetzt schon im Sohn für uns spricht. Darauf dürfte sich die Begründung in V. 17c beziehen. Das gegenwärtige geschichtliche Sein der Gemeinde in der Welt entspricht dem Sein Jesu. Was ist in dieser schwer verständlichen Kürze gesagt?

In den Sachparallelen 2,6; 3,3.7 (3,2?) ist einerseits Jesu Sein oder Verhalten näher charakterisiert, andererseits ist von einem an Jesu Vorbild orientierten Verhalten der Gemeinde die Rede. Dieses Verhalten ist freilich nichts anderes als einander zu lieben, wie denn auch das Sein und Verhalten Jesu einzig dadurch bestimmt ist, daß er der Liebende ist (vgl. 3,16). Nun ist die Entsprechung zwischen Jesus und der Gemeinde oder die Orientierung der Gemeinde an Jesus hier auf den Freimut am Tag des Gerichts bezogen. Daß der Verfasser an Jesu Freimut (vgl. Joh. 11,14; 16,25.29; 18,20) und an die Bedrängnis der Gemeinde in der Welt (Joh. 16,33) denkt, ist nicht erkennbar; wenig wahrscheinlich ist auch, daß an den «himmlischen» Christuskönig und Richter im Unterschied zum geschichtlichen Sein Jesu gedacht würde. So liegt die Annahme am nächsten, daß es beim Freimut – wie in der Angst – um das geschichtliche Dasein überhaupt geht, das in der Liebe gelebt wird, aber vor Gott als ganzes im Blick auf die Liebe Jesu zu verantworten ist. Jesu Sein als der Liebende ist dann Grund und Vorbild der Gewißheit, die die Gemeinde schon in dieser Welt haben kann, daß der Liebende für alle Zukunft Freimut vor Gott hat. Denn Gott, der Liebe ist, wird als der Richter nicht die verurteilen, die er selbst zu Liebenden berufen hat. Die Liebe ist also schon jetzt darin zur Vollendung gelangt, daß sie für alle Zukunft das sein wird, worauf die Gemeinde sich im Namen Jesu berufen und worin sie also ihr Dasein in der Welt mit Freimut vor Gott verantworten kann.

Diese Gewißheit zukünftigen Freimuts wird in **V. 18** bekräftigt und aller künftigen Ungewißheit entgegen im Gedanken daran, was in der Liebe ausgeschlossen ist, gegenwärtiger Einsicht faßbar gemacht. Was um den Freimut bringen könnte, wäre Furcht – aber Furcht ist nicht in der Liebe. Das ist kein rein psychologischer, sondern ein theologischer Erfahrungssatz. Furcht wäre die Erfahrung, in der das Vertrautsein mit Gott in der Angst untergeht und Gott als der Richter Angst macht. Ob nun im Gedanken an das künftige Gericht Gottes die Furcht vor Anklage und Strafe im Blick ist oder die Furcht, in der Bruderliebe versagt zu haben – wo die vollkommene Liebe Freimut schenkt, sich auch im Gericht ein Herz zu Gott zu fassen, hat die Furcht keinen Platz. Das wird an einer negativen Konsequenz einleuchtend gemacht: die Furcht bezieht sich auf Strafe und gewärtigt Strafe; Strafe aber verträgt sich schlechterdings nicht mit Liebe. Wie Freimut und wohl auch Furcht am Gericht Gottes orientiert sind, wird ebenso Strafe die am Gerichtstag befürchtete sein, wie das dem Sinn des griechischen Ausdrucks in jüdischer und urchristlicher Überlieferung entspricht.

Der V. 18 abschließende Gegensatz zur positiven Aussage am Beginn von V. 17 muß in seiner gegensätzlichen Formulierung beachtet werden. Es wird gerade nicht eingeräumt, daß in dem, der Furcht hat, die Liebe – noch – nicht vollendet sei. Während in V. 17 bestimmendes Subjekt die Liebe ist, die im Freimut zu Gott zum Ziel gelangt, ist es in V. 18 der, der sich fürchtet. So ist der eigentliche Gegensatz, daß der, der sich fürchtet, die Liebe nicht verstanden hat und sie nicht in Glaube und Bruderliebe bestimmendes Subjekt seines Lebens sein läßt und eben darin der Furcht überantwortetes Subjekt ist.

4,19–21   Liebe zu Gott als gebotene Zuwendung zum Bruder

19 Wir lieben, weil er uns zuerst geliebt hat.
20 Wenn jemand sagt «Ich liebe Gott»,
**   und haßt seinen Bruder,**
**   (so) ist er ein Lügner.**
Denn wer seinen Bruder nicht liebt, den er (immer schon) gesehen hat, kann nicht
Gott, den er nicht gesehen hat, lieben. 21 Und dieses Gebot haben wir von ihm, daß
der, der Gott liebt, auch seinen Bruder liebt.

V. 19 ist mehr als bloße Überleitung, so sehr bereits Gesagtes wiederholt wird. Was
wie ein Kehrreim der Verse 7.10 und 11 klingt, gibt nun wie als Grundlage an, was
die in V. 20 gefällte Entscheidung trägt. Schon der argumentative Stil in V. 20 zeigt,
daß der Verfasser sich wieder mit einem Anspruch auseinandersetzt, dem die Gemeinde von seiten der Gegner konfrontiert wird. Im Wortlaut wird eine Parole zitiert, in der unmittelbare, innige Gottesgemeinschaft beansprucht wird. Das schroff
widersprechende Verhalten erweist diesen Anspruch als Lüge. Die Behauptung
«ich liebe Gott» ist nicht als solche und in sich schon Lüge, wie dies von den Parolen
in 1,8 und 10 gilt. Sie kommt am Bruderhaß als Lüge ans Licht. Ähnlich wie die Gemeinschaft mit Gott (1,6), die Erkenntnis Gottes (2,3f.) und das Sein im Licht (2,9–
11) hat auch die Liebe zu Gott einen positiv anzuerkennenden Heilssinn. Während
das in 1,7.9; 2,5.10 so zum Ausdruck kommt, daß das jeweils entsprechende positive Verhalten in personaler Zusage des Heils vergewissert wird, ist die positive Wendung der Argumentation hier eigentümlich indirekt gehalten. Zunächst wird in der
Aufnahme des Gedankens der Unsichtbarkeit Gottes aus 4,12 bzw. Joh. 1,18 die
Lüge als Lüge insofern aufgedeckt, als menschliches Lieben ohne konkretes Gegenüber und abgesehen vom sinnlich wahrgenommenen Bruder unmöglich und unsin-
nig ist. Sodann wird das, was Liebe zu Gott im positiven Sinn allein heißen kann, in
der ausschließlichen Orientierung an Gottes Gebot durch die unlösbare und unumgängliche Verknüpfung von Gottesliebe und Bruderliebe bestimmt, wie sie der Verfasser im sog. Doppelgebot der Liebe vorgegeben und überliefert sieht. Aus dieser
eigentümlich verschränkten Argumentation geht hervor, daß der Verfasser der Liebe zu Gott im Unterschied zur Bruderliebe einen eigenständigen Sinn gibt und doch
mit aller Schärfe die Meinung abweist, Gott könne im Akt und Vollzug menschlichen Liebens zum Objekt und unsichtbaren Gegenüber werden, neben und abgesehen vom sinnlich wahrgenommenen Bruder. Mit anderen Worten: es gibt nicht einen auf Gott gerichteten «religiösen» Akt des Liebens und daneben, davon gelöst
oder «ethisch»-praktisch orientiert, Akte der Bruderliebe. Damit ist einerseits die
Frage aufgeworfen, worin der eigenständige positive Sinn der Liebe zu Gott besteht
– das ist Sache der in 5,1 folgenden Verse, die den Glaubensvollzug hervorheben.
Andererseits ist deutlich, daß menschliches Lieben in seiner konkreten Ausrichtung
auf den Bruder Mitvollzug der Liebe zu Gott ist, weil darin anerkannt und bejaht
ist, daß Gottes zuvorkommende Tat der Liebe bewegender und tragender Grund
menschlichen Liebens ist. So ist in der Tat in V. 19 die Liebe zu Gott bereits mitaus-
gesagt.
Wenn nach den Ausführungen über den Freimut und die Furcht nun einfach und
schlechthin gesagt wird «wir lieben», so ist das nicht nur Feststellung der Wirklichkeit der Gemeinde, sondern selbst ein Reden in Freimut und ohne Furcht. Zugleich

ist mitzuhören, daß sich in diesem Lieben das dem Sein Jesu entsprechende Sein der Gemeinde in dieser Welt vollzieht. Daß wir lieben, heißt also: wir sind Liebende. Eben deshalb kann ein ‹Objekt› des Liebens eigentlich gar nicht genannt werden. Daß der praktische, tätige Vollzug dieses Seins einzig in der Bruderliebe besteht, ist zur Genüge gesagt und wird überdies in V. 20f. nochmals in kritischer Schärfe herausgestellt. Daß Gott Inhalt und Ziel dieses Liebens sein sollte, wie als Lesart in einigen nicht unbedeutenden Handschriften bezeugt wird, wäre eine fragwürdige und unsachgemäße Einschränkung. Aus derselben Überlegung wird man auch einer Deutung des griechischen Wortlauts im Sinne der Aufforderung «laßt uns lieben», was der grammatischen Form nach ebensogut möglich wäre, nicht zustimmen. Wo derart aufgefordert wird, fügt der Verfasser in der Regel «einander» hinzu (vgl. 3,11; 4,7; abgewandelt 3,18); außerdem scheint die betonte Voranstellung von «wir» wie in 3,14; 4,16 (vgl. 2,20.27; 4,4) auf Vergewisserung der Gemeinde zu zielen – wo betontes «wir» eine Aufforderung einleitet, folgt ebenso betontes «müssen», vgl. 3,16; 4,11! So dürfte also die – mit Freimut vor Gott herausgesagte – Gewißheit gemeint sein, in der sich der Verfasser mit seinen Lesern einig weiß, daß es die geschichtliche Wirklichkeit der Gemeinde in der Welt ist, zu lieben. Das ist nicht ein Werk oder eine Leistung, worauf die Gemeinde sich selbst gründet, sondern Antwort, Zeugnis, Bekenntnis und Anerkennung, daß Gott uns in der Sendung des Sohnes zuerst geliebt hat. Deutlich ist, daß die zentrale Aussage von 4,9–11 mit kritischer Wendung vertieft wird, wie auch daran kenntlich wird, daß der Verfasser alsbald den ihm offenbar festgefügten Gedanken aus V. 12 aufnimmt, der unsichtbare Gott sei wirklicher, im Lieben bestehender menschlicher Existenz einzig in der Bruderliebe gegenwärtig und erreichbar. Ort und Dimension wirklicher «religiöser» Erfahrung und inniger Zuwendung zum wirklichen Gott ist die Bruderliebe.

Die Parole, die in **V. 20** zitiert wird, bringt ein religiöses Selbstverständnis zum Ausdruck, das, von einem einzelnen oder gegenüber der Gemeinde vertreten, beeindruckend wirken mußte. Der Struktur der Argumentation nach müssen wieder die Gegner im Blick sein. Für sie dürfte die Selbstbekundung «ich liebe Gott» innerste, unmittelbare Zuwendung zu Gott bedeuten und konnte nichts anderes als den Seins- und Heilssinn haben, unmittelbar am Leben und Wesen Gottes teilzuhaben. Dieser Anspruch unmittelbarer Gottesbeziehung in einer Raum und Zeit mitmenschlicher Wirklichkeit überspringenden Weise ist gemeinsamer Grundzug auch der andern gegnerischen Parolen.

Wie in 1,6; 2,4.9 steckt die Lüge nicht in dem erhobenen Anspruch selbst – insofern ist das Beanspruchte und Gemeinte positiv aufzunehmen! –, sondern kommt an der mißachteten Bruderliebe ans Licht. Wieder besagt das personal formulierte Urteil nicht nur, daß Unrichtiges behauptet wurde; es handelt sich um potenzierte Lüge, um Existenz in der Lüge, weil Gottes Wirklichkeit existentiell verfehlt wird und die Existenzbewegung des Liebens ins Unwirkliche, Nichtige geraten ist. Die in V. 20d angefügte Erläuterung dieses Urteils legt dar, daß der Anspruch, Gott zu lieben und zugleich dem Bruder die Liebe zu versagen, eine Fiktion menschlichen Liebens ist, betrügerische Manipulation menschlicher Wirklichkeit.

Doch warum eigentlich kann der, der seinen Bruder nicht liebt, den er immer schon gesehen hat, nicht dennoch Gott lieben, den er nicht sinnlich wahrgenommen hat, aber vielleicht religiös erahnt? Das müßte heißen, die Liebe zu lieben, die Gott ja ist, die uns aber als «Gegenstand» des Liebens schlechthin entzogen ist! Aber sie ist uns nicht nur als «Gegenstand» entzogen – vielmehr ist uns Gott als Liebe so nahegekommen, daß er uns in die Bewegung seiner Liebe hineingezogen hat und wir in

ihm bleiben und er in uns. Die Liebe, die Gott ist und in der er erschienen sein will, ist also nur so «wahrzunehmen», daß sic in unserer Wirklichkeit beim Bruder, der immer schon zu sehen ist, Raum gewinnt. Gott zu lieben muß demnach heißen, ihn gerade *als Gott für den Bruder* im Mitmenschen anzunehmen und zu verstehen.
Es kann also auch keine Rede davon sein, daß hier so etwas wie ein Schluß vom Leichteren, der Bruderliebe, auf das Schwerere, die Gottesliebe, gezogen würde; es werden keineswegs zwei Stufen des Liebens vorgestellt, deren zweite, die Gottesliebe, nicht ohne die erste zu erreichen ist. Es wird schlechthin verneint, daß so etwas wie Liebe zum unsichtbaren Gott ohne und außerhalb der Bruderliebe möglich ist.
Im übrigen erscheint es merkwürdig abstrakt und romantisch, die Liebe zum konkreten Bruder als das Leichtere anzusehen, als wäre nicht oft genug ich als Bruder meines Bruders schwer zu lieben. Der konkrete Bruder ist der Ort, an dem uns der *Unterschied zwischen Gott als Liebe und uns* aufgeht.
Mit gutem Grund formuliert der Verfasser in **V. 21,** wo ja die positive Antithese zu erwarten ist, zunächst merkwürdig anders als in den vergleichbaren Versen 1,7.9; 2,5.10: nicht etwa «wer seinen Bruder liebt, liebt Gott», sondern: «dieses Gebot haben wir von ihm». Gerade weil Gott uns in der Liebe sozusagen näher ist als wir einander vor Augen haben, und wir ihm in der Liebe zugewandt sind, indem wir uns dem Bruder zuwenden, haben wir das Gebot von ihm, *um Gott von uns und unserem Lieben zu unterscheiden.* Wir «haben» das Gebot, indem es uns gesagt ist und uns als überliefertes Wort von außen trifft und anspricht. In der Anerkennung des Gebots, das wir haben, indem es uns als gebietendes und gebotenes Wort gesagt ist, sind wir Gott als Gott zugewandt. Die Liebe zu Gott in ihrem eigenständigen, von der Bruderliebe unterschiedenen Sinn ist an das Gebot gewiesen, ist Anerkennen und Halten des einen Gebotes.
Der Verfasser nimmt in V. 21 das sog. Doppelgebot der Liebe auf, das in Mark. 12,29–33 (Matth. 22,37–39; Luk. 10,27) in der Weise überliefert ist, daß dem Hauptgebot ‹Liebe den Herrn, deinen Gott, aus deinem ganzen Herzen, aus deiner ganzen Seele und aus deiner ganzen Kraft› das andere neben- und gleichgeordnet ist ‹Liebe deinen Nächsten wie dich selbst›. Die ‹johanneische› Interpretation dieses «Doppelgebots» besteht nicht nur darin, daß im Sinn des «neuen Gebots» Jesu (Joh. 13,34) statt vom Nächsten konkreter vom Bruder die Rede ist. Das johanneische Verständnis dieses (einen!) Gebotes, das wir von ihm haben, ergibt sich vor allem daraus, daß die auffordernde (imperativische) Formulierung als solche vermieden und der Anschein, es handle sich um zwei nebeneinander stehende Gebote, beseitigt ist und schon in der personalen Formulierung («wer Gott liebt, liebt auch seinen Bruder») zum klaren Ausdruck kommt, daß das Gebotene ein einziger existentieller Vollzug ist. Also: wer Gott liebt, hält sein Wort und Gebot, in dem uns von Gott, dessen Liebe wir erkannt und geglaubt haben (4,16), gesagt ist, den Bruder bzw. einander (vgl. 3,11) zu lieben. Die Gott zugewandte Liebe hält sich an das Gebot, das wir von ihm haben. Somit ist auch deutlich, daß die Liebe zu Gott sich aufs engste mit dem Glaubensvollzug berührt, vielleicht sogar, ohne daß dies ausdrücklich so gesagt wird, damit zusammenfällt. Jedenfalls aber ist durch die kritische Erörterung der Liebe zu Gott das Thema vorgezeichnet und vorbereitet, das in 5,1–4 in den Vordergrund rückt.

5,1–12   Der Glaube und die Gabe ewigen Lebens im Zeugnis Gottes für seinen Sohn

Die kritische Erörterung der Liebe zu Gott, zusammengefaßt in der personalen Interpretation des ‹Doppelgebots der Liebe›, führt den Verfasser dazu, im nächsten Abschnitt ausdrücklich den Glauben zum Thema zu machen. Diesen Übergang, d. h. den Zusammenhang zwischen dem personalen Vollzug der Liebe zu Gott, der Bruderliebe und des Glaubens, gilt es zu verstehen.
Zunächst wird grundlegend festgestellt, daß das Sein aus der Liebe Gottes jedem darin gegeben ist, daß er glaubt, was auf Grund der Offenbarung der Liebe Gottes zu bekennen ist: Jesus ist der Christus (vgl. 4,15.16). Dieser These wird unvermittelt eine zweite Aussage zugeordnet, die das in 4,21b Gesagte nun auf 5,1a bezogen abwandelt. Was in V. 2 folgt, ist eine Verbindung der Liebe zu den Kindern Gottes mit der zu Gott in der Weise, daß jene an dieser zu erkennen ist. Die Erläuterung der Liebe zu Gott als Halten seiner Gebote (V. 3) führt, vermittelt durch die Aussage, daß seine Gebote nicht schwer sind, zu einer konkreten Folgerung aus der These V. 1a, die den Zusammenhang zwischen Glaube, Liebe zu Gott und Bruderliebe beleuchtet: der Sieg, der die Welt besiegt hat, ist unser Glaube.
Woran menschliches Liebenkönnen sich mit Gewißheit halten kann, ist einbezogen und getragen vom Glauben, der seinerseits nun in V. 5–11 auf seinen wirklichen, geschichtlichen Grund und Inhalt und auf das ihn (wie in ihm sich) erschließende Zeugnis hin dargelegt wird.

5,1–4   Lieben-können in der Gewißheit des der «Welt» überlegenen Glaubens

1 Jeder, der glaubt, daß Jesus der Christus ist, ist aus Gott gezeugt, und jeder, der den Erzeuger liebt, liebt auch den aus ihm Gezeugten. 2 Daran erkennen wir, daß wir die Kinder Gottes lieben, wenn wir Gott lieben und seine Gebote tun. 3 Denn das ist die Liebe zu Gott, daß wir seine Gebote halten; und seine Gebote sind nicht schwer. 4 Denn alles, was aus Gott gezeugt ist, besiegt die Welt; und das ist der Sieg, der die Welt besiegt hat, unser Glaube.

Was in 2,29 jedem, der die Gerechtigkeit tut, in 4,7 jedem, der liebt, zukommt, gilt nun, **V. 1**, von jedem, der glaubt, daß Jesus der Christus ist. Jeder hat in diesem Glauben das Sein aus der Liebe Gottes, dem Sündenvergebung und ewiges Leben zugesagt ist, ein Sein, das Sünde und Tod ausschließt. Es ist die Person des Glaubenden, die die Gerechtigkeit tut und die liebt. Wie in 2,23.29; 3,3.4ff; 4,7 formuliert der Verfasser im Stil jener kritisch-dogmatischen Sätze, die eine christologisch bedingte und bestimmte Allgemeingültigkeit aussagen. Das wird hier sogar ausdrücklich. Das Sein aus der Liebe Gottes ist durch nichts anderes bedingt als durch die glaubende Anerkenntnis Jesu als Christus und Sohn Gottes. Wie urchristlichem Sprachgebrauch geläufig, wird im «daß-Satz» gesagt, was den Glauben in seinem Grund und Inhalt bestimmt, dem Gehalt nach identisch mit der prägnanten Wendung «glauben an»; dem entspricht in johanneischen Texten sinngleich «glauben» mit Dativobjekt (vgl. 3,23 mit 5,1.5 und 5,10.13). Der Ton liegt nicht auf dem Heilssinn der überlieferten, geradezu austauschbar gewordenen Würdetitel «Christus» und «Sohn Gottes», sondern mit ganzem Nachdruck darauf, daß es der im Fleisch gekommene Mensch Jesus ist, der sein Leben hingab und am Kreuz starb – und darin die Liebe erkannt und geglaubt wird, die Gott für uns hat (4,16). Das gegensätzliche Urteil, das mit «jeder, der»-Sätzen in der Regel verbunden ist, fehlt hier; es war sozusagen schon in 2,22f. vorweggenommen und beleuchtet so, daß es auch in 5,1 um die Alternative von Rechtgläubigkeit und Irrlehre geht. (Ob die unbedingte Heilszusage für jeden, der glaubt, gezielt auch die Irrlehrer einbezieht, muß offen bleiben; in der Verweigerung dieses Glaubens jedenfalls haben sie sich das Urteil von 2,22 selbst zugezogen.)

Unvermittelt wird in V. 1b die grundlegende These von V. 1a aufgenommen durch eine Formulierung, die dasselbe zu sagen scheint wie 4,21b – mit dem Unterschied, daß sowohl Gott als der Bruder und damit auch die personale Interpretation des Gebots der Liebe, das wir von ihm haben, nun im Sinne des Heilsprädikats bestimmt sind, das dem Glaubenden zukommt: Gott ist Erzeuger, der Bruder der aus Gott Gezeugte. Wird 4,21 nun von 5,1a genauer gefaßt und dem Glauben zugeordnet? Immerhin lassen die um das Motiv des Gezeugtseins aus Gott gruppierten Wendungen in V. 1b.2a (vgl. 3,1) durchblicken, daß der Verfasser geprägte Aussagen johanneischer Tradition im Blick auf die Gegner, vielleicht sogar diesbezügliche Sätze der Gegner zurechtrückt und im Sinn des Glaubens interpretiert. Der Streit dürfte sich in der Tat auf das rechte Verständnis der gebotenen Liebe zu Gott konzentriert haben.

Für sich genommen klingt der Satz V. 1b wie eine allgemein einleuchtende Sentenz, die im Sinn der Gegner zum Ausdruck brächte: wer sich mit dem erzeugenden Ursprung des erkannten himmlischen Seins erkennend-liebend vereint, identifiziert sich auch erkennend-liebend mit dem aus diesem Ursprung Gezeugten. Für den Verfasser ist der «Erzeuger» der Autor des im Glauben gegebenen und angenommenen Seins und der «aus ihm Gezeugte» ist uneingeschränkt jeder, der sich zu dem Glauben versteht, der dem Bekenntnis entspricht – keineswegs aber der «Sohn» oder der sich mit dem «Sohn» Identifizierende. Den im Glauben an Jesus verstandenen Gott zu lieben heißt also notwendiger- wie evidenterweise, einander als den im Glauben an den Sohn geschenkten Bruder zu akzeptieren und zu lieben.

V. 2 formuliert daraufhin ein Kriterium, das wie in 2,3 einen uneindeutig und kontrovers gewordenen Sachverhalt eindeutig und gewiß macht. Der Eindeutigkeit und Gewißheit bedarf, daß wir «die Kinder Gottes» lieben. Heißt es «Kinder Gottes» statt «Brüder», wie nach 4,20f. doch zu erwarten, dürfte das Hinweis auf ein Verständnis von «Kindern Gottes» sein, das zu liebende Brüder ausschließt und darum die Liebe zu den Kindern Gottes unwahr macht. Sie würde unwahr gemacht, wenn sie erkennend-liebende Zuwendung bedeutet, in der man einander exklusiv als himmlische, geisterzeugte Wesen identifiziert. Wer «Kind-Gottes-sein» aber anders definiert sieht als durch die Reichweite der Liebe Gottes, der macht Gott zum Lügner und hat den Vater nicht (vgl. 1,10; 2,23 mit 5,1!). Darum ist wirkliche Liebe zu den Kindern Gottes an der Liebe zu Gott und dem Tun seiner Gebote zu erkennen.

Exkurs: *Zum Verhältnis von Glaube, Bruderliebe und Liebe zu Gott*

Warum ist diese doch klare und zumal durch V. 3 noch erläuterte Aussage in der Auslegung nachgerade zum Vexierbild geworden? Seltsam, ja fast unverständlich sei, «daß hier die auf Gott gerichtete Liebe als Erkenntnisgrund für die Bruderliebe gilt, während es sonst umgekehrt ist (V. 1b; 4,7f.20f.)» (Bultmann). Aber nirgends im 1. Joh. ist das «Umgekehrte» gesagt! Kann man dem Verfasser einfach unterstellen, »Gott erkannt zu haben», «aus Gott gezeugt zu sein» und »Gott lieben» seien letztlich auswechselbare Ausdrücke für ein und dasselbe?

Der Preis für solche schematische Einebnung der genauen, fast überfrachteten Argumentation ist, daß die theologisch bedeutsame Pointe der Kontroverse unklar bleibt. Haben die Gegner den Glauben in ihrer Liebe zu Gott aufgehoben und darum beides unwahr gemacht?

Zugegeben, die Schwierigkeit ist, wie das Verhältnis von Glaube, Bruderliebe und Liebe zu Gott näher bestimmt ist. Vorweg sind drei Dinge zu beachten:

(1) Glaube, Bruderliebe und Liebe zu Gott sind nicht drei voneinander isolierte Akte, etwa ein dogmatisch-bekennender, ein ethischer und ein spezifisch religiöser Akt, sondern zusammengehörig im personalen Vollzug. Gleichwohl sind sie nicht beziehungslos dasselbe – Liebe zu Gott als dem Ursprung das wahre Verhältnis zum Sohn und in solcher Identifikation mit ihm dann identisch mit der Liebe zu den Gottgezeugten oder, moderner, Glaube nichts anderes als wirkliche, radikale Bruderliebe und eben dies dann Gottesliebe.

(2) Nirgends (!) im 1. Joh. ist Liebe zu Gott Inhalt des Gebots oder gar Forderung («du sollst Gott lieben!»); sie ist immer schon personaler Vollzug und als solcher Sache des Tuns und Haltens «seiner» Gebote und des mit dem Gebot Gegebenen – oder Lüge!

(3) So sehr das Thema der Liebe zu Gott durch den Anspruch der Gegner «ich liebe Gott» (4,20) aufgeworfen und deshalb kritisch aufzunehmen war – dem Thema eignet um des wirklichen Tuns der Gebote willen ein eigenständiges Gewicht, wie die an sich überraschende Fortführung des Gedankens in V. 3b.4 (und 5) zeigt.

Zum Verständnis des in V. 2 angeführten Kriteriums ist der begründende V. 3 miteinzubeziehen. Unzweideutig sagt **V. 3**, worin die Liebe zu Gott besteht, und bekräftigt so zudem, daß auch schon die Wendung in V. 2c «und seine Gebote tun» genauere Erläuterung sein sollte. Zweifellos ist bei «seinen Geboten» das Gebot der Bruderliebe zumindest mitgemeint. Blickt man nur auf diesen *Inhalt* seiner Gebote, entsteht die eigentümliche Schwierigkeit, daß die Bruderliebe Kennzeichen der Liebe zu den Kindern Gottes ist. Doch es ist mehr als dieser Inhalt gemeint. Mag es Gewicht haben oder nicht, daß in V. 2b nicht wie sonst stets vom «Halten», sondern vom «Tun» seiner Gebote die Rede ist – klar ist, daß der Verfasser vom wirklichen Tun seiner Gebote – und nicht von der Forderung! – ausgeht. Während in 4,20 kritisch ein «Gott-nicht-lieben-können» am Fehlen der Bruderliebe aufgewiesen und so der Anspruch «ich liebe Gott» als Lüge erwiesen wird, geht es in 5,2 positiv um das Lieben-*Können*. Denn wirkliches Tun setzt das Lieben-Können und somit das im Glauben geschenkte und angenommene Sein aus der Liebe Gottes voraus. Genau dieser Zusammenhang wird in der Liebe zu Gott gewiß. Denn wo will Gott – um der Liebe willen, die er ist – geliebt und als Gott bejaht sein? Antwort: In seinem Wort und Gebot, das wir von ihm, dem im Menschen Jesus offenbaren Gott haben – und nicht im Ich-Bewußtsein des seines Ursprungs innewerdenden und derart erkennend-liebend mit dem göttlichen Urgrund vereinten himmlischen Wesens Mensch, nicht in vermeintlicher Gottunmittelbarkeit und jener Unsichtbarkeit von 4,20, weshalb es auch gänzlich abwegig ist, eine «verborgene, unkontrollierbare» Gottesliebe gegen die Erfahrbarkeit (und Kontrollierbarkeit?) der Bruderliebe auszuspielen. Gott will als Gott an dem Ort und in der sichtbaren Wirklichkeit geliebt sein, wo dem Bekenntnis des Glaubens entsprechend Gottes Liebe erschien und

glaubend wahrzunehmen ist und wo Kinder Gottes, nämlich zu liebende Brüder in Wirklichkeit anzutreffen sind. An diesen Ort weist sein Gebot und darum kann und muß personal vollzogene Liebe zu Gott sich an sein Gebot halten.
Ich liebe Gott also nicht in mir, im religiösen Bewußtsein, aus Gott gezeugt zu sein, sondern wir lieben Gott, indem wir uns im gehorsamen Hören an sein Wort und Gebot halten, das uns, außerhalb unserer selbst, im Gebot Jesu gesagt ist und uns an den Ort weist, wo Gott in Wirklichkeit ist. So markiert und hält die Liebe zu Gott genau den Ort fest, an dem zwischen Gottes Liebe und menschlichem Lieben unterschieden und zwischen Glaube und Bruderliebe zu unterscheiden ist. Dann ist evident, daß die Liebe zu Gott in der Tat Gewißheitsgrund menschlichen Lieben-*Könnens* und wirklicher Liebe der Kinder Gottes ist.

Eine Überlegung sei angefügt, die exegetisch nur indirekt anzustellen ist: wenn die an sein Gebot sich haltende Liebe zu Gott nun auch persönliche Zuwendung zu Gott ist – meint dann Liebe zu Gott etwas anderes als Gebet? Dann wäre das an sein Wort und Gebot sich haltende Gebet zu Gott Gewißheitsgrund menschlichen Lieben-Könnens in der Bruderliebe und die Bruderliebe wirkliche Erfahrung der Gewißheit des Gebets.

Daß es bei der Liebe zu Gott um die Gewißheit des Lieben-Könnens geht, bekräftigt der Schluß von V. 3. Das Gesagte ist kaum nur «homiletische Hinzufügung» und sicher nicht Reflex jüdisch-rabbinischer Diskussion über leichte und schwere Gebote. Seine Gebote, und das heißt ja: im Namen Jesu zu glauben, daß wir geliebt sind, und deshalb einander zu lieben, sind nicht schwer, weil wir uns nur Jesus gefallen lassen sollen. Das Halten der Gebote ist – bildhaft geredet – nicht mehr durch die Last der Welt beschwert; gegen den Einwand, die Wirklichkeit der Welt entkräfte das Lieben-Können, die Bruderliebe versage vor der Übermacht der Welt, ist schlicht die Liebe zu Gott aufgeboten. Darin ist aufgeboten, was auf Grund des Glaubens zu sagen und zu bekennen ist.
«Denn alles, was aus Gott gezeugt ist, besiegt die Welt» (**V. 4a**); wieder formuliert der Verfasser dicht an der mit den Gegnern gemeinsamen Tradition entlang. Die neutrische Formulierung klingt grundsätzlich. Im Kontext ist sie bedingungslose Zusage, daß jeder, der lieben kann, weil er als Glaubender aus Gott gezeugt ist, die Welt besiegt. Die Glaubenden sind der bedrückenden Not und Last der Welt nicht enthoben und entrückt; ihre Situation ist Kampf gegen jenes Prinzip des Bösen, auf das die Welt sich eingerichtet hat (vgl. 2,13f. 15–17), Kampf gegen tödlichen Haß, gegen Verhöhnung und Mißachtung der Liebe. Vollzieht sich der Kampf in der Überwindung des Hasses, in der Bruderliebe, so entspringt er schon dem Sieg über die Welt. Der Sieg ist nicht Resultat oder Verheißung moralischer Anstrengung, so wenig Glaubende untätig neben diesem Sieg stehen können. «Und das ist der Sieg, der die Welt besiegt hat, unser Glaube» (**V. 4b**). Damit wagt der Verfasser in der Tat eine kühne Folgerung aus dem überlieferten Bekenntnis des Glaubens. Wer den Sohn, wer den Menschen Jesus als Sohn Gottes bekennt, der hat den Vater, in dem bleibt Gott (vgl. 2,23; 4,15). Um Jesu willen ist dem Glauben gegenwärtig geschenkt, was dem Sohn vom Vater gegeben ist. Was in Joh. 16,33b das vom Vater aufgetragene Werk Christi ist: «ich habe die Welt besiegt», ist nun Sache des Glaubens. Einzig hier verwendet der Verfasser das Substantiv «Glaube»; im Johannesevangelium fehlt es völlig. Gemeint ist zweifellos der im überlieferten Bekenntnis sich äußernde, gemeinsame Glaube der Gemeinde. Aber nicht eine von der Kirche verwaltete Glaubenslehre ist im Blick. Betont ist vielmehr, daß der Sieg über die

Welt, der mit eschatologischer Endgültigkeit in der Offenbarung der Liebe Gottes
im Menschen Jesus errungen ist, in der Welt nun gerade in der Verantwortung des
gemeinsamen Glaubens steht.

5,5–12   **Der Glaube an Jesus Christus in der Auslegung des Zeugnisses**
              Gottes

**5 Wer aber ist es, der die Welt besiegt, wenn nicht der, der glaubt, daß Jesus der
Sohn Gottes ist? 6 Dieser ist es, der durch Wasser und Blut gekommen ist, Jesus
Christus; nicht im Wasser allein, sondern im Wasser und im Blut. Und der Geist ist
es, der (davon) Zeugnis gibt, denn der Geist ist die Wahrheit. 7 Denn drei sind es,
die Zeugnis geben, 8 der Geist und das Wasser und das Blut, und die drei stimmen
überein. 9 Wenn wir (schon) das Zeugnis von Menschen annehmen – das Zeugnis
Gottes ist (bei weitem) mehr. Denn dies ist das Zeugnis Gottes, daß er (schon)
Zeugnis gegeben hat von seinem Sohn. 10 Wer an den Sohn Gottes glaubt, hat das
Zeugnis in sich. Wer Gott nicht glaubt, hat ihn zum Lügner gemacht, weil er nicht an
das Zeugnis geglaubt hat, das Gott von seinem Sohn bezeugt hat. 11 Und das ist das
Zeugnis, daß Gott uns ewiges Leben gegeben hat, und dieses Leben ist in seinem
Sohn (da). 12 Wer den Sohn hat, hat das Leben; wer den Sohn Gottes nicht hat, hat
das Leben nicht.**

Daß der Glaube nicht in der Weise eines weltüberlegenen Prinzips oder einer absolut gesetzten Lehre Sieg über die Welt ist, sondern in der persönlichen Verantwortung Glaubender, zeigt sich sogleich in **V. 5.** Eben deshalb kommt es darauf an, worauf sich der Glaubende «inhaltlich» beziehen und gründen, woraufhin er glauben –
und lieben – kann. Grund und Inhalt des Glaubens werden, wie in 4,15 und sinngleich mit 2,22; 5,1, formel- und bekenntnishaft in den Wortlaut gefaßt, daß Jesus
der Sohn Gottes ist. Diesem Inhalt entspricht bereits die Form des Verses. Die rhe-
torische Frage hat wie in 2,22 kämpferischen, den Sieg proklamierenden Sinn. Sie
deckt auf, daß es hier selbstverständlich nur eine Antwort gibt, wenn nur der Glaube sich selbst versteht.
Deshalb wird die Antwort zum entscheidenden Kriterium rechten Glaubens, sobald
sie – wie bei den Irrlehrern – in Frage gestellt erscheint. (Diese kritische Ausrichtung unterscheidet den «Siegerspruch» in V. 5 von jenen in der Offb. (2,7.11.17.26;
3,5.12.21), die auf den dem Martyrium verheißenen Sieg zielen. Auch die eschatologische Endgültigkeit des Siegs ist schon dem Glaubenden überantwortet, weil er
im Namen Jesu vom errungenen Sieg herkommt, indem er sich gesagt sein läßt, was
er unwiderruflich bekennen kann.)
Doch was ist, genau genommen, in Frage gestellt? Worauf legt der Verfasser allen
Nachdruck? Das wird in **V.6** mit aller Entschiedenheit klar. Hier wird sicherge-
stellt, daß schon in V. 5b der vom Glauben zu verantwortende Sieg über die Welt davon abhing, daß der im Fleisch gekommene Mensch Jesus der Sohn Gottes ist. Nicht
darum geht es, daß diesem Jesus nicht weniger als das göttliche Wesen des Sohns zukommt; die kritische Schärfe des überlieferten Wortlauts liegt im Bekenntnis, daß
Gottes Wirklichkeit nirgendwo anders als in der geschichtlichen Wirklichkeit Jesu
zu fassen ist.
Dieser Sinn des Glaubensbekenntnisses wäre verfälscht, der Glaube an Jesus Christus geleugnet und Jesus Christus um seine ihm eigene Wirklichkeit gebracht, wenn

gelten würde, daß er im Wasser allein kam. Offensichtlich wendet sich der Verfasser gegen Leute, die eben dies vertraten und unterschlugen oder bestritten, was er um der Wirklichkeit Jesu Christi willen festhält und bekräftigt. Zweifellos ist dieselbe Position der Falschpropheten und Irrlehrer im Blick, die in 2,22 und 4,2f. angepeilt wird; wurde dort nur deutlich, daß das Bekenntnis zu Jesus Christus als im Fleisch Gekommenen verweigert wird, gewinnt die christologische Irrlehre nun in V. 6 klarere Umrisse.

Das typisch johanneische «Kommen» – im Evangelium meist als gegenwärtig geschehendes zur Sprache gebracht – faßt hier die Wirklichkeit Jesu Christi als einmaliges, abgeschlossenes Geschehen. Dieses Geschehen wird durch zwei voneinander unterschiedene und einander gegenübergestellte Bestimmungen markiert, die eindeutig kenntlich machen sollen, daß es Jesus ist, der vom Vater gesandt in die Welt kam. «Wasser» und «Blut» markieren das geschichtliche Dasein Jesu. Freilich ist nicht lediglich von sozusagen neutralen, historischen Daten des Lebens Jesu die Rede. Die geschichtliche Wirklichkeit des Gekommenseins Jesu kommt für den Verfasser *im Zeugnis des Johannesevangeliums* zur Sprache und nicht zufällig nimmt gerade der Abschnitt 5–12 sachlich und gezielt auf das Zeugnis des Johannesevangeliums Bezug – wie denn der Streit um die rechte Auslegung der Evangeliumsüberlieferung Hintergrund der aktuellen Kontroverse gewesen sein dürfte.

So sind «Wasser» und «Blut» Symbole der geschichtlichen Ereignisse, in denen im Johannesevangelium das Kommen Jesu zum Heil der Welt anhebt und vollbracht ist, also seiner Taufe und seines Todes am Kreuz. Nach Joh. 1,29–34 markiert die Wassertaufe des Johannes die geschichtliche Situation, in der nach dem Zeugnis des Täufers der auf Jesus herabkommende und auf ihm bleibende Geist erwies, daß dieser der Sohn Gottes ist. (Genau genommen ist dort von der Taufe Jesu gar nicht die Rede; «durch Wasser» bzw. «im Wasser» – der Unterschied ist unerheblich – bezieht sich aber eindeutig auf jenes im Zeugnis des Täufers verwahrte Ereignis.) War es die Ansicht der Irrlehrer, daß der Sohn Gottes eben in diesem Ereignis kam, so bedeutete ihnen das Menschsein Jesu nichts anderes als eben: Träger des Geistes zu sein; waren sie ihrerseits kraft ihrer eigenen Taufe «als Quellort seines Geistbesitzes» (Schnackenburg) zu Geistträgern geworden, so war er der erste ihresgleichen, mit dem sie sich im Geist «identifizieren» konnten; daß der Sohn Gottes im Fleisch kam, mußte für sie unerheblich oder widersinnig sein.

Ob nun das ausschließliche «allein (im Wasser)» schon die Auffassung der Gegner bezeichnete oder erst – freilich mit Recht – in der kritisch verdeutlichenden Verneinung des Verfassers hinzukam, ist nur für die historische Einordnung der «gnostisierenden» Irrlehre von Bedeutung. Gälte letzteres, würde es sich um eine Vorstufe jener Auffassung handeln, wonach der Gottessohn in der Taufe sich nur zeitweilig mit dem Menschen Jesus verbunden, aber gerade nicht den Tod am Kreuz erlitten hat – eine Ansicht, die dem Gnostiker Kerinth zugeschrieben wird.

Klar ist jedenfalls, daß entscheidendes Kriterium für das Verständnis Jesu Christi – in dem betont genannten Doppelnamen verdichtet sich gleichsam der Gehalt des Bekenntnisses! – das Ereignis des Todes am Kreuz ist. Wie schon im Zeugnis des Täufers laut wird: «Siehe, das Lamm Gottes, das die Sünde der Welt trägt!» (Joh. 1,29), ist der Tod Jesu das geschichtliche Ereignis, in dem das Werk Jesu, das Heil der Welt, vollbracht ist. Erst im Tod des Gottessohnes, der selbst das Leben ist (1. Joh. 1,2), ist Gottes Wirklichkeit als Liebe völlig offenbar – völlig, denn durch Jesu Hingabe in den Tod ist sie da erschienen, wo sie mit unüberbietbarer Eindeutigkeit vom Glauben wahrzunehmen ist. Darum wird Gott zum Lügner gemacht

und die Offenbarung Gottes im Sohn geleugnet, wo die Wirklichkeit des Todes Jesu der Wirklichkeit Gottes entzogen oder nicht zugemutet wird.
Bemerkenswert ist, daß hier wie überhaupt im 1. Joh. das Bekenntnis zur Auferweckung Jesu fehlt; offenbar ist es nicht unabdingbar für das Verständnis des christlichen Glaubens. Es ist dann entbehrlich, wenn verstanden ist, daß Gott sich schon im Tod Jesu als Liebe offenbart, weil er sich mit dem im Fleisch Gekommenen identifiziert hat.
Beruft der Verfasser sich nun in **V. 6c** auf den Geist als den, der Zeugnis gibt, weil der Geist die Wahrheit ist, so hat das sozusagen eine doppelte Funktion, entsprechend der zweifachen Aufgabe, die Wahrheit des Glaubens kritisch gegenüber der Irrlehre und positiv auf den sie bezeugenden Grund und Inhalt des Glaubens hin zu verantworten.
Gegenüber der Ansicht, der Mensch Jesus sei nichts als Träger des Geistes gewesen, während der Geist mit dem Gottessohn und Christus identisch sei, besteht der Verfasser auf der reinen Zeugenfunktion des Geistes. Indem der Geist «nur» bezeugt, ist er von Jesus Christus unterschieden und gerade darin Geist, daß er in der Gegenwart bezeugend für das Gekommensein Jesu Christi im Wasser und im Blut einsteht. Damit nimmt der Verfasser den der Gemeinde verheißenen «Beistand» konkret in Anspruch. Der Geist bezeugt sich nicht selbst in den Gottgezeugten; sein Bezeugen, Erinnern und Belehren sammelt sich darauf, daß das Heil in dem im Fleisch gekommenen Sohn, dem am Kreuz gestorbenen Menschen Jesus Ereignis wurde.
Wo geschieht das Zeugnis des Geistes? Abwegig ist der Gedanke an ein inneres, im Menschen sich bekundendes Zeugnis oder gar an ein Zeugnis, das außerhalb der bezeugten Wirklichkeit neutralem Urteil zugänglich wäre. Der Verfasser sagt begründend: «Denn der Geist ist die Wahrheit.» Das Zeugnis findet da statt, wo die Wahrheit, d. h. die in Jesus Christus offenbar gewordene Wirklichkeit Gottes, erschlossen ist, also im Ereignis des Glaubens. Gleichwohl steht der Geist dem Glaubenden im Zeugnis des Glaubens gegenüber. So wird man verdeutlichen können: der Geist bezeugt dem Glaubenden im Wort, Zeugnis und Bekenntnis des Glaubens (vgl. 2,20.27; 4,2) den Grund seines Glaubens. Das ist nur von außen gesehen ein leerer Zirkelschluß. Innerhalb des Glaubens geht es darum, Jesus als Grund des Glaubens zu verstehen. So ist der Geist Zeuge des rechten Glaubens.
Die Verse **7f.** bringen die Auslegung vor die Schwierigkeit, zwischen den Zeilen lesen oder Unausgesprochenes miteinbeziehen zu müssen. Das im gegenwärtigen Zeugnis des Geistes bezeugte Geschehen wird nun seinerseits zum gegenwärtigen Zeugen. Es gibt nun drei Zeugen, zusammen mit dem Geist Wasser und Blut, und diese drei Zeugen stimmen in ihrem Zeugnis überein. Unzweifelhaft soll der Grundsatz alttestamentlich-jüdischer Rechtsprechung Anwendung finden, daß ein Zeugnis unanfechtbar wahr und gültig ist, wenn die gesetzliche Vollzahl von zwei oder drei Zeugen (5. Mose 19,15) gegeben ist. Aber wie können Wasser und Blut, die ja in V. 6 symbolhafte Kennzeichnung der beiden Ereignisse waren, mit denen das Wirken Jesu anhob und sich vollendete, nun ihrerseits gegenwärtige Zeugen dieses Geschehens geworden sein? Muß unterstellt werden, daß ohne weiteren Hinweis eine Umdeutung von Wasser und Blut vorgenommen wurde, sei es unter der Hand vom Verfasser, sei es von der Hand einer «kirchlichen Redaktion», eine Umdeutung, derzufolge nun die sakramentalen Elemente von Taufe und Herrenmahl gemeint sind? Vorschub leistet dieser häufig vertretenen Meinung der unsachgemäße Versuch, die Bedeutung von Wasser und Blut in V. 6 (!) unter den Begriff der historischen Tatsache zu fassen. Gewiß, Wasser und Blut, d. h. der Tod Jesu, als

Tatsachen genommen, sprechen nicht! Aber die Pointe ist ja, daß zumal der Tod Jesu, woran dem Verfasser entscheidend liegt, durch das Zeugnis des Geistes zur Sprache gebracht ist – als geschichtliches «Datum» der Wirklichkeit Gottes, und zwar zur Sprache gebracht im überlieferten Zeugnis des Johannesevangeliums. Wasser und Blut sind deshalb gegenwärtige Zeugen, weil sie im Zeugnis des Geistes, d. h. gegenwärtiger Verkündigung der überlieferten Botschaft, geschichtliches Zeugnis dafür sind, daß Jesus der Sohn Gottes ist (vgl. V. 5.6a.b; darauf bezieht sich das begründende «denn» V. 7!).

So ist die Annahme, in V. 7f. seien die Sakramente Taufe und Herrenmahl als Zeugen in Anspruch genommen, weder zwingend noch auch nur einleuchtend; ebensowenig der dieselbe Meinung teilende Schluß, V. 7f. sei nachträgliche Hinzufügung einer «kirchlichen Redaktion». Wohl aber wird deutlich, daß der Verfasser den überlieferten Text des Evangeliums vergleichsweise sakramental, d. h. als bleibendes, geschichtlich gegebenes Zeugnis der in Jesus offenbar gewordenen Liebe Gottes versteht.

Kurzer Erwähnung nur bedarf das sog. «Comma (= Satzteil) Johanneum». Lateinische Textüberlieferung (drei griechische Handschriften aus dem 14.–16. Jahrhundert, eine späte Randglosse einer griechischen Handschrift aus dem 12. Jahrhundert, einige altlateinische und spätere Handschriften der Vulgata und insbesondere die Sixto-Clementinische Ausgabe dieser lateinischen Bibel) bietet V. 7f. – mit kleinen Differenzen – in folgendem Wortlaut: «7 Denn drei sind es, die Zeugnis geben im Himmel, der Vater, das Wort und der Heilige Geist, und diese drei sind eins. 8 Und drei sind es, die Zeugnis geben auf der Erde, der Geist und das Wasser und das Blut, und diese drei sind eins.»

Zweifellos handelt es sich um eine dogmatische Erweiterung, die den ursprünglichen Text im Sinne der Trinitätslehre ausdeutet und ergänzt. Der Zusatz fehlt in der gesamten griechischen Textüberlieferung, d. h. in den ältesten und wichtigsten Textzeugen; sein ältester sicherer Zeuge ist Priscillian (Ende des 4. Jahrhunderts), wie denn auch das nordafrikanische des 2. oder das spanische Christentum des 3./4. Jahrhunderts für die Einfügung des Satzteils verantwortlich sein dürfte.

V. 9 entstammt ebensowenig wie V. 7f. späterer «kirchlicher Redaktion», wie denn durchaus nicht erst V. 10 «sachgemäße Fortsetzung» von V. 6 ist. Vielmehr geht der Verfasser nun auf das Zeugnis des Glaubens ein, das im Johannesevangelium und in der die überlieferte Botschaft vergegenwärtigenden wie erinnernden Verkündigung gegeben ist. Dieses Zeugnis ist selbstverständlich menschliches Zeugnis und doch darin Gottes eigenes Zeugnis von seinem Sohn. Näherhin wird die Einzigartigkeit dieses Zeugnisses in drei Schritten oder Hinsichten dargelegt: erstens, als Gottes eigenes Zeugnis von seinem Sohn überbietet es schlechthin das Zeugnis von Menschen (V. 9); zweitens, die für Menschen schlechthin entscheidende Konsequenz dieses Zeugnisses Gottes wird zur Sprache gebracht: wer dieses Zeugnis im Glauben an den Sohn annimmt, hat in sich, was dieses Zeugnis Gottes mitteilt; wer Gott darin nicht glaubt, hat ihn zum Lügner gemacht (V. 10); drittens, das in diesem Zeugnis Mitgeteilte ist das ewige Leben, das Gott uns in seinem Sohn gegeben hat (V. 11). V. 12 schließlich bringt eine abschließende Schlußfolgerung, die aufs knappste faßt, um welche Alternative es in der Auseinandersetzung mit der Irrlehre, ja im ganzen Schreiben ging.

Der Begriff des Zeugnisses (V. 9) beleuchtet schon im Johannesevangelium wie kein zweiter die Verstehensbedingung der Offenbarung. Was im Zeugnis über den

Offenbarer bezeugt wird, empfängt seine Wahrheit, Überzeugungskraft und Glaubwürdigkeit nicht durch unbeteiligte, objektive Zeugen, sondern allein im Zeugnis selbst. Das Bezeugte ist nur im Glauben, der das Zeugnis annimmt, erschlossen. Das Zeugnis nimmt die Entscheidung des Glaubens nicht ab, sondern fordert gerade den Glauben. Gleichwohl schärft der Begriff des Zeugnisses ein, daß weder Jesus als Offenbarer noch der Glaube aus sich sind, was sie sind, sondern *sagen* können, woher sie kommen: Jesus aus dem Einverständnis mit dem Vater, der Glaube aus dem Einverständnis mit Jesus. So gleicht (oder entspricht) der Begriff des Zeugnisses der selbstlosen Sprache der Liebe, die bei sich ist, wenn sie für den andern spricht und sich am andern bezeugt.

V. 9 ordnet die Einstellung zu menschlichem Zeugnis dem Zeugnis Gottes in der Weise des Schlusses vom Geringeren auf das Größere zu. Dessen Sinn ist freilich nicht, daß beides im Rahmen des Vergleichbaren gegeneinander abgewogen wird; der Vergleichspunkt für das «Größere» ist das Zeugnis Gottes selbst. Es übertrifft einzigartig, wie noch entfaltet wird (V. 10), was menschlichem Zeugnis angemessen ist – ähnlich, wenngleich dort im Sinne des Überwindens, übertrifft Gott als der Größere in 4,4 «den in der Welt», in 3,20 das verurteilende Herz. Jedenfalls ist V. 9a nicht abwertend oder verurteilend gemeint; eine Anspielung auf die Irrlehre ist auszuschließen, ebenso eine direkte Bezugnahme auf Joh. 5,34. Wenn nicht gezielt im Blick ist, daß das Zeugnis des Glaubens in menschlichem Zeugnis begegnet, so doch die an menschlicher Gemeinschaft evidente Erfahrung, daß menschlichem Zeugnis wie selbstverständlich entspricht, es anzunehmen.

In unüberbietbarer Weise versteht sich die Annahme des Zeugnisses Gottes aus diesem selbst. Merkwürdig und aufschlußreich ist freilich, daß das gegenwärtige Zeugnis Gottes darin besteht, daß er Zeugnis von seinem Sohn gegeben *hat*. Das Zeugnis Gottes ist nicht identisch mit dem Bezeugen des Geistes (V. 6); eher bezeugt der Geist, daß Gott von seinem Sohn Zeugnis gegeben hat.

Die Frage, wo und wann Gott dieses Zeugnis gegeben hat, kann und braucht nicht unbeantwortet in der Schwebe (zu) bleiben. Einen Hinweis gibt der johanneische Gebrauch der Wendung «Zeugnis geben von bzw. über». Stets geht es um das Bezeugen des ganzen, in Jesus offenbar gewordenen Heilsgeschehens: um das Wort des Lebens (1. Joh. 1,2), das Licht (Joh. 1,7f.; vgl. V. 15), um das im Evangelium Bezeugte (Joh. 21,24); eindeutig schließlich ist Joh. 5,37 (vgl. 5,32; 8,18), wo das Zeugnis des Offenbarers vom Vater, der ihn gesandt hat – und d. h. umgekehrt, das Zeugnis des Sohns, vom Vater gesandt zu sein und aus dem Einverständnis mit Gott zu «kommen» – nach johanneischem Verständnis bezeugt, daß Gott Zeugnis von seinem Sohn gegeben hat. Mit andern Worten: in dem im Evangelium bezeugten Heilsgeschehen hat Gott Zeugnis von seinem Sohn gegeben, nämlich sein Einverständnis mit Jesus bezeugt, wie der Glaube bekennt (1. Joh. 5,5).

Dieses Zeugnis Gottes von seinem Sohn, das im Gekommensein Jesu geschichtlich gegeben ist (Perfekt!), begegnet als bleibend gegenwärtiges Zeugnis (Präsens!) im verkündigten Evangelium wie im Bekenntnis der Gemeinde – und entspricht somit sachlich dem Auferweckungsbekenntnis.

Versteht sich die Annahme dieses einzigartigen Zeugnisses aus diesem selbst, kann seine *Dar*legung nur *Aus*legung im eigentlichen Sinne sein – und zwar Auslegung dessen, was im Zeugnis vom Sohn gesagt ist. (Betont münden V. 9. 10 und 11 in die Rede von «seinem Sohn».) Annahme heißt dann sogleich und nichts anderes als Glaube an den in ihm bezeugten Sohn Gottes; und wer glaubt, »hat« darin das Zeugnis. Es gibt keine andere Beziehung zu Gott als Glaube an den Sohn; Glaube an Gott heißt christlich nichts anderes als Glaube an Jesus. Im Sohn allein bezeugt sich Gott, weil er von ihm Zeugnis abgelegt hat. Ebenso heißt Ablehnung des Zeugnisses unausweichlich, Gott selbst den Glauben zu verweigern; und wer Gott nicht glaubt, hat – indem er dieses Zeugnis nicht im Glauben hat – Gott in ihm (Gott) selbst und, in der Verweigerung des Bekenntnisses, daß Jesus der Sohn Gottes ist, auch öffentlich zum Lügner gemacht.

Die sprachliche Form (Partizip + Prädikatsaussage) entspricht nicht nur formal, sondern inhaltlich präzisiert vorhergegangenen Aussagen wie 2,4–6.9–11.29; 3,6; 4,7f.16b; 5,1. Ebenso wird deutlich, daß die Behauptung, nicht gesündigt zu haben (1,10), nun darauf herauskommt, dem Zeugnis, das Gott von seinem Sohn bezeugt hat, den Glauben zu verweigern.

Wie schon öfters verwendet der Verfasser auch hier «haben» in prägnanter Bedeutung: mit Gewißheit verbundenes «Innehaben» des gehörten, im Glauben angenommenen Zeugnisses – auch hier also nicht inneres Zeugnis, sondern Zeugnis, dessen der Glaubende im Gehörten innegeworden ist (vgl. zu 2,20.27)! So wird also doch wohl gemeint sein: der Glaubende hat das Zeugnis in sich (selbst), wie eine freilich schwach bezeugte Lesart verdeutlicht, statt «in ihm», nämlich dem Sohn, was sprachlich möglich, wiewohl stilistisch hart wäre.

V. 11 ist weiterhin Auslegung des Zeugnisses Gottes; ausgelegt wird, worin das im Glauben an den Sohn erschlossene Zeugnis Gottes besteht. Es ist, eben weil es im Sohn gegeben, ja geschehen ist, nicht mitgeteilte Information über Gott oder den Sohn, sondern Mitteilung des im Sohn gegebenen ewigen Lebens. Die Annahme des einzigartigen Zeugnisses Gottes versteht sich aus diesem selbst zuinnerst oder zutiefst deshalb, weil Gott darin sich selbst mitgeteilt hat, nämlich die Liebe, die ihn im Innersten bewegt. Die Liebe, die Gott selbst ist, ist im Sohn erschienen (vgl. 4,9). Im Glauben angenommen ist sie Geschenk der Gotteskindschaft (3,1), des Sünde und Tod ausschließenden Seins aus der Liebe Gottes (vgl. 1,7.9; 3,9.14) und damit Gabe des ewigen Lebens. Diese Gabe hat ihren geschichtlichen Ort und ihre geschichtliche Wirklichkeit im Sohn, wie denn Jesu Gekommensein (vgl. 5,6; 4,2) vorweg darin zusammengefaßt werden konnte, daß das Leben erschienen ist (1,2).

V. 12 bringt die Auslegung des Zeugnisses Gottes abschließend auf eine elementare Alternative, erneut und summarisch gedrängt in jener Form der Verknüpfung einer partizipialen Aussage mit einem Urteil: «wer den Sohn hat, hat das Leben; wer den Sohn Gottes nicht hat, das Leben hat er nicht.»

«Haben» entspricht Gegebenem, nicht Erworbenem oder immer schon Verfügbarem. So sagt «Haben» die Gewißheit eines Seins aus, das Ereignis geworden und, bleibend bedingt durch dieses Ereignis, gegenwärtig gegebene Wirklichkeit ist. Konkreter gesprochen: der Verfasser sagt sonst nie «den Sohn haben», sondern in bezug auf den Sohn «glauben oder bekennen» (2,23; 5,10; vgl. 4,15; 5,1.5), während der an den Sohn Glaubende bzw. der den Sohn oder Jesus als Sohn Gottes bzw. Christus Bekennende «den Vater» (2,23), vor allem – in geprägter Verbindung – «das ewige Leben» hat (5,12f. und oft im Johannesevangelium, z. B. 3,15f. 36; 5,24; 6,47; 8,12). Den Sohn «haben» muß also heißen: ihn im Glauben und im Bekenntnis haben. Der Glaubende «hat» ihn, indem er das Zeugnis Gottes in sich hat, d. h. glaubt und bekennt, daß der im Wasser und im Blut gekommene Mensch Jesus der Sohn Gottes ist. So will der Verfasser im ganzen Abschnitt gegenüber den Irrlehrern präzisiert haben, was in Joh. 3,36 gesagt ist: «Wer an den Sohn glaubt, hat ewiges Leben; wer aber dem Sohn ungehorsam ist, wird das Leben nicht sehen, sondern der Zorn Gottes bleibt auf ihm.» Was hier dem Unglauben angekündigtes Gericht ist, ist in 1. Joh. 5,12 zum Urteil geworden, das an dem vollzogen ist, der den Vater zu haben meint und doch Jesus, den im Fleisch Gekommenen, leugnet und verwirft. Er hat dann den wirklichen Sohn nicht und damit das nicht, was er aus Gott dem Vater zu haben «glaubt», das ewige Leben.

Damit hat der Verfasser nochmals in aller Schärfe herausgestellt, worum es in seinem Kampf gegen die Irrlehre eigentlich geht. Das ist aber nichts anderes als die unumgängliche Kehrseite dessen, was im Sinne der gehörten Botschaft festzuhalten und zu präzisieren war: Gottes Wirklichkeit ist die durch Jesus bestimmte Wirklichkeit und deshalb in der Sendung und Hingabe Jesu Christi als Liebe offenbar geworden. Im Namen Jesu Christi ist an diese Liebe zu glauben; in der Bruderliebe läßt sie sich mit Gewißheit bezeugen und als ewiges Leben erfahren.

5,13   Schluß

13 Dies habe ich euch geschrieben, damit ihr wißt, daß ihr ewiges Leben habt, denen, die an den Namen des Sohnes Gottes glauben.

In V. 13 hält der Verfasser inne und blickt auf sein ganzes Schreiben zurück. Wie an dessen Beginn (1,1–4) ist er als autoritativer Vertreter der überlieferten Botschaft den angeredeten Lesern («euch») zugewandt, ja er bedenkt ausdrücklich die Verstehenssituation, in deren Dienst sein Schreiben steht. Er gibt den Zweck an, den es für die Leser haben sollte (anders in 1,4!): «damit ihr gewiß seid, daß ihr ewiges Leben habt», und er hebt nochmals die Voraussetzung seines Schreibens bei den Lesern selbst hervor: sie sind gemeint und angeredet als die, «die an den Namen des Sohnes Gottes glauben.» In dieser Aufnahme von Joh. 1,12 ist auch die mahnende Erinnerung mitzuhören, sich im Sinne des Bekenntnisses als Glaubende zu verstehen.

Sind die Verse 14–21 Nachtrag und Anhang aus zweiter Hand, so stellt V. 13 den Abschluß des 1. Joh. dar. Umso bedeutungsvoller ist dann die Ähnlichkeit mit Joh. 20,31, dem ursprünglichen Schluß des Johannesevangeliums (Kap. 21 ist ebenfalls Nachtragskapitel!): «Das aber ist geschrieben, damit ihr glaubt, daß Jesus der Christus ist, der Sohn Gottes, und damit ihr als Glaubende Leben habt in seinem Namen.» Der Verfasser hat also nicht nur in der Einleitung seines Schreibens (1,1–4) den «Prolog» des Johannesevangeliums (Joh. 1,1–18) im Sinn, sondern auch beim Abschluß dessen (ursprünglichen) Schluß – und damit das Ganze des im Evangelium Gesagten. Sein Schreiben versteht sich darum nicht zuletzt als Auslegung, Vergewisserung und Festigung der im Evangelium überlieferten Botschaft im Glauben der Leser – gegenüber einer bedrohlich aufkommenden Irrlehre, die sich ebenfalls auf das Johannesevangelium stützte. So ist Zweck des Schreibens denn auch nicht wie im Evangelium, zum Glauben an Jesus Christus zu gelangen und im Glauben ewiges Leben in seinem Namen zu haben, sondern – der veränderten Situation entsprechend – die zu klarem, entschiedenen und eindeutigen Wissen gebrachte Gewißheit der angeredeten Glaubenden, das ewige Leben zu haben. Die Heils*gabe* des ewigen Lebens, die ja in 1,2 («das Leben erschien») geradezu Inbegriff des Heils*ereignisses* und Inhalt der Verkündigung (1,3) geworden ist, ist keineswegs «Heilsbesitz», der den Glauben erübrigt und nur noch zu wissen ist. Vielmehr entscheidet sich das «Haben» des ewigen Lebens, des Sohns und des Vaters am *rechten* Glauben, d. h. daran, daß der Glaube sich im Gekommensein Jesu gegründet weiß – ein

Wissen des Glaubens, das erst in wirklicher Praxis des Glaubens, nämlich in der
Bruderliebe (vgl. 3,14) und im Gebet zur Gewißheit wird und als solche Gewißheit
des Glaubens dann gerade Erkenntnis (der Wirklichkeit) Gottes ist, nämlich Erkenntnis, daß Gott Liebe ist (vgl. 4,16).

5,14–21   Anhang

**14 Und das ist die Zuversicht, die wir zu ihm haben: wenn wir etwas seinem Willen
gemäß bitten, so hört er uns. 15 Und wenn wir wissen, daß er uns hört, was immer
wir bitten, so wissen wir, daß wir die Bitten erfüllt erhalten, die wir von ihm erbeten
haben. 16 Wenn jemand seinen Bruder eine Sünde begehen sieht, (die) nicht zum
Tode (ist), soll er bitten, und er wird ihm Leben geben, denen, die nicht zum Tode
sündigen. Es gibt Sünde zum Tode; nicht von jener sage ich, daß er bitten soll. 17 Jede Ungerechtigkeit ist Sünde, doch gibt es Sünde, (die) nicht zum Tode (ist).
18 Wir wissen: Jeder, der aus Gott gezeugt ist, sündigt nicht; vielmehr, wenn jemand aus Gott gezeugt wurde, den bewahrt er (Gott), und der Böse tastet ihn nicht
an.
19 Wir wissen: wir sind aus Gott, aber die ganze Welt liegt im Bösen.
20 Wir wissen: der Sohn Gottes ist gekommen, und er hat uns Einsicht gegeben, damit wir den «Wirklichen» (Gott) erkennen; und wir sind im «Wirklichen», (sofern
wir) in seinem Sohn Jesus Christus (sind). Dieser ist der wirkliche Gott und ewiges
Leben.
21 Kinder, hütet euch vor den Götzen!**

Der Abschnitt V. 14–21 wirft unumgänglich die Frage auf, ob der 1. Joh. ein literarisch einheitliches Schreiben ist. R. Bultmann hat die Hypothese aufgestellt und
vertreten, 5,14–21 sei ein nachträglich angefügter Anhang aus zweiter Hand, und
darüber hinaus auch im vorangehenden Text des 1. Joh. Zusätze dieser sog. «kirchlichen Redaktion» zu erweisen gesucht, die traditionelle Aussagen zur Sühnevorstellung (1,7b; 2,2; 4,10), zur Eschatologie (2,28; 3,2; 4,17) und eine Ausdeutung von
Gesagtem auf die Sakramente Taufe und Herrenmahl (5,7f. 9) eintrage.
Erweist sich die Annahme solcher Zusätze als unhaltbar und unnötig, so sind die
Argumente dafür, 5,14–21 sei späterer Nachtrag aus zweiter Hand, überzeugend,
ja fast zwingend. Nach der innehaltenden, deutlich abschließenden Rückwendung
auf Sinn und Zweck des Schreibens in V. 13 wirkt es in jedem Fall wie ein Nachtrag,
wenn nun mit V. 14 erneut zu einer thematischen Erörterung zurückgelenkt wird.
Wäre ein solches «Postskriptum» des Verfassers immerhin denkbar, wie etwa mit
freilich bezeichnendem Unterschied der Schluß des paulinischen Briefs an die Gala-
ter 6,11ff. belegt, so sind doch inhaltliche Intention und sprachliche Geste des Nachtrags schlechterdings unvereinbar mit dem vorangegangenen Schreiben – es sei
denn um den Preis, daß dessen theologische Klarheit und sachgebundene Überzeugungskraft nachträglich ins Zwielicht gezogen werden. So verträgt sich die Unterscheidung zwischen «Sünde zum Tode» und «Sünde nicht zum Tode» (5,16f.) nicht
mit dem Verständnis der Sünde in 1,5–2,2; 3,4–10, wie es auch 3,4 klar widerspricht, wenn in 5,17 «Sünde nicht zum Tode» eingeräumt wird. Ferner wirkt die
Schlußmahnung V. 21 im Kontext des vorangegangenen Schreibens unvermittelt
und befremdlich. Schließlich werden Aussagen, die im 1. Joh. der kritischen Auseinandersetzung mit der Irrlehre abgewonnen sind, nun wie Gemeingut gewordene

Tradition behandelt und formelhaft eingeebnet. Eben diese drei Sachverhalte bringen indessen das eigentliche Anliegen und den Anlaß des Nachtrags zum Vorschein, wie dessen Gedankengang zeigt.
Der Abschnitt setzt ein mit der traditionell verankerten Zuversicht, daß Gott auf jedes Bittgebet, das seinem Willen entspricht, hört (14). Diese Gebetszuversicht wird mit fein-grobschlächtiger Logik als Erhörungsgewißheit gekennzeichnet: aus dem Wissen, daß Gott auf das Bittgebet hört, entspringt das Wissen, das Erbetene zu haben (15). Mit der Anwendung dieser Erhörungsgewißheit auf die Fürbitte für den sündigenden Bruder bringt nun V. 16 das konkrete Anliegen: das Gebot solcher Fürbitte, die Macht hat, Leben zu geben. Freilich wird diese Fürbitte eigentümlich eingeschränkt auf die, die nicht eine «Sünde zum Tode» begehen. Die «Sünde zum Tode» indessen soll – im Anhang wie im Gebet – nicht zur Sprache kommen.
V. 18–21 ist wohl kein zweiter Abschnitt mit eigenem Thema. Vielmehr dürfte das Zugeständnis, daß Sünde in der Gemeinde vorkommt, Veranlassung sein, nun umso mehr die grundsätzliche Heilsgewißheit zu betonen, und zwar im Hinblick darauf, daß die Gemeinde von der Welt geschieden ist und vor dem Zugriff des Bösen bewahrt wird. V. 18 ruft als gesichertes Wissen aus 3,9 in Erinnerung, daß jeder aus Gott Gezeugte nicht sündigt, und erläutert dies eben im Hinblick auf die Bewahrung vor dem Bösen. V. 19 bezieht dies auf die Gemeinde und versichert sie ihres Seins aus Gott, das an ihrer Geschiedenheit von der Welt kenntlich ist. Im Wissen, daß der Gottessohn kam, hat die Gemeinde das Heil sozusagen in Gewahrsam, indem ihr die Fähigkeit zu wahrer Gotteserkenntnis geschenkt ist (V. 20). Der Abschnitt mündet in die aktuelle Warnung, sich vor den Götzen zu hüten (V. 21).
Die Gegenprobe für die Annahme eines Nachtrags aus zweiter Hand ist, ob sich das Ganze als einheitliche Konzeption begreifen und in eine historische Situation einordnen läßt, die zumal der Unterscheidung von «Sünde zum Tode» und «Sünde nicht zum Tode», der Schlußmahnung und der eigentümlich abgeflachten Wiederholung bestimmter Aussagen des 1. Joh. einen konkreten, geschichtlichen Anhalt gibt. Eine durchaus einleuchtende Hypothese zur Erklärung hat jüngst K. Wengst (ÖTK 16) entwickelt. Demnach würde der Anhang «der Situation staatlicher Verfolgung» (S. 226) entspringen. Die Warnung V. 21 würde eine Situation voraussetzen, in der «Vollzug oder Verweigerung der den Christen befohlenen Opferung vor den Götterbildern Kennzeichen dafür (war), ob einer abfiel oder Christ blieb. Von hier aus (ergäbe) sich ein unmittelbarer Zusammenhang zwischen der Schlußmahnung und der vorher erwähnten «Sünde zum Tode». Diese wäre dann der Abfall, wie er sich in der Opferung vor den Götterbildern dokumentiert.» (225)
Der Anhang beginnt in **V. 14** im Stil des vorangegangenen Schreibens. Ein Sachverhalt wird ausdrücklich gemacht und in einem «daß-Satz» erläutert. Wurde aber bisher stets mit der Wendung «und das ist …» zuvor Erörtertes zusammenfassend aufgenommen (vgl. 1,5; 2,25; 3,11.23; 5,3.4.9.11), so wird hier im Vorblick auf das Folgende so etwas wie ein Anknüpfungspunkt gewählt. In 2,28 und 4,17 ging es um den Freimut zu Gott im Blick auf diejenige Zukunft, in der die Liebe nichts mehr widersprechen wird, in 3,21 um den Freimut, gegen das uns verurteilende Herz Gott im Gebet bei seinem Wort zu nehmen. Dieser Freimut zum Gebet wird nun in V. 14 zur Gebetszuversicht – die Situation des Freimuts gegenüber richterlichem Einspruch ist ausgeblendet. Die Zuversicht, die die im «wir» redende Gemeinde hat, richtet sich auf den, der der Gemeinde im Bittgebet Gehör schenkt, also doch wohl auf Gott. Er schenkt Gehör bei allem Bitten, das seinem Willen entspricht. Diese Übereinstimmung des Gebets mit dem Willen Gottes leitet die Zuversicht, Gehör zu fin-

den. Der Sache nach entspricht dies der Gebetsgewißheit in 3,22, wo freilich der Freimut, Gott bei seinem Wort nehmen zu können, das Gebet leitct. Es wird also gleichsam in den Willen Gottes zurückgenommen, worauf sich der Freimut in der Liebe berufen kann. Dementsprechend verlagert sich auch der Grund der Erhörungsgewißheit. Findet kein anderes als das seinem Willen entsprechende Bitten Gehör, so ruht die Gewißheit, das Erbetene zu «haben», im Wissen, daß der, der Gehör schenkt, in der Macht seines gnädigen Willens Erhörung des Bittens schenkt. Darauf hebt die eigenartige Schlußfolgerung in **V. 15** ab. Vorder- und Nachsatz sagen gerade nicht dasselbe. So wenig das Hören bloßes Anhören ist, so wird doch zwischen dem Gehör-Finden bei Gott und dem Haben des Erbetenen logisch unterschieden. Gewißheit des einen ist Gewißheit des andern, weil der gnädige Wille Gottes immer schon wirksam ist, wenn das seinem Willen entsprechende Gebet Gehör findet. Mag es also zutreffen, daß «die Spitze der Rede ... gerade darin (liegt), daß in der wahren Zuversicht zu Gott das Nichthaben durch das Gebet sich unmittelbar in das Haben verwandelt» (B. Weiß, KEK XIV, 1888, S. 166) – das «Haben» ist doch nicht wie in 3,22f. in der Bruderliebe erschlossen, sondern nur logisch gefolgert aus einem Wissen, das der Gemeinde überliefert ist und im Wissen Jesu begründet sein mag (vgl. Joh. 11,42).

Wenn nun in **V. 16** auf den konkreten «Fall» eingegangen wird, bei dem die Gebetszuversicht praktisch geltend gemacht werden soll, und der offensichtlich die einleitende Vergewisserung (V. 14f.) veranlaßt hat, so könnte – da es ja nun, vermeintlich überraschend, um die Fürbitte für den (sündigenden) Bruder geht – indirekt doch noch bewußt sein, daß Gebetsgewißheit in der Bruderliebe erfahren wird. Die Erfahrung, die den Anhang prägt, wäre dann, daß die Bruderliebe im Gebet in eine «Beklemmung» gerät – eine Aporie, die, wie es scheint, nur noch in der Unterscheidung zwischen «Sünde zum Tode» und «Sünde nicht zum Tode» bewältigt wird. Möglicherweise knüpft V. 16 an 2,1 an: «(und) wenn jemand sündigt ...»; der Standpunkt des Betroffenen ist indessen ähnlich wie in Matth. 18,15: «wenn aber dein Bruder sündigt ...». Während aber dort geregelt wird, wie schrittweise zu verfahren ist – zunächst Zurechtweisung durch den Betroffenen; hört der sündigende Bruder nicht, sollen zwei oder drei Zeugen hinzugenommen werden; hört er schließlich auch auf die ganze Gemeinde nicht, soll das Urteil über ihn sein wie über einen Heiden und Zöllner –, finden sich hier nicht einmal Ansätze disziplinarischer Gemeindeordnung. Wie selbstverständlich – vielleicht deshalb, weil «wir einen Fürsprecher beim Vater haben» (2,1) – wird die Betroffenheit durch den sündigenden Bruder nicht ihm gegenüber, sondern im fürbittenden Gebet zur Sprache gebracht. Und ebenso selbstverständlich erscheint die Macht dieser Bitte: «und er wird ihm, dem sündigenden Bruder, Leben geben.» Subjekt ist zweifellos der Bittende; ein Wechsel des grammatischen Subjekts zwischen «er wird bitten» und «er wird geben» und dem folgenden «er bitte» ist unwahrscheinlich. Als Bittender aber nimmt er die Macht Gottes in Anspruch, der seinem Willen entsprechend Sündenvergebung und darin ewiges Leben schenkt. Wie dies in der Fürbitte geschieht, wird nicht gesagt; ebenso bleibt undeutlich, ob der Artikel vor «Leben» fehlt, weil nicht «das göttliche Leben ... als solches geschenkt», sondern «in seiner Kraft aufs neue entfacht werden soll» (Schnackenburg). Jedenfalls soll die Gebetszuversicht, die in V. 14f. bekräftigt wurde, darin konkret werden, daß der in Fürbitte Betende bevollmächtigt ist, dem sündigenden Bruder Leben aus Gott zu geben.

Allerdings wird nun dieses Gebet eigenartig eingeschränkt: es gilt dem sündigenden Bruder nur dann, wenn er eine Sünde begeht, die nicht «Sünde zum Tode» ist. Diese

Einschränkung findet nicht nur in der ‹etymologischen Figur› «sündigen (und zwar) eine Sünde ...» (sonst «die Sünde tun», 3,4.8f.) Ausdruck, sondern ganz betont auch im partizipialen Nachsatz, der fast selbständige Bedeutung gewinnt und prinzipiell den Einzelfall verallgemeinert: das gilt nur für solche, die nicht eine «Sünde zum Tode» begehen. Fast entsteht der Eindruck, das ganze Gewicht falle auf die Einschränkung jener «Selbstverständlichkeit» des Gebets. Wie um dies vollends zu unterstreichen, wird im Schlußsatz festgestellt: «es gibt Sünde zum Tode; nicht von jener sage ich, daß er bitte.»

Mit dieser Unterscheidung zwischen «Sünde zum Tod» und «Sünde nicht zum Tod» und der Trennung von Sünde und Tod, die diese Unterscheidung erst ermöglicht, entfernt sich der Anhang von jenen Aussagen über die Sünde in 1,5–2,2; 3,4–10 in einem Maße, das jeden Versuch, einen Ausgleich zu suchen, scheitern läßt und nur Unvereinbarkeit festzustellen erlaubt.

Ist Sünde Verweigerung und Ablehnung von Bruderliebe, der grundlose Gegensatz zur Liebe Gottes, und kommt sie als Sünde radikal am Widerspruch zur verkündigten Wirklichkeit Gottes ans Licht, so ist erstens die sich (zwangsläufig) im Bruderhaß äußernde Sünde schon Tod, d. h. jene vom ewigen Leben ausschließende Beziehungslosigkeit, in der keine Brüder da sind; zweitens hat um der Heilsbedeutung des Todes Jesu willen, der uns von jeder Sünde reinigt (1,7), der Sühnung ist nicht nur für unsere Sünden, sondern für die ganze Welt (2,2), der erschien, damit er die Sünden wegschaffe (3,5) und die Werke des Teufels zerstöre (3,8), Sünde immer dasselbe Gewicht. Eben deshalb ist das Sündigen des Glaubenden der Fürsprache anvertraut, die wir in Jesus Christus haben, in dem für den Glauben schon die Liebe Gottes erschien, und eben deshalb gilt die Zusage der Sündenvergebung ausnahmslos allen. Kann der im Gebet sich äußernden Bruderliebe eine Grenze gezogen sein, die Glaubende in der Bruderliebe doch überschritten haben (3,14)? Offensichtlich ist der Anhang dem Problem konfrontiert, Brüder nicht mehr als Brüder verstehen zu können!

Was ist mit «Sünde zum Tod» gemeint? Die in urchristlichen Schriften einmalige Wendung dürfte nicht ohne Einwirkung alttestamentlicher und jüdischer Texte formuliert worden sein. Das Alte Testament kennt die Unterscheidung zwischen versehentlichen (nichtvorsätzlichen) und freventlichen (vorsätzlichen) Gebotsverletzungen (4. Mose 15,22ff.; 3. Mose 4,2ff.; 5,1ff.). Letzteres wird mit Ausrottung aus der Mitte des Volkes, d. h. der Todesstrafe, geahndet (3. Mose 18,29; 19,8; 20,1ff.). Als Todsünde ist dergleichen ausdrücklich im Überlieferungsbereich der Gemeinde von Qumran bezeichnet worden; vgl. z. B. im Buch der Jubiläen, einer gesetzlich erweiterten Nacherzählung von 1. Mos. 1 bis 2. Mos. 12 aus dem 1. Jahrhundert vor Christus: ‹Du aber, Moses, gebiete den Israeliten, daß sie dies Wort beachten (gemeint ist die Verfluchung von Blutschande)! Denn eine Todsünde ist es und Unreinheit. Und es gibt in Ewigkeit keine Vergebung und Sühne für den Mann, der dies tut; er ist vielmehr hinzurichten, durch Steinigung zu töten und hinwegzutilgen aus der Mitte des Volkes unseres Gottes› (Jub. 33,13); oder in den Testamenten der 12 Patriarchen, einer Unterweisung in Form von Abschiedsreden Sterbender: ‹122 Jahre bin ich alt. Eine Sünde zum Tode kenne ich an mir nicht. Außer meiner Frau erkannte ich keine andere.› (Testament des Issaschar 7,1) – Beide Schriften sind leicht zugänglich in: Jüdische Schriften aus hellenistisch-römischer Zeit, hrsg. von W. G. Kümmel u. a. (1974ff.). Vgl. auch aus der Gemeinderegel von Qumran (Die Texte vom Toten Meer, Bd. I Übersetzung von J. Maier, 1960) 1QS 8,21ff.!

Diese Bedeutung eines mit dem Tode bzw. dem Ausschluß aus der Gemeinschaft zu ahndenden Vergehens kann «Sünde zum Tode» in V. 16f. nicht haben. Der Versuch, im Sinne einer Hinordnung der Sünde zum Tod zu deuten, die die Möglichkeit der Umkehr des Sünders, also die Aufhebung der Todesfolge, offenläßt, wirkt gekünstelt. Man wird also doch eine in Hebr. 6,4–8; 10,26–31 und im «Hirten des Hermas» bezogene Einstellung, für Abgefallene gebe es keine zweite Buße zum Leben mehr, als Sachparallele betrachten müssen.

Der «Hirt des Hermas», in der 1. Hälfte des 2. Jahrhunderts entstanden, erlangte in christlichen Gemeinden, etwa in Rom, rasch hohes Ansehen. In einer der Visionen (Vis. II 2,5) heißt es: ‹Denn der Herr hat bei seiner Herrlichkeit diesen Schwur über seine Auserwählten getan: wenn nun, da dieser Tag festgesetzt ist (d. h. jetzt!), noch Sünde geschieht, so haben sie (die Christen) keine Rettung mehr.›

So wird das Nächstliegende sein, daß an Abfall vom christlichen Glauben gedacht ist, zumal da die Sünde von einem «Bruder» begangen wird. Dieser Abfall ist «Sünde zum Tode», weil er selbstvollzogener Ausschluß aus dem Bereich des ewigen Lebens ist, das die Gemeinde in Gewahrsam hat.

Der Feststellung, daß solche «Sünde zum Tode» nicht Sache der Fürbitte ist, folgt in **V. 17** so etwas wie eine Grundsatzerklärung. «Jede ungerechte Tat ist Sünde.» Das erinnert an 1,9; dort sind Ungerechtigkeit und Sünde freilich bedeutungsgleich. Hier indessen ist «Ungerechtigkeit» das Umfassendere und moralisch gleichsam Offenkundige. Jede Tat und Art von Ungerechtigkeit, so wird grundsätzlich festgestellt, trägt den Stempel der Sünde. Gleichwohl, so wird nun ein- oder ausgegrenzt, gibt es Sünde, die nicht zwangsläufig den Tod nach sich zieht, für die also Fürbitte selbstverständlich möglich und geboten ist.

Auch die folgenden Verse zeigen, wie sehr den Anhang dieses Problem prägt, daß die «Sünde zum Tode», d. h. der Abfall vom christlichen Glauben, nicht nur die Bruderliebe im Gebet vor eine Aporie brachte, sondern auch zweifelhaft machte, miteinander des Heils gewiß zu sein. Wuchtig, fast drängend beginnen V. 18–20 jeweils mit einem versichernden «wir wissen». Die Heil überliefernde Tradition ist sozusagen im Gewahrsam der Gemeinde und die Gemeinde im Gewahrsam des überlieferten Heils.

In **V. 18** ist als Inhalt dieses Wissens nahezu wörtlich eine These aus 3,9 angeführt: «Jeder, der aus Gott gezeugt ist, sündigt nicht.» War die Aussage dort den Gegnern abgewonnen und in ihrer unbedingten Gültigkeit an die glaubende Anerkenntnis des Werks Christi (3,8) gebunden, so ist dieser konkrete Bezug nun gleichsam durch die Aussage derart aufgesogen, daß sie, zum Inhalt eines Wissens geworden, ihrerseits Gewißheit begründen soll und in neuem Kontext trotz gleichen Wortlauts eine andere Bedeutung erhält. Einmal wird sie eingeschränkt, sofern nach V. 16f. nur noch gemeint sein kann, daß der aus Gott Gezeugte keine Sünde zum Tode begeht, zum andern wird sie durch V. 18bc in einer Weise verdeutlicht, die die Aussage anders als in 3,9 begründet erscheinen läßt.

Allerdings ist der erste Teil dieser Verdeutlichung, V. 18b, im überlieferten griechischen Wortlaut – wohl nicht zufällig! – so uneindeutig, daß Sicherheit nicht zu erreichen ist. Schwierig ist erstens der Wechsel vom (auch sonst immer gebrauchten) Partizip Perfekt in V. 18a und (einmaligem) Partizip Aorist in V. 18b, zweitens die Uneindeutigkeit in bezug auf das grammatische Subjekt des Satzes, den pronominalen Bezug und die syntaktische Verknüpfung mit dem Subjektpartizip. Mehrere Möglichkeiten einer Deutung bieten sich an: (1) «der aus Gott Gezeugte bewahrt sich (selbst)» – unwahrscheinlich, weil dann, wie einige Textzeugen denn auch vereinfachen, das Reflexivpronomen und ein Prädikatsnomen (wie in Jak. 1,27;

1. Tim. 5,22) zu erwarten wären; (2) «der aus Gott Gezeugte bewahrt ihn (= Gott)»
– diese Deutung scheitert daran, daß «Gott bewahren» völlig vereinzelte Ausdrucksweise wäre; (3) es liegt ein «Semitismus» vor, das Partizip hat konditionalen
Sinn und Subjekt der Aussage ist Gott: «wenn jemand aus Gott gezeugt wurde, den
bewahrt er (= Gott)». Diese Deutung ergäbe einen im Kontext verständlichen Sinn
und scheint, wenn auch für griechisches Sprachempfinden hart, johanneisch möglich zu sein, vgl. Joh. 17,2; dazu 17,11f.15; (4) der Wechsel vom Partizip Perfekt zum
Partizip Aorist zeigt einen Subjektwechsel an: «der aus Gott Gezeugte» ist Jesus
Christus, der «ihn (= den aus Gott gezeugten Glaubenden V. 18a) bewahrt». Man
könnte dieser Deutung den Vorzug geben, zumal da ja im Blick auf 3,9 eine christologische Begründung von V. 18a angebracht erscheint, wenn nicht diese Bezeichnung Jesu Christi – trotz ihrer Bezeugung in einer sekundären Lesart von Joh. 1,13 –
wiederum völlig vereinzelt und im Kontext doch befremdlich wäre (warum nicht
«Sohn Gottes» wie in V. 20?).
Wenn also nicht doch in Aufnahme von Joh. 17,12 die Bewahrung durch Christus
gemeint ist, also im Handeln Christi die Gewißheit, im Gewahrsam des Heils zu
sein, begründet wird, bleibt nur die Deutung, daß Gewißheit aus dem Vertrauen
kommt, Gott bewahre (auch) den aus ihm Gezeugten.
V. 18c erläutert und bestärkt diese Gewißheit, daß jeder Gottgezeugte nicht sündigt: der Böse kann ihm nichts anhaben; er ist ohnmächtig, die Sünde im Gottgezeugten ans Ziel zu bringen.
V. 19 bringt im zweiten Schritt die Anwendung von V. 18. Die im überlieferten Wissen verwahrte und durch Gottes Bewahrung gewisse Heilswahrheit ist in der Gemeinde Wirklichkeit. «Wir wissen, daß wir aus Gott sind»: damit realisiert V. 19a
die in V. 18a festgestellte Heilswahrheit in doppelter Weise. Das Sein aus Gott ist in
der Gemeinde Wirklichkeit (vgl. 4,4.6) und diese Wirklichkeit, in der die Welt
bzw. der Böse überwunden ist, verdankt die Gemeinde Gott. So kann diese lapidar
in Anspruch genommene Gemeinde-Wirklichkeit in V. 19b ebenso umfassend der
Welt entgegengesetzt werden. Die ganze Welt «liegt» (hinsichtlich ihrer Nichtigkeit
oder ihrer Gottfeindschaft) im Bösen, d. h. sie ist der Bereich, indem «der» Böse seine Macht ausübt.
V. 20 verankert im dritten und letzten Schritt diese Gemeinde-Wirklichkeit im Wissen, daß der Sohn Gottes kam. Sachlich ist dasselbe geschichtliche Ereignis gemeint, das in 1,2; 3,5.8 zur Sprache kam, doch schließt sich die auffällige Formulierung wohl an Joh. 8,42 an. Im Anhalt an diesem geschichtlichen «Faktum» weiß sich
die Gemeinde im «Gegenüber» zur Welt, die total der Macht des Bösen ausgesetzt
ist.
Heilssinn des Gekommenseins des Gottessohnes ist, «daß er uns Einsicht gegeben
hat, den «Wirklichen» zu erkennen.» Auch dabei zeigt sich wieder eine auffällige
Einschränkung der die Gemeinde angehenden Wirklichkeit. Nach 3,8 erschien der
Sohn Gottes dazu, daß er die Werke des Teufels zerstöre, und der Glaube ist Sieg
über die Welt, weil und indem er dies im Kampf gegen den Haß, der in der Welt
herrscht, bezeugen kann. Verglichen damit erscheint hier der Glaube im Blick auf
die ihn angehende Wirklichkeit in der Tat «resignativ ... nach innen gewandt»
(Wengst). Heilsgabe ist die Einsicht, den «Wirklichen» zu erkennen. Der «Wirkliche» bzw. der «Wahrhaftige» ist, alttestamentlich-jüdischem Sprachgebrauch entsprechend und ähnlich wie in Joh. 17,3; 1. Thess. 1,9, Gott als der in seiner Treue
wirklich Beständige. So bedeutet «Einsicht» – der jüdisch-hellenistisch geläufige
Ausdruck tritt in johanneischen Schriften nur hier auf – die Fähigkeit zu wahrer

Gotteserkenntnis. Damit scheint die kritische Verknüpfung der Gotteserkenntnis mit der Bruderliebe bzw. dem Halten der Gebote (2,3 u. ö.) einer kritischen Abgrenzung gegen unechte, falsche Götter gewichen zu sein. Wenn V. 20 fortfährt «und wir sind in dem ‹Wirklichen›», so wird zwar dem Eindruck gewehrt, Heilsgabe sei «nur» die Fähigkeit rechter Gotteserkenntnis. Die Gemeinde ist in die Wirklichkeit Gottes hineingenommen, wie sie ihre Wirklichkeit aus Gott hat (V. 19a); nur so hat sie die Fähigkeit zu wahrer Gotteserkenntnis. Gleichwohl ist die knappe Feststellung seltsam abstrakt – und sogleich erläuterungsbedürftig. Wir sind im «Wirklichen», d. h. wir gehören zur Wirklichkeit Gottes, indem bzw. sofern wir in seinem Sohn Jesus Christus sind.

Damit ist im Rückblick auf das vorangegangene Schreiben, wenn auch formelhaft, bekräftigt, daß Gott sich in Wirklichkeit nur in Jesus Christus, seinem Sohn, fassen läßt. So kann der letzte Satz in V. 20 nicht überraschen, wenngleich er aus der Erläuterung nicht einsehbar wird, sondern eher das Gesagte noch überbietet. «Dieser ist der wirkliche Gott und ewiges Leben.» Das Nächstliegende ist zweifellos, diese Aussage auf Jesus Christus zu beziehen. Daß er ewiges Leben ist, weil in ihm ewiges Leben in Gottes Liebe erschien, entspricht 5,11 und 1,2; daß aber uneingeschränkt die volle Identität Jesu Christi mit Gott ausgesagt wird, ist in derart abgekürzter Form einzigartig, wenngleich durch johanneische Theologie angebahnt (vgl. Joh. 1,1.18; 20,28; 1. Joh. 1,1f.).

Der Anhang schließt V. 21 mit einer Mahnung. Hebt sie sich schon durch die gewohnte Anrede vom dreifachen «wir wissen» V. 18–20 schroff ab, so erscheint die Warnung vor heidnischen Götterbildern vollends unerwartet. Nirgends war im vorangegangenen Schreiben derartiges auch nur angedeutet. Das einzig hier in johanneischen Schriften verwendete griechische Wort bedeutet üblicherweise «Götterbild», im Judentum und Christentum dann auch «falscher Gott, Götze». Christlicher (wie jüdischer) Tradition entsprechend ist das Bekenntnis zum wahren, wirklichen Gott Abkehr von den falschen Göttern (vgl. 1. Thess. 1,9f.; 1. Kor. 8,4; 12,2 u. ö.). So könnte der Übergang von V. 20 auf V. 21 plausibel erscheinen. Aber die Frage bleibt, welchen aktuellen Sinn die Mahnung hat. Ein Sinn ergäbe sich, wenn «vor dem Gottesbild der Christusleugner» gewarnt würde. Aber ein solcher Bezug auf die im 1. Joh. bekämpfte Irrlehre wirkt gezwungen; nirgends versteht der Verfasser des 1. Joh. die Irrlehre übertragen als Götzendienst oder wertet sie als Rückfall ins Heidentum. Desgleichen muß der Versuch, aus Qumrantexten eine übertragene Bedeutung des Ausdrucks «Götze» herzuleiten, wonach die Mahnung besage «hütet euch vor der Sünde!», als gescheitert gelten.

V. 21 ist in der Tat nicht «Ende des 1. Joh.», sondern Schluß des Anhangs. Kann *dessen* Verfasser die Irrlehre gemeint und als Abfall vom rechten Glauben verstanden haben? Er wäre dann in der Tat an diesem Punkt nicht viel mehr als umdeutender «Imitator». Das Nächstliegende ist, die übliche Bedeutung «Götzenbild» vorauszusetzen und damit eine Situation, in der die Warnung, sich vor Götzenbildern zu hüten, aktuell und im Zusammenhang zumal mit V. 16f.18–20 unmittelbar einleuchtend ist. Die Annahme, daß der Anhang in die Situation staatlicher Verfolgung gehört, in welcher Opferung vor den Götterbildern Abfall und Absage an das Bekenntnis zum wirklichen Gott bedeuten mußte, macht V. 21 als nachdrückliche Schlußmahnung des Anhangs verständlich, wie denn auch einleuchten könnte, daß Sinn des Anhangs die erneute Aktualisierung des 1. Joh. sein sollte.

Der zweite und der dritte Johannesbrief

Einführung

1. Inhalt

Der 2. und 3. Joh. haben, anders als der 1. Joh., die Form wirklicher Briefe. Der Rahmung antiker Briefe, dem sog. Briefformular folgend, sind am Anfang Absender und Empfänger genannt, am Schluß Grüße ausgesprochen. Absender ist jeweils ohne Namensnennung der «Älteste». Ist der 2. Joh. ein Gemeindebrief, merkwürdig feierlich und ohne nähere Kennzeichnung an «eine auserwählte Herrin und ihre Kinder» adressiert, so hat der 3. Joh., der einzige wirkliche Privatbrief im Neuen Testament, einen sonst unbekannten Gaius zum Empfänger. Beide Briefe gleichen einander wie in der Verfasserangabe und im Umfang, der ein Papyrusblatt gleicher Größe gefüllt haben dürfte, so auch in zwei weiteren typischen Elementen brieflicher Korrespondenz: den Hauptteil des Briefes eröffnet, wie oft in antiken Briefen, ein Abschnitt, in dem nicht nur Wünsche für das Wohlergehen des Empfängers ausgesprochen werden, sondern auch die Beziehung, die zwischen Absender, Empfänger und brieflich Beteiligten besteht, mit dankbarer Freude zur Sprache gebracht und lobend wie mahnend in Erinnerung gerufen oder im Vorblick auf das eigentliche Anliegen aktualisiert wird (2. Joh. 4–6; 3. Joh. 2–8). Ebenso wird in beiden Briefen der Hauptteil abgeschlossen durch ein konventionelles, den brieflichen Kontakt ‹relativierendes› Motiv: es wäre noch viel zu schreiben, aber der Verfasser hofft, bald mündlich mit dem (den) Empfänger(n) reden zu können. Auffällig ist in diesen Partien beider Briefe eine gewisse formelhafte Abhängigkeit vom 1. Joh. bzw. von johanneischer Tradition und insbesondere der Eindruck, der 2. Joh. imitiere den 3. Joh.

Thema des 2. Joh., das schon durch die Eröffnung V. 4–6 zielstrebig vorbereitet wird, ist die Abwehr von Irrlehrern. Nach deren eher pauschaler, dem 1. Joh. entlehnter Charakterisierung kommt der Verfasser in V. 10f. zum eigentlichen Zweck seines Schreibens, der praktischen Maßregel, jeden Kontakt mit den Irrlehrern zu meiden, also Wanderpredigern, die nicht mit der rechten Lehre in die Gemeinde kommen, gastliche Aufnahme, ja den Gruß zu verweigern.

Der 3. Joh. ist seiner eigentlichen Absicht nach ein Empfehlungsbrief. Thema ist die brüderliche, gastfreundliche Aufnahme wandernder Heidenmissionare, die dem «Ältesten» eng verbunden sind. Vor allem wird der namentlich genannte Demetrius empfohlen, der wohl auch Überbringer des Briefs ist. Von besonderem Interesse ist ein damit verflochtener Abschnitt (V. 9f.), der schlaglichtartig einen Konflikt zwischen dem «Ältesten» und (dem Gemeindeleiter) Diotrephes beleuchtet.

2. Das Verhältnis der beiden kleinen Briefe zueinander und zum 1. Johannesbrief

Allen drei Johannesbriefen gemeinsam ist die Bindung an johanneische Tradition. Unverkennbar sind sie Zeugnisse jenes Kreises johanneischer Gemeinden, die im Johannesevangelium auf einzigartige Weise Grund und Inhalt ihres Glaubens an Je-

sus Christus bezeugt sahen. Freilich, sie sind Dokumente einer geschichtlichen Ent-
wicklung des johanneischen Christentums und darum weder theologisch noch historisch und literarisch auf einer Ebene zu sehen. Die traditionelle Auffassung, alle
johanneischen Schriften stammten von demselben Verfasser, wird schon am Unterschied des 1. Joh. zum Johannesevangelium höchst zweifelhaft, ja hinfällig. Stehen
die drei Johannesbriefe in der Verantwortung desselben Autors? Auch dieser Ansicht, heute noch vielfach, wenn auch gelegentlich unschlüssig vertreten, stehen entscheidende Argumente entgegen. Dazu zählen, für sich genommen, noch nicht die
unterschiedliche literarische Form und sprachliche Eigentümlichkeiten, die mit
dem konkreten Zweck der Schreiben gegeben sein mögen. So ist wohl denkbar, daß
dem als Absender des 2. und 3. Joh. genannten «Ältesten» die Autorität zu eigen gewesen sein könnte, die den anonymen Verfasser des 1. Joh. auszeichnet. Entscheidend ins Gewicht fallen aber Unterschiede, die genau da sichtbar werden, wo die
Schreiben sich am augenfälligsten berühren – Unterschiede der Art und Weise also,
wie Motive, Leitworte und bestimmte Inhalte johanneischer Tradition aufgenommen und theologisch verantwortet werden.
So ist der Wahrheitsbegriff im 2. und 3. Joh., aufs ganze gesehen, anders orientiert
als im 1. Joh., so gewiß diese Verschiebung und Verfestigung im einzelnen nicht immer eindeutig auszumachen und deshalb zuzugestehen ist, daß dies allein noch kein
hinreichendes Kriterium ist. Doch es lassen sich weitere Beispiele anführen, wo in
der Wiederholung des gleichen nicht mehr dasselbe gesagt ist. Wiederholt wird in
2. Joh. 5 das Gebot, einander zu lieben; aber es ist hier gegenüber Joh. 13,34 und
1. Joh. 2,7f. nur noch altes, überliefertes Gebot. Aufgenommen wird in 2. Joh. 7 die
Charakterisierung der Irrlehrer aus 1. Joh. 2,18; 4,3; aber der geschichtlichen Aktualisierung des «Antichrist» steht nicht mehr die eschatologische Beurteilung der
Gegenwart zur Seite. Die typisch johanneisch formulierte ‹Wesensbestimmung› der
Liebe 2. Joh. 6 beschränkt sich auf den Wandel nach Gottes Geboten. Die Erfüllung
unserer Freude, in 1. Joh. 1,4 Leitmotiv des ganzen Schreibens, ist im Kontext von
2. Joh. 12 zur konventionell-erbaulichen Floskel geworden. Die Gegenüberstellung
in 2. Joh. 9 folgt deutlich der Antithese in 1. Joh. 2,23 und bedient sich doch zugleich
des Leitbegriffs der Christus-Lehre, der dem 1. Joh. fremd ist. Ähnlich verhält es
sich in 3. Joh. 11: das in 1. Joh. 3,6 begegnende negative Urteil «(jeder, der sündigt,)
hat ihn (Gott) nicht gesehen», das dort einen Anspruch der Gegner abweist und gerade nicht positiv aufgenommen wird (vgl. 1. Joh. 4,20), erscheint nun als traditionell verfügbare Aussage, die auch bejaht werden könnte.
Zusammen mit dem Vorkommen einiger in johanneischen Schriften sonst nicht be-
gegnender Begriffe und der den 2. Joh. kennzeichnenden Einstellung, sich einer
Auseinandersetzung mit den Irrlehrern gänzlich zu entschlagen, nur kurz ein dogmatisches Kriterium anzuführen und organisatorische Maßnahmen zu verfügen,
machen die genannten Unterschiede offensichtlich, daß für den 2. und 3. Joh. nicht
der Autor des 1. Joh. verantwortlich sein kann.
Damit ist die weitere Frage noch nicht beantwortet, ob die beiden kleinen Briefe
demselben Verfasser, dem im Eingang genannten «Ältesten», zuzuschreiben sind.
Das legt sich zwar nahe und ist fast einhellige Auffassung, doch hat R. Bultmann
(ihm folgend J. Heise) geltend gemacht, daß der Briefschluß 2. Joh. 12f. eine Nachahmung von 3. Joh. 13f. sein dürfte, desgleichen die Absenderangabe Übernahme
aus 3. Joh.; ebenso lege die Tatsache, daß nicht gesagt ist, an welche Einzelgemeinde der Brief adressiert ist, die Vermutung nahe, das Schreiben sei als sozusagen ‹ka-
tholischer› Brief gedacht, den der Überbringer jeweils an alle in Frage kommenden

Gemeinden zustellen sollte; der Briefcharakter des 2. Joh. sei somit eine Fiktion. Erwägt man des weiteren, daß außer jener organisatorischen Maßnahme in 2. Joh. 10f., die überdies in merkwürdig gegensätzlicher Spannung zum Anliegen des 3. Joh. steht, nur mehr oder weniger pauschal erbaulich bzw. dogmatisch verfestigte Inhalte des 1. Joh. begegnen, wird diese Mutmaßung eher wahrscheinlich. Es ist sehr wohl denkbar, daß im Zusammenhang jenes Konflikts, der im 3. Joh. sichtbar wird, innerhalb johanneischer Gemeinden die Notwendigkeit aufkam, eine pauschale Abgrenzung gegenüber Irrlehrern zu vollziehen und organisatorisch durchzusetzen. Ein Rest von Unschlüssigkeit bleibt. Immerhin würde die Annahme, der 2. Joh. sei insofern briefliche Fiktion, als er sich in der Nachahmung des 3. Joh. auf die Autorität des «Ältesten» stützte, um seiner im Rückgriff auf den 1. Joh. begründeten Intention in johanneischen Gemeinden Geltung zu verschaffen, den so unkonkreten, formelhaften Eindruck dieses Textes plausibel machen und außerdem die Frage nach dem Sinn der Absenderabgabe vereinfachen.

3. Absender

Bezeichnet sich der Absender zumal des 3. Joh. ohne weitere Namensnennung einfach als der «Älteste», so setzt er voraus, daß der Empfänger unverwechselbar weiß, um wen es sich handelt. Dadurch sind zwei mögliche Bedeutungen des Ausdrucks so gut wie ausgeschlossen. Weder kann nur ein hochbetagter, alter Mann noch der Amtstitel eines Presbyters gemeint sein. «Presbyter» waren in späterer urchristlicher Zeit die Mitglieder eines Kollegiums (1. Tim. 4,14), das, in Anlehnung an das Muster eines jüdischen Synagogenvorstands, die Gemeinde leitete. Wäre das Mitglied eines Presbyteriums gemeint, dürfte der Name bzw. die Angabe der Gemeinde schwerlich fehlen. Die Hypothese, der Verfasser sei ein von Diotrephes exkommunizierter Presbyter «und darum notgedrungen ein Einzelgänger» (E. Käsemann), könnte einleuchtend sein, wenn nicht die Schwierigkeit entstünde, daß der Verfasser dann kaum erwarten könnte, in der Gemeinde des Diotrephes deren Leiter zur Rede stellen zu können. So wird man sich «den ‹Ältesten› ... als einen besondere Hochschätzung genießenden Lehrer ... oder Propheten der älteren Zeit zu denken haben und seinen Titel im Sinne der ‹Alten› verstehen müssen, die Papias und einige der späteren Kirchenväter ... als Schüler der Apostel und Garanten der auf sie zurückgehenden Tradition bezeichnen» (G. Bornkamm, Theologisches Wörterbuch zum Neuen Testament VI,671f.). Als Träger speziell johanneischer Tradition war er im Kreis johanneischer Gemeinden offenbar unverwechselbar «der Älteste». Diese Autorität eines ‹Vaters› und Lehrers, ohne institutionellen Rang und sozusagen «noch diesseits jeder kirchlichen Verfassung» (v. Campenhausen), wird durch Äußerungen des 3. Joh. bestätigt. Die zur Heidenmission ausziehenden wandernden Brüder sind von ihm beauftragt; er versteht sie und die im Brief angeredeten Brüder als «seine Kinder»; die ausgesandten Wanderprediger kehren zum «Ältesten» zurück und geben vor der Gemeinde Zeugnis; wurden sie von Diotrephes nicht aufgenommen, betrifft diese Ablehnung auch den «Ältesten» selbst. Diese Stellung des «Ältesten» würde sich komplizierter darstellen und institutionelle Züge annehmen, wäre er auch Verfasser des 2. Joh. Stützt sich dessen Verfasser aber auf die Autorität des «Ältesten», würde sich der erst dadurch entstehende Eindruck, der «Älteste» sei zugleich auch «Gemeindeleiter» (Haenchen), der als Sprecher seiner Gemeinde einer andern Gemeinde Anordnungen erteilt, leichter dem Bild zuordnen lassen, das der 3. Joh. vermittelt.

4. Situation

Da die beiden Briefe verschiedene Adressaten und nahezu gegensätzliche Anliegen haben und zunächst nur durch die Verfasserangabe miteinander verbunden erscheinen, wird man die Hinweise auf die jeweils vorauszusetzende Situation nicht vorschnell kombinieren können. ·

Der 2. Joh. bezieht sich auf eine Situation, in der Irrlehrer abzuwehren sind. Nach V. 7 ist es dieselbe Irrlehre, die auch der 1. Joh. bekämpft. Indessen dringen die Gegner nun von außen in die Gemeinde(n) ein. Es dürfte sich in der Tat «um ein fortgeschrittenes Stadium» (Wengst) der Auseinandersetzung handeln; die Trennungslinie scheint gezogen, ein dogmatisches Kriterium handhabbar zu sein. Es geht nur mehr um rigorose kirchliche und öffentliche Abgrenzung.

Die Situation, die im 3. Joh. sichtbar wird, ist durch den Konflikt zwischen dem «Ältesten» und Diotrephes bestimmt. Was ist der Kern des Konflikts? Der «Älteste» erscheint als Haupt einer Gemeinde von Brüdern («Leiter einer Missionsorganisation»?), aus der Heidenmissionare entsandt werden, die auf gastfreundliche Aufnahme in fremden Gemeinden angewiesen sind, da sie es ablehnen, ihren Unterhalt auf Kosten der heidnischen Hörer zu bestreiten. Diotrephes hat ihnen und mit ihnen auch der Autorität des «Ältesten» die Anerkennung versagt, schmähende Anklagen vorgebracht, den Missionaren die gastliche Aufnahme verweigert und zumindest Anstalten getroffen, diejenigen, die in der Gemeinde zur Unterstützung der Missionare bereit waren, daran zu hindern und aus der Gemeinde auszuschließen. Seine Stellung muß also derart gewesen sein, daß er nicht nur «der Erste sein wollte», sondern dies auch war. Wenn er nicht «der erste monarchische Bischof war, dessen Namen wir kennen» (vHarnack), so nahm er zumindest eine Position ein, die zum monarchischen Bischofsamt tendierte. Die Kontroverse lediglich als kirchenrechtlichen bzw. organisatorischen Konflikt zwischen autonomer Einzelgemeinde und Wandermissionaren, zwischen bischöflicher Gemeindeorganisation und einer spezifisch johanneischen Gemeindestruktur zu deuten, würde indessen zwei Punkte im Unklaren lassen: (1) Der Ausschluß aus der Gemeinde setzt die Anklage häretischer Irrlehre voraus – da grobe sittliche Verfehlungen (vgl. 1. Kor. 5,1ff.) nicht in Betracht kommen. (2) Will der «Älteste» bei einem Besuch Diotrephes wegen dessen Anschuldigungen zur Rede stellen, so verspricht er sich, deren Haltlosigkeit erweisen zu können; es kann sich also bei diesen Anschuldigungen nicht um das Auftreten von Wanderpredigern handeln – das könnte der «Älteste» ja gar nicht entkräften –, sondern muß und wird den Vorwurf der Irrlehre betreffen; der Konflikt hat daher einen ‹dogmatischen› Hintergrund.

Zu dessen Erhellung hat E. Käsemanns These den Weg gewiesen, nicht Diotrephes, sondern der «Älteste» stehe im Verdacht der Ketzerei. «Seine ‹Häresie› besteht eben in seiner johanneischen Theologie, die dem Diotrephes ... als gnostisch suspekt ist» (Vielhauer). Diotrephes sah offenbar den «Ältesten» und seinen Kreis im Zwielicht der gnostisierenden Abspaltung innerhalb johanneischer Gemeinden und reagierte mit disziplinarischen Mitteln, während der «Älteste» bei seinem Besuch diesen Verdacht der Ketzerei als haltlose Schmähung zurückweisen zu können glaubte. So wird es zutreffen, daß der «Älteste» sich gewissermaßen an zwei Fronten zu stellen hatte: in der Abgrenzung gegen die Irrlehre und gegenüber dem Vorwurf der Ketzerei seitens der kirchlichen «Rechtgläubigkeit», der sich in organisatorischen und kirchenrechtlichen Maßnahmen dokumentierte. Ob man dem Verfasser des 3. Joh. zutraut, im 2. Joh. seinerseits die organisatorischen Maßnahmen anzuordnen, die Diotrephes gegen ihn und die Seinen ergriff, bleibt dann eine offene Frage.

Der zweite Johannesbrief

1–3   Briefeingang

1 Der «Älteste» an die (von Gott) erwählte Herrin und ihre Kinder, die ich in Wahrheit liebe – und nicht ich allein, sondern auch alle, die die Wahrheit erkannt haben –, 2 um der Wahrheit willen, die in uns bleibt und bei uns sein wird in Ewigkeit. 3 Es wird bei uns sein Gnade, Erbarmen, Friede von Gott dem Vater und von Jesus Christus, dem Sohn des Vaters, in Wahrheit und Liebe.

In der Öffentlichkeit der Antike stand vor allem die Form brieflicher Mitteilung zur Verfügung, wenn es galt, über eine unmittelbar mündliche Verständigung hinaus Angelegenheiten persönlicher, geschäftlicher, amtlicher oder politischer Natur mitzuteilen. Das konnte in Form wirklicher Briefe geschehen, die dem Empfänger durch einen vom Absender Beauftragten zugestellt wurden, aber ebenso in der oft kunstvollen literarischen Nachahmung der Briefform, um auf diese Weise eine bestimmte Öffentlichkeit zu erreichen. In besonderem Maße war diese Form brieflicher Mitteilung auch Verständigungsmittel und Medium amtlich-verbindlicher Kundgabe in christlichen Gemeinden.

Antike Briefe weisen, wie zahlreiche Funde von Papyrusbriefen belegen, am Beginn und am Ende bestimmte gebräuchliche Wendungen auf, die in urchristlicher Briefliteratur wiederkehren. Allerdings ist hier der übliche knappe Briefeingang, der den Brief mit Vorstellung und Begrüßung einleitet (‹A (sagt) dem B, er solle sich freuen›), derart erweitert, daß sogleich die besondere, dem Inhalt entsprechende Beziehung der ‹Briefpartner› zum Ausdruck kommt. So wird meist statt der einteiligen griechischen Form eine orientalische Form in zwei Sätzen verwendet (‹A dem B; Heil dir›). Absender und Empfänger sind über die namentliche Kennzeichnung hinaus durch die sie verbindende Beziehung zur christlichen Botschaft charakterisiert; im Gruß begegnete sogleich der Inhalt der Botschaft, Gnade und Friede. Ebenso hatte der Briefschluß eine relativ feste Form; Grüße verbanden sich mit dem Schlußwunsch, der christlich meist Zuspruch von Gnade oder Friede war.

Einem derart erweiterten hellenistischen Formular entspricht auch der Briefeingang des 2. Joh. Der Absender ist der Empfängerin in christlicher Liebe verbunden und mit ihm alle Christen (V. 1). Denn die Verbundenheit ist durch die Offenbarungswahrheit gestiftet (V. 2). So ist denn auch im zweiten Satz (V. 3) der ‹Gruß› als Verheißung formuliert, die den Absender einbezieht.

Wie in 3. Joh. 1 erscheint in **V. 1** als Absender der «Älteste» (zur Erklärung s. Einführung S. 109). Gerichtet ist der Brief an eine «auserwählte Herrin und ihre Kinder». Sowohl die Vermutung, es handle sich um eine christliche Frau und ihre Kinder, als auch die Mutmaßung, das griechische Wort für «Herrin» sei hier Eigenname – wogegen aber die Anrede V. 5 spräche – erübrigen sich durch die Beobachtung, daß in gehobener Sprache hellenistischer Öffentlichkeit eine bürgerliche Gemeinde durch den feierlichen Namen ‹Herrin› ausgezeichnet wird. Dieser Sprachgebrauch, von der profanen Kultur in die religiöse verpflanzt, wird auch hier vorliegen. Der im selbcn Stil gehaltene Schlußgruß V. 13 erweckt den Eindruck, es schreibe der Sprecher einer Einzelgemeinde an eine andere Einzelgemeinde, deren Verhältnis zueinander sich feierlich-familiär gestaltet. Ob es diesem Stil gemäß ist, daß jede Ortsangabe fehlt, oder ob derart stilisiert wurde, um das Schreiben an einen unbestimmten Kreis von Einzelgemeinden zu richten, ist schwer zu sagen. Jedenfalls ist die angeredete Gemeinde als christliche charakterisiert wie in 1. Petr. 1,1; 5,13; Ign Trall (inscript): sie ist wie ihre Schwester V. 13 erwählte, nämlich durch Gottes gnädige Erwählung gestiftete Gemeinde, deren Glieder ihr angehören wie Kinder ihrer Mutter. Die grammatisch unstimmig angeschlossene Wendung V.1b wirkt wie eine Übernahme und Erweiterung von 3. Joh. 1b. Was dort schlichter Ausdruck persönlicher Verbundenheit des «Ältesten» mit Gaius im gemeinsamen Glauben ist, erscheint hier wie aufgesetzt, so daß das zum Ausdruck gebrachte Lieben konkrete Bestimmtheit vermissen läßt und überdies in V. 2 noch eigens umfassend begründet wird. Mit dieser Verquickung konkreter, personaler Verbundenheit im Glauben und der gleichsam dogmatischen Verbundenheit der Glieder christlicher Gemeinden untereinander in der Anerkennung der Offenbarungswahrheit hängt wohl auch zusammen, daß die beiden Leitworte «Wahrheit» und «Liebe» in ihrer Bedeutung eigentümlich schwanken. Ist zunächst einfach gemeint, daß der «Älteste» die angeredeten Gemeindeglieder «aufrichtig» liebt, so verändert sich die Bedeutung von «Wahrheit» in der angefügten Erweiterung. Nun ist es die Offenbarungwahrheit, nämlich die in Jesus Christus offenbar gewordene Wirklichkeit Gottes, und diese Wahrheit erkannt und anerkannt zu haben charakterisiert die Christen. Weil zur Anerkenntnis dieser Wirklichkeit Gottes das Verhältnis gegenseitiger Liebe gehört, kann über jede persönliche Verbundenheit hinaus gesagt werden, daß die Liebe des «Ältesten» zur angeredeten Gemeinde von allen Christen geteilt werde. Es ist also die christliche Gemeinschaft als solche, die sich in dieser Liebe bekundet.

Eben dieser Grund liebender Verbundenheit miteinander wird in **V.2** ausdrücklich gemacht. Der Grund der aufrichtigen und von allen Christen geteilten Liebe ist «die in uns (ja) bleibende Wahrheit», die – so wird im selbständigen Nachsatz bekräftigt – «bei uns sein wird in Ewigkeit». Aus dem Nachsatz geht hervor, daß die in johanneischen Schriften sonst nicht begegnende Anschauung vom ‹Bleiben der Wahrheit in uns› sich nicht auf den in V. 9 maßgeblichen Gedanken beschränkt, bei der (rechten) Lehre von Christus zu bleiben. Wohl ist die Wahrheit faßbar in der rechten Lehre und im Bekenntnis zu Jesus Christus; doch indem die Gemeinde daran festhält, wird das zum Erweis, daß die Wahrheit in ihr bleibt. Insofern wird in V. 2 die Gewißheit mitgedacht sein, daß die Wahrheit – als Geist der Wahrheit, vgl. Joh. 14,17 mit 1. Joh. 2,24f.; 2,4f. – die Gemeinde gegenwärtig und in alle Zukunft trägt und sich deshalb in der liebenden Verbundenheit aller erweist.

Die Wahrheit oder denn die Gewißheit, daß die Wahrheit in Ewigkeit bei uns sein wird, erfährt eine gewisse Auslegung, wenn in **V.3** statt des sonst üblichen Grußes oder Segenswunsches verheißen wird: «Es wird bei uns sein Gnade, Erbarmen, Friede von Gott dem Vater und von Jesus Christus, dem Sohn des Vaters, in Wahrheit und Liebe.» Nichtsdestoweniger sind traditionelle Gruß- und Segensformulierungen aufgenommen. Wie in 1. Tim. 1,2; 2. Tim. 1,2 findet sich eine dreigliedrige Formel, in der vielleicht die paulinische Doppelformel «Gnade und Friede» mit dem jüdischen Gruß «Erbarmen und Friede (= Heil)» verbunden ist. Zum Ausdruck kommt die hoffnungsvolle Gewißheit, in die sich der «Älteste» einschließt, daß die Gnade, das Erbarmen und der Friede Gottes bei der Gemeinde sein werden, sind es doch die Gaben, die von dem im Sohn offenbar gewordenen Vater kom-

men und deshalb zugleich von Jesus Christus, dem Sohn des Vaters, wie es eigentümlich, aber im Anklang an johanneische Tradition heißt.
Die Hinzufügung «in Wahrheit und Liebe» erscheint überschüssig; jedoch dürfte in
den beiden Leitworten festgehalten und in der Überleitung zum folgenden intoniert
sein, in welcher Weise Gottes Gaben der Gemeinde bleibend verheißen sind: eben
darin, daß die offenbarte Wirklichkeit Gottes in ihr bleibt und tragender Grund gegenseitiger Liebe ist.

**4–6   Das überlieferte Gebot, einander zu lieben, als Gewahrsam der
             Gemeinde**

**4 Ich habe mich sehr gefreut, daß ich unter deinen Kindern solche gefunden habe,
die ihren Weg in (der) Wahrheit gehen, wie wir (es) als Gebot vom Vater empfangen haben. 5 So bitte ich dich nun, Herrin, nicht als ob ich dir ein neues Gebot
schriebe, sondern das, das wir von Anfang an hatten, daß wir einander lieben sollen.
6 Und das ist die Liebe, daß wir unsern Weg nach seinen Geboten gehen; das ist das
Gebot, wie ihr von Anfang an gehört habt, daß ihr euern Weg in ihr gehen sollt.**

Eröffnet wird das Schreiben **V. 4** wie 3. Joh. 3 mit dem Ausdruck der Freude. Die
betonte Zuwendung zum Empfänger in der Bekundung innerer Anteilnahme entspricht konventionellem Briefstil. Anders als etwa in paulinischen Briefen, wo an
dieser Stelle der Dank an Gott (Röm. 1,8; 1. Kor. 1,4; Phil. 1,3; 1. Thess. 1,2)
bzw. der Lobpreis Gottes (2. Kor. 1,3) oder denn äußerste Betroffenheit (Gal. 1,6)
laut werden, klingt die Äußerung der Freude persönlicher, konventioneller und ist
eigenartig eingeschränkt. Der Verfasser hat einige Mitglieder der Gemeinde als solche befunden – kaum bei einem Besuch, sondern in übertragenem Sinne feststel-
lend –, die ihren Weg in (der) Wahrheit gehen. Unklar bleibt, ob das artikellose «in
Wahrheit» wie in V. 1 und 3. Joh. 1 ‹wirklich, aufrichtig› bedeutet und durch den
Nachsatz erläutert wird: «dementsprechend wie wir ein Gebot vom Vater empfangen haben», oder ob der Ausdruck wie in V. 1bf. die Offenbarungswahrheit meint.
Für letzteres spräche die Parallele (oder das Muster?) in 3. Joh. 3f. Die Nachbildung
johanneischer Aussagen wie «im Licht wandeln» (1. Joh. 1,7; vgl. Joh. 12,35;
1. Joh. 2,6), deren Sinn war, den Lebensweg im Glauben zu gehen, dürfte hier und
in 3. Joh. 3 wie im vergleichbaren Sprachgebrauch der Septuaginta [= Übersetzung
des Alten Testaments ins griechisch-sprechende Judentum] (3. Reg. 2,4 =
1. Kön. 2,4; 4. Reg. 20,3 = 2. Kön. 20,3) und in der Gemeinde von Qumran (Ge-
meindregel 1QS VIII,5: ‹wenn dies in Israel geschieht, steht die Gemeinschaft der
Einung fest in der Wahrheit›) bedeuten, daß einige in der Gemeinde ihren Lebenswandel an der Wirklichkeit Gottes ausrichten und sich damit an eine Weisung halten, die als Gebot vom Vater für uns (alle) gelten sollte. Gedacht ist sicherlich an das
Gebot, einander zu lieben (V. 5). V. 4 bereitet also schon die kritische Mahnung in
V. 5f. vor und die Einschränkung in V. 4 wird andeuten, daß sich in der Gemeinde
auch solche finden, die sich nicht am Gebot orientieren und deshalb in der Gefahr
stehen, sich durch die Irrlehrer von der Orientierung des Lebenswegs an der Wirklichkeit Gottes abbringen zu lassen. Die knappe Ausdrucksweise, die vielleicht ge-
wollt einiges offenläßt, gestattet weder, jene andern ‹Kinder› der Herrin Gemeinde
mit den Irrlehrern gleichzusetzen noch das auszuschließen. Auffällig und bezeichnend ist, daß zwar die Wendung «vom Vater (empfangen)» die Einheit mit dem

Sohn anklingen läßt, aber nirgends gesagt und theologisch verantwortet wird, daß es in der Bruderliebe auf den Glauben ankommt und das Gebot in die durch den Sohn erschlossene Wirklichkeit Gottes einweist. Es ist hier immer nur zu vermuten, daß die Wirklichkeit des Glaubens an Jesus Christus mitgemeint ist – das Wort ‹Glaube› fehlt in 2./3. Joh. –, wenn von der Wahrheit, dem Gebot, der Liebe die Rede ist.

Die mahnende Bitte **V. 5** an die Herrin Gemeinde (als der für ihre Kinder Verantwortlichen?) ruft das neue Gebot Jesu Joh. 13,34 in Erinnerung. Es ist freilich zunächst mit denselben Worten eingeführt und charakterisiert wie in 1. Joh. 2,7. Anders als im 1. Joh. ist aber völlig übergangen, daß das überlieferte Gebot, einander zu lieben, zugleich neu ist, weil es in die gegenwärtige Wirklichkeit der Liebe Gottes einweist, in deren Licht die Finsternis der Welt vergeht (1. Joh. 2,8). Die ‹Paradoxie des Historischen›, daß gerade im Rückhalt am überlieferten Gebot Jesu das Sein und Bleiben im Licht gewahrt ist, erscheint aufgelöst in das Prinzip, daß in der gehorsamen Rückbindung an die Tradition, die als solche richtig und verbindlich ist, der Bestand der Gemeinde gewahrt wird. Die Tendenz ist deutlich, die Gemeinde unter dem Gewahrsam des Gebots gegen die Irrlehre abzugrenzen und gegen inneren Zerfall zu sichern.

Daß die Gedanken des Verfassers um einen solchen Zusammenschluß der Gemeinde unter dem Gewahrsam des Gebots kreisen, zeigt **V. 6,** der in einem eigenartigen Zirkel verharrt. Der einzige Fortschritt des Gedankens besteht darin, daß aller Nachdruck darauf fällt, das überlieferte Gebot im praktischen Lebenswandel auch zu realisieren – also eben das, was dem Verfasser bei einigen Gemeindegliedern Grund zur Freude gab.

In typisch johanneischen Definitionssätzen wird zunächst festgestellt, das ‹Wesen› der Liebe bestehe darin, nach seinen Geboten zu wandeln. Weil denn Liebe im Wandeln nach Gottes Geboten besteht, wobei wiederum ungesagt bleibt, ob diese Orientierung am Willen Gottes den Glauben einschließt, daß in Jesus Christus Gottes Liebe erschien (vgl. 1. Joh. 3,23), wird nun festgestellt, was auf Grund des von Anfang an Gehörten Sache des Gebots ist. Die Antwort «in ihr zu wandeln» ist im griechischen Text sprachlich nicht eindeutig. Es könnte der Wandel im Gebot gemeint sein; wahrscheinlicher ist aber an den Wandel in der Liebe gedacht. Jedenfalls wird die Liebe durch das Gebot und das Gebot durch die gegenseitige Liebe der Gemeindeglieder unter dem Gewahrsam des überlieferten Gebots ausgelegt und mit diesem Zirkel unterstrichen, daß es darauf ankommt, sich im praktischen Verhalten an die Überlieferung zu halten.

Damit ist der Punkt erreicht und sozusagen das Terrain abgesteckt, um zum eigentlichen Zweck des Schreibens, der Warnung vor den Irrlehrern und den gebotenen Maßnahmen, überzugehen (V. 7–11). Der Abschnitt 4–6 erweist sich als Vorbereitung von 7–11 und das ganze Schreiben als ebenso zielstrebig wie geschickt aufgebauter Appell zur Bewahrung der Gemeinde im Gewahrsam der Offenbarungswahrheit.

7–9   Warnung vor Irrlehrern

7 Denn viele Verführer sind in die Welt ausgegangen, die nicht Jesus Christus als im Fleisch kommend bekennen; das ist der «Verführer» und der «Antichrist». 8 Nehmt euch in acht, daß ihr nicht verliert, was ihr tätig erreicht habt, sondern vollen Lohn

erhaltet. 9 Jeder, der «fortschreitet» und nicht in der Lehre Christi bleibt, hat Gott nicht; wer in der Lehre bleibt, der hat sowohl den Vater als auch den Sohn.

V.7 nennt begründend den Anlaß zur mahnenden Erinnerung an das überlieferte Gebot gegenseitiger Liebe und fixiert die Rückbindung an die Überlieferung gleichsam an diesen Anlaß, das Auftreten von Irrlehrern. «Die Liebe untereinander wird so zum Zusammenschluß der Rechtgläubigen, der der scharfen Abgrenzung gegen die Häretiker dient.» (Wengst). Deren Auftreten wird in Anlehnung an 1. Joh. 4,1b charakterisiert; wird ihre Bezeichnung als «Lügenpropheten» vermieden, so gelten sie doch wie in 1. Joh. 2,26 als Verführer. Sie sind Verführer, weil sie nicht Jesus Christus als im Fleisch kommend bekennen. Es handelt sich also um dieselbe gnostisierende Irrlehre wie im 1. Joh. (vgl. 2,22; 4,2). Das zeitlose Präsens «im Fleisch kommend» statt wie in 1. Joh. 4,2 «im Fleisch gekommen» meint nicht den – doch in Herrlichkeit – wiederkommenden Christus, sondern weist höchstens darauf hin, daß der Verfasser nicht mehr genau hinzuhören und zu reden brauchte, weil die Fronten abgesteckt sind. Auch der Nachsatz V. 7c ist offensichtlich eine verkürzt zitierende Zusammenfassung von 1. Joh. 2,18; 4,3 – gleichsam plakativ werden der «Verführer» und der «Antichrist», die natürlich nicht zwei voneinander unterschiedene endzeitliche Gestalten sind, identifiziert. Gewicht und Bedeutung jenes theologischen Denkaktes in 1. Joh. 2,18, daß im Auftreten der Irrlehrer die endzeitliche Gestalt des «Antichrist» geschichtlich gegenwärtig wurde und darum die Auseinandersetzung um das antichristliche Bekenntnis die Gegenwart zur Endzeit-Stunde macht, scheinen nicht mehr bewußt zu sein – ein weiterer Hinweis auf die Verschiedenheit von Verfasser und Situation des 2. und 1. Joh.!
Dem Blick auf die Irrlehrer folgt in **V. 8** eine ausdrückliche Mahnung. Sie zeigt, wie im Unterschied zum 1. Joh. nun hier die durch das Auftreten der Irrlehrer bestimmte Situation in endzeitliches Licht gerückt wird. Die völlig unjohanneisch gehaltene, apokalyptischer Sprache verpflichtete Mahnung erinnert in Formulierung und Funktion an entsprechende Mahnungen in der sog. synoptischen Apokalypse: «Seht euch vor, daß niemand euch irreführt! Viele werden unter meinem Namen kommen und sagen: ‹Ich bin's› und werden viele irreführen.» (Mark. 13,5; vgl. V. 9; ferner Offbg. Petr. 1.2).
Es gilt, sich vor der endzeitlichen Gefahr der Irrlehre in Acht zu nehmen, um nicht zu verlieren, was tätig erreicht wurde, sondern vollen Lohn zu erhalten. Zwar haben die Leser ihr Christsein, das ja in der Anerkennung der Offenbarungswahrheit besteht (vgl. V. 2), sich nicht durch eigene Arbeit erworben, wie im Wortsinn zu verstehen wäre; der Ausdruck ist also wie Joh. 6,28 im Ansatz bildhaft zu nehmen. (Eine weniger gut bezeugte Lesart «was wir erarbeitet haben» würde besagen, daß die Leser ihr Christsein der Arbeit des Verfassers zu verdanken haben.) Ebenso steht der Empfang vollen Lohns, jüdischer Tradition gemäß, für die Heilsgabe. Nichtsdestoweniger bleibt die Mahnung entscheidend hinter Joh. 6,28f. zurück: «was sollen wir tun, um Gottes Werke zu wirken? Jesus antwortete ihnen: Das Werk Gottes ist dieses: zu glauben an den, den er gesandt hat.» Der Verfasser wird mit der Mahnung V. 8 wohl erneut Inhalte johanneischer Tradition im Sinn haben: das ewige Leben in der Gottesgemeinschaft nicht zu verspielen, sondern sich in gegenseitiger Liebe tatkräftig für die Wahrheit einzusetzen. Was er allerdings sagt, kommt der Berührungsangst frommen Verdienstdenkens recht nahe.
In **V. 9** wird, angelehnt an 1. Joh. 2,23 und im Stil jener antithetischen Urteilssätze, das Kriterium formuliert, das den Häretiker vom rechtgläubigen Christen unter-

scheidet. Maßgabe der Rechtgläubigkeit ist, in der Lehre Christi zu bleiben. Nach V. 7 kann nicht zweifelhaft sein, daß maßgeblicher Inhalt dieser Lehre das Bekenntnis zu Jesus Christus als im Fleisch kommend ist. Vermutlich wird aber auch das von Anfang an überlieferte Gebot im Blick sein (V. 5), so daß die «Lehre Christi» beides umfaßt: den christologischen Lehrgehalt, nämlich Lehre und Bekenntnis von Christus, wie auch die von Christus ausgehende Lehre.

Der Begriff der Lehre begegnet im Johannesevangelium nur am Rande, als Inbegriff des Wirkens Jesu gewissermaßen von außen an das Wort Jesu herangetragen (Joh. 7,16f.; 18,19). Im 1. Joh., wo prägnant von der «Botschaft» die Rede ist und der Begriff «Lehre» fehlt, ist es in 2,27 das «Salböl», das die Glaubenden – in der Gabe des Geistes bei der Taufe – empfangen haben, welches sie über alles belehrt; solches Belehrtsein im gesagten und anerkannten Glaubensbekenntnis erübrigt und schließt andere (unerhört neue) Belehrungen aus. So wird man folgern können, daß die Lehre von Christus, mit dem Gebot Christi zusammengesehen, zwar nicht der Wahrheit als der offenbarten Wirklichkeit Gottes gleichzusetzen ist – ein «Wandeln in der Lehre» erschiene abwegig! –, wohl aber, daß sie Gottes Wirklichkeit und Heil im Gewahrsam eines gleichsam objektiv fixierten, überlieferten Lehrgehalts hält. Das Gewicht, das hier der Lehre zukommt, verbindet den 2. Joh. mit den Pastoralbriefen (1./2. Timotheus und Titusbrief) so daß – zwar nicht der 1. Joh., wohl aber – der 2. Joh. als «johanneischer Pastoralbrief» gelten kann. Allerdings ist in der Hochschätzung der «gesunden» und «guten» Lehre (1. Tim. 1,10f.; 4,6.16; 2. Tim. 4,3; Tit. 1,9; 2,1) gegenüber gnostisch-häretischen Lehren die Heilslehre gemeint, die auch moralisch über den rechten Weg belehrt, während hier eher ein kurzer, fest umrissener Lehrgehalt im Blick ist, über den man hinausschreiten, in dem man bleiben kann und der, darf man V. 10 beim Wort nehmen, sozusagen auf den ersten Blick und ohne weitere Diskussionen auszumachen ist.

Der Gewißheit, daß die Gemeinde im Gewahrsam der in ihr bleibenden Wirklichkeit Gottes ist (V. 2), entspricht die dogmatische Maßgabe der Rechtgläubigkeit, daß es Gemeinschaft mit dem Vater und dem Sohn nur gibt in der Bindung an das Bekenntnis zu Jesus Christus im Fleisch, die sich im beständigen Wandel in der Wahrheit bewährt. An diesem Kriterium gemessen heißt der Irrlehre Folge zu leisten, über die durch die überlieferte Lehre gesetzten Grenzen hinauszugehen, nicht mehr im Gewahrsam des Heils, sondern außerhalb der Gemeinschaft mit Gott zu sein. Das V. 9 verwendete, in der Auseinandersetzung vielleicht erst aufgekommene Schlagwort vom «Fortschreiten» kennzeichnet nicht nur die Gegner, sondern auch den Standpunkt des Verfassers. Das Streben nach unerhört neuer, höherer Erkenntnis läßt die Anfänge hinter sich und bleibt nicht in der rechten Lehre, die in der Bindung an die Tradition gewahrt ist.

10–11   Maßregel für das Verhalten gegenüber Irrlehrern

10 Wenn jemand zu euch kommt und diese Lehre nicht bringt, so nehmt ihn nicht ins Haus und den Gruß entbietet ihm nicht. 11 Denn wer ihm den Gruß entbietet, nimmt an seinen bösen Werken teil.

Aus der Warnung vor den Irrlehrern ergibt sich dem Verfasser V. 10 eine praktische Maßregel, die, wie es scheint, der eigentliche, konkrete Zweck seines Schreibens ist. Verständlich wird die Maßregel unter der Voraussetzung, daß die Irrlehrer als

Wanderprediger auftreten. Sie kommen von außen in die Gemeinde, wie das auch bei den vom «Ältesten» beauftragten, mit Empfehlungsbriefen versehenen Heidenmissionaren im 3. Joh. der Fall ist. Die Irrlehre scheint nicht mehr wie im 1. Joh. innerhalb der Gemeinde aufzubrechen; man kann sich der Herausforderung zu theologischer Auseinandersetzung enthoben glauben und der Bedrohung durch die Irrlehre mit probat wirksamen Mitteln begegnen. Wanderprediger sind auf gastfreundliche Unterstützung durch die Gemeinde angewiesen. Wird sie versagt, ist ihrer Wirksamkeit der Boden entzogen. «Die Orthodoxie ist gerettet, wenn der Häretiker wirtschaftlich mattgesetzt wird.» (Haenchen) Unter diesem Aspekt wird angeordnet, keinen Wanderprediger, der nicht die rechte Lehre bringt, ins Haus aufzunehmen, ja, ihm den Gruß zu verweigern, ist doch der Gruß, wie **V. 11** erläutert, Bekundung von Solidarität und hieße, gemeinsame Sache mit dem bösen Treiben zu machen und es öffentlich zu ‹begrüßen›. Offenbar muß man sich vorstellen, daß der ankommende Irrlehrer schon mit den ersten Worten zu erkennen gibt, daß er nicht die rechte Lehre bringt; denkbar wäre auch, daß vorweg die Rechtgläubigkeit förmlich (an Empfehlungsbriefen) geprüft werden sollte. Also nicht nur jede Beziehung und soziale Berührung mit den Irrlehrern soll vermieden werden; die Auseinandersetzung hat sich auch auf ein Feld verlagert, wo es in erster Linie auf dogmatische, soziale und wirtschaftliche ‹Diskriminierung› der Irrlehrer und auf entsprechende Abgrenzung der Gemeinde nach außen ankommt, der ein enger Zusammenschluß nach innen zur Seite geht.

Eine vergleichbare Einstellung findet sich auch bei Ignatius von Antiochien (um 110 n. Chr.): Irrlehrern muß man «wie Bestien ausweichen»; sie sind «tollwütige Hunde, die tückisch beißen» (Eph. 7,1), «Bestien in Menschengestalt, die ihr nicht nur nicht aufnehmen, sondern denen ihr womöglich auch nicht begegnen dürft; nur beten sollt ihr für sie, ob sie sich vielleicht bekehren, was freilich schwierig ist.» (Sm. 5,1) Ignatius rät, sie totzuschweigen (Sm. 7,2). In der «Lehre der zwölf Apostel» (Anfang 2. Jahrhundert) wird angeordnet, zuwandernde Brüder oder Wanderpropheten erst nach Prüfung aufzunehmen, und nicht länger als zwei, drei Tage zu beherbergen (Did. 11,1f.; 12,1).

Ob dem Verfasser des 3. Joh. zuzutrauen ist, daß er, von Diotrephes der Ketzerei beschuldigt, ausgesetzt der Weigerung, seine Heidenmissionare gastfreundlich aufzunehmen und konfrontiert mit drohendem Ausschluß von Brüdern und Freunden aus der Gemeinde, nun seinerseits – als Verfasser des 2. Joh. – dieselben Maßnahmen anordnet, um jeden Verdacht auszuräumen, mit den johanneischen Gnostikern gemeinsame Sache zu machen, ist fast eine Ermessensfrage. War die historische Situation, sich der Irrlehrer erwehren und den Bestand der Gemeinde sichern zu müssen, nicht anders zu bewältigen als «in einem Atemzug» zu sagen «‹Liebet einander› und ‹Laßt sie nicht ins Haus›» (Balz)?

12–13   Briefschluß

12 Vieles hätte ich euch (noch) zu schreiben, doch ich will (es) nicht mit Papier und Tinte (tun); vielmehr hoffe ich, zu euch zu kommen und mündlich (mit euch) zu sprechen, damit unsere Freude vollkommen sei. 13 Es grüßen dich die Kinder deiner erwählten Schwester.

Das Schreiben schließt mit einer konventionellen Wendung **V. 12**, die den Eindruck erweckt, aus 3. Joh. 13f. übernommen und durch eine ebenso floskelhafte Verwendung eines Motivs aus 1. Joh. 1,4 erweitert zu sein. Daß noch vieles zu schreiben wäre, obwohl doch alles, worauf es ankam, bündig gesagt ist; daß der Verfasser hofft, den Adressaten nicht weiter im unpersönlichen Medium von Papier und Tinte, sondern im persönlichen Gespräch von Mund zu Mund zu begegnen: diese ‹Relativierung› des Brieflichen unterstreicht nur das Gewicht des schriftlich und förmlich Mitgeteilten.

Die Schlußgrüße **V. 13** sind wieder im feierlich-familiären Stil des Anfangs gehalten; die Glieder der Gemeinde, aus der der Verfasser schreibt, grüßen als die Kinder der auserwählten Schwester der angeschriebenen Herrin Gemeinde. Ein Friedensgruß wie in 3. Joh. 15 fehlt; vielleicht sollte derartiges in der ins Persönliche gezogenen Erwartung mitklingen, daß unsere Freude vollkommen sei.

Der dritte Johannesbrief

1   Briefeingang

1 Der «Älteste» an den geliebten Gaius, den ich in Wahrheit liebe.

Der Briefeingang gleicht in seiner Kürze dem eines hellenistischen Privatbriefs, doch fehlt der Gruß. Absender ist wie im 2. Joh. der «Presbyter». Ohne Namensnennung kann nicht der Amtstitel gemeint sein; die Absenderangabe ist eindeutig, wenn es sich um einen «Ältesten» handelt, der als Träger johanneischer Tradition im Kreis johanneischer Christen übergemeindliche Autorität als der «Alte» genießt. Gaius, in johanneischen Schriften nicht weiter begegnend, war offenbar Mittelsmann der dem ‹Ältesten› verbundenen Freunde und Brüder vermutlich in der Gemeinde, deren Leiter Diotrephes war. Die unter Christen gebräuchliche Anrede ‹geliebter› wird ihm noch dreimal zugedacht. Auch die schlichte Bekundung aufrichtiger Liebe, die an dieser Stelle wohl den sonst üblichen Gruß ersetzt, ist nicht nur Ausdruck persönlicher Zuneigung, sondern Zuwendung und Zeugnis der den Absender wie Empfänger umfassenden Liebe.

2–8   Lob für Gaius und Bitte um weitere Unterstützung von Missionaren

2 Geliebter, in jeder Hinsicht wünsche ich dir Wohlergehen und Gesundheit, so wie es (ja) deiner Seele wohlergeht. 3 Ich habe mich nämlich sehr gefreut, als Brüder kamen und für deine Wahrheit Zeugnis ablegten, wie du in Wahrheit deinen Weg gehst. 4 Eine größere Freude habe ich nicht als die, zu hören, daß meine Kinder ihren Weg in der Wahrheit gehen.

5 Geliebter, du handelst getreu in dem, was du an den Brüdern und noch dazu an ortsfremden tust; 6 sie haben für deine Liebe Zeugnis vor (versammelter) Gemeinde abgelegt; und du wirst recht daran tun, wenn du sie Gottes würdig (zur Weiterreise) ausrüstest. 7 Denn für den Namen (Christi) sind sie ausgezogen, ohne etwas von den Heiden anzunehmen. 8 Wir (Christen) also müssen solche Männer unterstützen, damit wir Mitarbeiter werden für die Wahrheit.

Am Anfang **V.2** steht, antikem Briefstil entsprechend, der Wunsch, dem Empfänger des Briefs möge Wohlergehen und Gesundheit beschieden sein. Indessen überschreitet der Wunsch des «Ältesten» für Gaius den Rahmen des Üblichen, indem er hinzufügt, daß er Maß und zuversichtlichen Anhalt dafür an der guten Verfassung der «Seele» des Gaius finde. Das lenkt den Blick nicht von Äußerlichem auf Inwendiges, sondern auf die dem Heil zugewendete christliche Existenz (wie ähnlich 1. Petr. 1,22). Eben diese Haltung, in der Gaius mit ganzer Person der «Wahrheit» als der offenbarten Wirklichkeit Gottes zugewendet ist und von ihr sein Handeln leiten läßt, gibt auch Grund zu der Freude, die der «Älteste» in **V.3**, wiederum stilgemäß, zum Ausdruck bringt. Anlaß der Freude ist das Zeugnis, das wandernde Brüder bei ihrer Rückkehr aus der Gemeinde des Gaius «für seine Wahrheit» abgelegt haben. Sie haben, obgleich Fremde, bei ihm Aufnahme und Unterstützung gefunden (V.5). Der «Älteste» nennt dies Gaius gegenüber ein Zeugnis «für deine Wahrheit» und kann es V.6 im selben Sinn ein Zeugnis «für deine Liebe» nennen. Denn in seinem Verhalten ist Gaius selbst Zeuge der Wirklichkeit Gottes, der er zugewendet ist als der ihn bestimmenden Wahrheit, die in der Liebe sein Handeln trägt.
Wie am Ende von V.2 gibt auch in V.3 der Nachsatz gewissermaßen zuvorkommend der Überzeugung Ausdruck, in diesem Zeugnis von Brüdern begründe sich nicht erst, sondern bestätige sich ja, daß Gaius seinen Weg «in Wahrheit» gehe. Die Wendung ist johanneischer Tradition nachempfunden (vgl. «seinen Weg im Licht gehen» 1. Joh. 1,7); nichtsdestoweniger haben sich Sinn und Pointe gewandelt. Der Bezug zur Wirklichkeit Gottes im Bekenntnis des Glaubens ist nicht – unter der Alternative «Licht/Finsternis» – der Lüge entgegengesetzt, sondern nun durch die Alternative näherbestimmt, das Böse oder das Gute nachzuahmen (V.11). Daran bestätigt sich, daß der Begriff der «Wahrheit» im 2./3. Joh. eine Veränderung gegenüber dem 1. Joh. erfahren hat.
Ein johanneisch verallgemeinernder Ton klingt auch in **V.4** durch, wenn der «Älteste», seine Freude an Gaius bekräftigend, versichert, er habe keine größere Freude als die, zu hören, daß seine Kinder ihren Weg in der Wahrheit gingen. Daß der «Älteste» von seinen Kindern spricht, muß nicht – wie etwa bei Paulus (Gal. 4,19; 1. Kor. 4,14f.) – heißen, daß sie durch seine Predigt für den christlichen Glauben gewonnen wurden; eher wird sich darin seine väterliche Autorität im Kreis der Brüder und Freunde spiegeln.
Hat der konkrete Anlaß zur Freude den «Ältesten» zunächst dazu geführt, zu sagen, was seiner Freude schlechthin und überhaupt Raum und Zuversicht gibt, so wendet er sich in **V.5** mit erneuter Anrede wieder Gaius und dessen Verhalten zu. Ankommende Brüder, noch dazu Ortsfremde, gastfreundlich aufzunehmen – in solchem Handeln erweist sich Gaius als verläßlich und getreu, zumal es nicht amtlich gebunden, sondern freiwillig geschieht. Deutlich ist, daß diese Brüder Wandermissionare sind. Die Formulierung im Präsens, die in V.6b geschickt im Blick auf die nächste Zukunft aufgenommen wird, bringt zum Ausdruck, daß der «Älteste» darauf bauen kann und will, Gaius werde den Missionaren auch weiterhin und erneut seine Unterstützung gewähren. Dieser Absicht dient auch, daß in **V.6** nochmals lobend auf deren Zeugnis hingewiesen wird, das sie vor versammelter Gemeinde «von seiner Liebe» abgelegt haben – worin sich dem «Ältesten» bestätigt, daß Gaius in seinem Handeln wie die Wahrheit, V.3, so auch die ihn tragende Liebe bezeugt. (Der in den johanneischen Schriften nur hier und in V.9 begegnende Ausdruck ‹ekklesia› bezeichnet, wie bei Paulus, die Ortsgemeinde; in der Frage, ob es die Heimatgemeinde ist, in welche die Missionare zurückkehren, oder bzw. und zu-

gleich die Gemeinde des «Ältesten», kommt man über Vermutungen nicht hinaus.) Mit dem Ansinnen, **V. 6b**, Gaius werde (weiterhin) recht handeln, wenn er die Missionare so, wie es Gottes Würde entspricht, für ihre Weiterreise ausrüste, kommt der «Älteste» zum Zweck seines Briefes. Es geht also nicht nur um Aufnahme, sondern zumal darum, sie für die weitere Reise mit allem Nötigen auszurüsten (Vgl. zum technischen Sinn des Ausdrucks Apg. 15,3; Röm. 15,24; 1. Kor. 16,11; 2. Kor. 1,16; Tit. 3,13). Das soll «Gottes würdig» geschehen, sind sie doch, wie **V. 7** begründet, «für den Namen» ausgezogen, nämlich um im Namen Jesu Christi Jesus Christus in Person zu verkündigen. Schon paulinischer Sprachgebrauch (Röm. 1,5; vgl. Apg. 5,41) zeigt, daß «der Name» Jesus Christus meint, in dessen Dienst der Verkündiger und Missionar steht. «Gottes würdig» – die Verkündigung, die ja im Namen Jesu Christi Gemeinschaft mit Gott bringt, soll nicht dadurch in Mißkredit gebracht und Mißverständnissen ausgesetzt werden, daß ihre Verkündiger nach Geld und Gut drängen. Vielmehr haben die Missionare sich den Grundsatz zu eigen gemacht, von ihren heidnischen Hörern nichts anzunehmen. Daraus folgt aber erst recht, daß sie auf die Unterstützung der Gemeinde angewiesen sind. Diese Konsequenz faßt **V. 8** in die verpflichtende Mahnung: Also ist es an uns, den Christen, solche Missionare gastlich aufzunehmen. Aber es ist nicht nur solidarische Christenpflicht, sondern die Weise und der Weg, als «Mitarbeiter für die Wahrheit» in Erscheinung zu treten, also wirksam daran beteiligt zu sein, daß die offenbarte Wirklichkeit Gottes im Namen Jesu Christi Anerkennung findet. Hervorzuheben ist die missionarische Ausrichtung im Selbstverständnis dieser johanneischen Gemeinden, wie sie jedenfalls in solcher Offenheit im 2. Joh. nicht in Erscheinung tritt.

9–10   Der Konflikt mit Diotrephes

9 Ich habe kurz an die Gemeinde geschrieben; doch Diotrephes, der unter ihnen der Erste sein will, erkennt uns nicht an. 10 Deshalb werde ich, wenn ich komme, seine Werke in Erinnerung bringen, die er tut, indem er mit bösen Worten unberechtigte Anklagen gegen uns erhebt und, nicht genug damit, sowohl selbst die Brüder nicht aufnimmt als auch die dazu Willigen hindert und aus der Gemeinde ausstößt.

Wie zur Erklärung und Einschätzung der Lage kommt der «Älteste» nun in **V. 9f.** auf die Sache zu sprechen, die bedrängend hinter seinem lobenden und inständigen Werben um Unterstützung der Wandermissionare steht. Die Wanderprediger und mit ihnen die Autorität des «Ältesten» sind in der Gemeinde des Gaius auf Ablehnung gestoßen. Der «Älteste» berichtet zunächst, daß er sich in einem kurzen Brief an die Gemeinde gewendet habe. Darin muß, wie aus dem Folgenden hervorgeht, ähnlich wie in V. 2–8 eine Empfehlung zur Aufnahme und Unterstützung der Wanderprediger enthalten gewesen sein. Schon aus diesem Grunde verbietet es sich, dieses Schreiben dem 2. Joh. gleichzusetzen. Die ‹Reaktion› auf diesen Brief fällt ungewöhnlich scharf und grundsätzlich aus: der, der unter ihnen der Erste sein will, Diotrephes, versagt uns die Anerkennung (V. 9b). Sagt der «Älteste» «uns», so könnte das wie in V. 12b schriftstellerischer Plural sein; wahrscheinlich aber soll hier wie im ebenso betonten «uns» V. 10 ausgedrückt werden, daß mit der Ablehnung nicht nur das Anliegen des Briefs, sondern auch die vom «Ältesten» vertretene Sache, d. h. diese Form und Gemeinschaft johanneischen Christentums, getroffen werden soll. Ob man schließen muß, daß Diotrephes den Brief unterdrückte oder dessen Anliegen zu vereiteln wußte, bleibt offen. Deutlich ist aber, daß er kraft seiner Stellung in der Gemeinde in der Lage war, nicht nur für seine Person den Zweck des Briefs zu hintertreiben, sondern Anordnungen in der Gemeinde zu treffen, die geeignet waren, dem Wirken der Wanderprediger und der Wirksamkeit des «Ältesten» in der Gemeinde den Boden zu entziehen.

Dieser charakterisiert dessen Stellung freilich so, daß der Eindruck entsteht, Diotrephes maße sich an, der Erste zu sein. (Das sonst nicht weiter belegte Verbum entspricht sicher der Bedeutung des Adjektivs bzw. Substantivs und hat, wie die Zuordnung des Adjektivs zur «Begierde nach Tyrannei» in Plutarchs Parallelbiographien Solon 29,3 erweist, eine kritische Spitze.) Es kann indessen nicht zweifelhaft sein, daß Diotrephes diese Stellung tatsächlich innehatte, also Bischof der Gemeinde war. Die abschätzige Bewertung, die vielleicht bewußt den Titel ‹Bischof› konterkarierte, dokumentiert also einen Gegensatz des «Ältesten» und seines Kreises zu einer bischöflichen Gemeindeverfassung, wie sie wenig später, zum monarchischen Episkopat ausgebildet, in den Ignatiusbriefen erscheint. Der Gegensatz oder der Konflikt wird allerdings von beiden Seiten unterschiedlich eingeschätzt und infolgedessen auch unterschiedlich ausgetragen.

Wenn der «Älteste» seinerseits eher in der Verteidigung bleibt und zudem beabsichtigt, Diotrephes bei einem Besuch in der Gemeinde zur Rede zu stellen, läßt sich zum einen folgern, daß er keinen Bruch mit Diotrephes anstrebte, zum andern, daß Diotrephes nicht, wie vermutet wurde, ein Irrlehrer ist. Denn in diesem Falle hätte sich die Kritik des «Ältesten» sicherlich nicht auf den Vorwurf der Anmaßung, Erster sein zu wollen, beschränkt.

Diotrephes hingegen betreibt einen Bruch grundsätzlicher Art und das, wie es scheint, nicht ohne dogmatischen Hintergrund. Der «Älteste» führt in **V. 10** an, er werde bei seinem Besuch in der Gemeinde die Werke, in denen sich Diotrephes betätigt, in Erinnerung bringen. Daß Diotrephes «mit bösen Worten unbegründetes Zeug gegen uns schwatzt», ist der erste, für den «Ältesten» wohl der ausschlaggebende Punkt; die verwendete Formulierung zeigt, daß es unberechtigte Anklagen sind, die er entkräften kann. Um die Entsendung und Empfehlung von Wandermissionaren kann es sich nicht handeln; das ließe sich nicht entkräften. Gleichwohl müssen die Vorwürfe damit zu tun haben, wie die weiteren Punkte zeigen. Denn der «Älteste» fährt fort: «und er läßt es damit nicht genug sein, indem er sowohl selbst die Brüder nicht aufnimmt als auch die dazu Willigen hindert und aus der Gemeinde ausstößt.» Sind dies weitere Schritte, die sozusagen praktische Konsequenzen aus den erhobenen Vorwürfen ziehen, ist schwerlich nur persönliche Rivalität gegenüber der Autorität und dem Einfluß des «Ältesten» im Spiel. Die Vermutung, Diotrephes habe den «Ältesten» und dessen Kreis ketzerischer Irrlehre beschuldigt, dürfte den Kern des Konflikts treffen. Sieht Diotrephes die vom «Ältesten» kommenden Wandermissionare im ‹Dunstkreis› der Irrlehre, die innerhalb des johanneischen Christentums aufgebrochen ist, so erscheint es ebenso plausibel wie bezeichnend, daß er durch organisatorische und disziplinarische Maßnahmen eine Trennung und Abgrenzung seiner Gemeinde gegenüber den Wandermissionaren und damit auch gegenüber der Autorität des «Ältesten» durchzusetzen suchte. Dies gipfelt darin, daß er den «rechtsförmlichen» Ausschluß aus der Gemeinde, also die Exkommunikation (vgl. Joh. 9,34) derer betreibt, die sich von der Unterstützung der Wandermissionare nicht abhalten lassen. Wenngleich es sich bei diesen Maßnahmen nicht lediglich um «mißglückte Versuche», sondern um das programmatische Verfahren des Diotrephes gehandelt haben wird, zeigt die Tatsache, daß Gaius bisher offenbar nicht ausgeschlossen worden war, wie auch der beabsichtigte Besuch des «Ältesten» und nicht zuletzt dessen Brief an Gaius, daß «das Verfahren des Diotrephes von der Gemeinde nicht widerspruchslos anerkannt» worden ist und es «in der Gemeinde auch Anhänger des Ältesten bzw. seiner Richtung gegeben hat» (Bultmann).

11–12   Empfehlung des Demetrius

11 Geliebter, ahme nicht das Böse nach, sondern das Gute! Wer Gutes tut, ist aus Gott; wer Böses tut, hat Gott nicht gesehen. 12 Für Demetrius ist Zeugnis abgelegt von allen und von der Wahrheit selbst; aber auch wir legen Zeugnis ab, und du weißt, daß unser Zeugnis wahr ist.

Die vorangehenden Verse, die den Ernst der Situation beleuchteten und das Gewicht ermessen ließen, das die Bitte um weitere Unterstützung der Wandermissionare für Gaius hat, wirken nach, wenn der «Älteste» nun mit erneuter Zuwendung zu Gaius das Anliegen seines Briefes wieder aufnimmt. Die Mahnung **V. 11**, nicht das Böse, sondern das Gute nachzuahmen, bezieht sich in der Sache auf dasselbe wie die verpflichtende Mahnung in V. 6 und 8, orientiert sich aber nun am Verhalten des Diotrephes. Sie ist recht allgemein formuliert; die Ausdrucksweise «das Böse/das Gute nachahmen» bzw. im folgenden «Gutes/Böses tun» ist johanneischer Tradition fremd (nur Joh. 5,29; 18,30), wohl aber urchristlicher Ermahnung und ethischer Unterweisung vertraut. Die Mahnung enthält indirekt noch ein ethisches Urteil über Diotrephes, sofern er selbst zwar nicht als böser Mensch, sein Verhalten jedoch als böses Beispiel gilt, das Gaius nicht nachahmen soll. Die Mahnung wird grundsätzlich (sentenzhaft) wiederholt und zugleich begründet in zwei antithetisch parallelen Sätzen, die im Stil johanneischer Tradition formuliert sind und in der Prädikatsaussage formelhaft Wendungen des 1. Joh. aufzunehmen scheinen. Wer das Gute tut, also im konkreten Fall die Wandermissionare aufnimmt, ist aus Gott; er erweist damit, daß er aus und in der Gemeinschaft mit Gott lebt. Wer das Gegenteil, das Böse, tut, hat Gott nicht gesehen. Dieses Urteil war in 1. Joh. 3,6, bezogen auf «jeden, der sündigt», die ausdrückliche Verneinung eines Anspruchs der gnostischen Irrlehrer, den der Verfasser aber nirgends positiv aufnahm. Hier nun ist die Wendung so aufgenommen, daß die positive Fassung («Gott geschaut haben») nicht nur ausgesagt werden könnte, sondern geradezu dieselbe Bedeutung wie das «Sein aus Gott» gewonnen hat. Es könnte also nur in ethisch-praktischer Hinsicht davon die Rede sein, daß Diotrephes auf eine Stufe mit den Irrlehrern des 1. Joh. gestellt wird. Die Wendung hat ihren konkreten, polemischen Bezug verloren und ist formelhafte Tradition geworden. V. 11 ist somit keineswegs «ein starker Anhalt für die Identität des Verfassers von 1. Joh. und 3. Joh.» (Schnackenburg), sondern ganz im Gegenteil ein deutlicher Hinweis auf unterschiedliche Verfasserschaft.

Mit der Empfehlung des Demetrius **V. 12** wird nun offen ausgesprochen, was nicht nur konkreter Inhalt der Mahnung V. 11, sondern auch unmittelbarer Zweck des ganzen Briefes ist. Demetrius, sonst nicht weiter bekannt, ist so unvermittelt genannt, daß die Vermutung naheliegt, er gehöre zu den V. 6 angekündigten Wandermissionaren und sei Überbringer des Briefs. Ihm ist «von allen ein (gutes) Zeugnis ausgestellt». Diesem Zeugnis aller Brüder entspricht das Zeugnis der Wahrheit selbst. Die Wahrheit, nämlich die offenbare Wirklichkeit Gottes selbst spricht für ihn, weil er als Christ, der «die Wahrheit erkannt hat» (vgl. 2. Joh. 1), in seiner Person und seinem ganzen Verhalten durch sie bestimmt ist. Eben von dieser Übereinstimmung geben alle Brüder Zeugnis (vgl. 3. Joh. 3); das Zeugnis der Wahrheit selbst ist sachlich nichts anderes als das Zeugnis der Brüder. Indessen betont die die Wahrheit personifizierende Redewendung, daß im Zeugnis der Brüder auch dessen Inhalt selbst für Demetrius spricht.

In diesem Sinne bestätigt und verbürgt auch das persönliche Urteil des «Ältesten» dieses Zeugnis der Wahrheit. Und Gaius, der die Autorität des «Ältesten» ja kennt, weiß, daß dessen Zeugnis wahr und verläßlich ist – wie ihm im Anklang an Joh. 21,24 bedeutet wird.

13–15   Briefschluß

13 Vieles hätte ich dir zu schreiben; aber ich will dir nicht mit Tinte und Rohr schreiben. 14 Ich hoffe aber, dich bald zu sehen, und (dann) werden wir mündlich reden. 15 Friede sei mit dir! Es grüßen dich die Freunde. Grüße die Freunde namentlich!

Der Schluß des Briefs, dem derjenige des 2. Joh. sehr nahekommt, klingt im Rahmen eines Privatbriefs nicht ganz so konventionell wie im 2. Joh. Gleichwohl ist die Versicherung des «Ältesten» **V. 13**, daß er noch viel zu schreiben hätte – obwohl doch alles Wichtige gesagt ist – ebenso formelhaft (anders Joh. 20,30!) wie der Kontrast von Tinte und Schreibrohr zum persönlichen Gespräch. Die Hoffnung, Gaius bald zu sehen, **V. 14**, unterstreicht die Absicht, zu kommen, V. 10. Anders als im 2. Joh., doch dem knappen ‹Lebewohl› des griechischen Briefs entsprechend, folgt der christliche Friedenswunsch **V. 15**, der im alttestamentlich-jüdischen Sinne Heil zusagt, wie auch im Johannesevangelium der auferstandene Jesus seine Jünger mit der Zusage des Friedens grüßt (Joh. 20,19.21.26). Ähnlich, obgleich verschiedentlich erweitert, findet sich der Friedenswunsch auch 1. Petr. 5,14; Gal. 6,16; Eph. 6,23; 2. Thess. 3,16.

Die Schlußgrüße bleiben im Rahmen des persönlichen Schreibens. Der «Älteste» grüßt Gaius im Namen der Freunde und läßt die Freunde namentlich grüßen. Deutlich wird, daß der «Älteste» in einem Kreis von Freunden und Brüdern steht, dem in der Gemeinde des Bischofs Diotrephes ein Freundeskreis um Gaius eng verbunden ist. Daß der Gruß sich nicht auch an die Gemeinde richtet, muß nicht auffällig sein – es sei denn im Blick darauf, daß der «Älteste» überhaupt ein persönliches Schreiben an Gaius richtet, in dem er auf seine Weise gegen den Autoritätsanspruch des Bischofs Diotrephes und für die Freiheit missionarischer Ausbreitung seines johanneischen Christentums kämpft.

Stellenregister

128

Sachregister